Der arbeitende Kunde

G. Günter Voß ist Professor für Industrie- und Techniksoziologie an der TU Chemnitz. *Kerstin Rieder* ist Professorin an der Hochschule für Angewandte Psychologie der Fachhochschule Nordwestschweiz.

G. Günter Voß, Kerstin Rieder

Der arbeitende Kunde

Wenn Konsumenten zu unbezahlten Mitarbeitern werden

Campus Verlag
Frankfurt/New York

Bibliografische Information der Deutschen Bibliothek
Die Deutsche Bibliothek verzeichnet diese Publikation in der Deutschen Nationalbibliografie. Detaillierte bibliografische Daten sind im Internet über http://dnb.ddb.de abrufbar.
ISBN 3-593-37890-6

Korrigierte 1. Auflage 2006

Umschlaggestaltung: Guido Klütsch, Köln
Umschlagmotiv: Kundin ander Selbstbedienungskasse © ullstein bild
Druck und Bindung: KM-Druck, Groß-Umstadt
Gedruckt auf säurefreiem und chlorfrei gebleichtem Papier.
Printed in Germany

Besuchen Sie uns im Internet: www.campus.de

Inhalt

Vorwort

Die ersten Überlegungen zu diesem Buch gehen auf ein von der Deutschen Forschungsgemeinschaft gefördertes Projekt zur »*Dienstleistung als Interaktion*« zurück, dessen leitende Frage es war, wie eine Arbeit verläuft, bei der die Konsumenten in die Leistungserbringung mit einbezogen sind. Dabei ging es zunächst nur um die Seite der Dienstleistenden: wie sie ihre Kunden integrieren, unter welchen Bedingungen dies misslingt oder gelingt und welche Konsequenzen eine solche Arbeit mit und an Menschen für die Berufstätigen hat. Zunehmend wurde jedoch deutlich, dass Konsumenten nicht nur günstige oder problematische Bedingungen für die Arbeit der Dienstleistenden darstellen. Je länger wir uns mit Dienstleistungen beschäftigten (mit dem Zugbegleitdienst der Bahn, in Call Centern von Banken, in der Pflege), umso klarer erkannten wir die Anforderungen, die dabei an eine aktive Beteiligung der so genannten Dienstleistungsnehmer (also an die Kunden, Patienten, Klienten, Fahrgäste usw.) gestellt wurden. Wir gewannen den Eindruck, dass die schon länger in der Wissenschaft diskutierte These einer aus sachlichen Gründen im Dienstleistungsgeschehen oft notwendigen »Ko-Produktion« der Kunden nur unzureichend anspricht, dass Kunden oft eine regelrechte qualifizierte »*Arbeit*« erbringen müssen. Und es wurde uns vor allem immer deutlicher, dass Unternehmen ihren Kunden seit einigen Jahren in überraschend vielen Bereichen und in einem Ausmaß kostenträchtige Funktionen zuschieben, die weit über die bisher gewohnte »Selbst-Bedienung« hinausgehen. Wir bekamen den Eindruck, dass Betriebe Kunden zunehmend wie *externe Mitarbeiter* nutzen. Als wir dann noch in betriebswirtschaftlichen Konzepten die Forderung fanden, Kunden als »partielle Mitarbeiter« *(partial employee)* oder als »Dienstleister für die Unternehmen«

einzusetzen, stand für uns endgültig die Frage im Raum, ob sich dadurch die Welt des Konsums nicht grundlegend wandeln wird.

Unser Blick auf den Konsum, bzw. den Konsumenten beleuchtet einen ungewohnten Aspekt dieses Themas: Die Konsum- oder Marketingforschung untersucht die Kaufentscheidungen und Präferenzen von Konsumenten oder die private Nutzung von gekauften Produkten, wir hingegen betrachten den Konsum und damit die Kundschaft von Unternehmen aus der Perspektive einer soziologischen und psychologischen *Arbeitsforschung*. Uns interessiert, ob und wie sich mit der Nutzung der *Arbeitskraft* von Kunden eine ganz neue Form wechselseitiger Einflussnahme und Abhängigkeit von Kundschaft und Unternehmen ergibt.

Das nun vorliegende Ergebnis lässt sich vielleicht am treffendsten als *Essay* im ursprünglichen Sinne des Wortes bezeichnen: als Versuch, eine Entwicklung zu beschreiben und zu verstehen, die noch am Anfang steht und deren Verlauf offen ist, die aber Konsequenzen nicht nur für die Konsumsphäre, sondern auch für die Erwerbsarbeit, ja für die Gesellschaft insgesamt haben könnte. Bei unseren intensiven Recherchen haben wir eine erstaunliche Menge an Literatur aus Forschung und Praxis gefunden, die in der einen oder anderen Weise auf das Thema der aktiven Kundschaft Bezug nimmt. Literatur, die für die Argumentation nicht unmittelbar von Bedeutung ist, aber für den einen oder anderen Leser hilfreich sein könnte haben wir in einer gesonderten Liste zusammengestellt; die wir jedoch aus Platzgründen nicht in das Buch aufgenommen haben; ein Link zu einer *Downloadmöglichkeit für weiterführende Literatur* findet sich am Ende des Buchs. Für manche uns wichtig erscheinende Stichworte und Konzepte oder für hilfreiche Zusatzinformationen haben wir zudem gelegentlich Informationskästen in den Text eingefügt; auch dort kann man Hinweise zu weiterführender Literatur finden.

Viele Kolleginnen und Kollegen, Freundinnen und Freunde haben die Arbeit der letzten Jahre unterstützt. Hierzu gehören die Mitarbeitenden des Projekts *»Dienstleistung als Interaktion«*. Ohne die fruchtbare Arbeitsatmosphäre in unserem Projekt wäre das Buch nicht entstanden. Wir danken dafür sehr Philip Anderson, Eva Brückner, Wolfgang Dunkel, Michael Heinlein, Angela Poppitz und Peggy Szymenderski. Ebenfalls großen Dank schulden wir Nicole

Schreiter. Ihre durch das Projekt und die sich bei uns entwickelnden Ideen angeregte Diplomarbeit über die soziologische und betriebswirtschaftliche Literatur zum aktiven Kunden war für das Buch eine wichtige Grundlage.

Hilfreiche Anregungen und kritische Kommentare unmittelbar zu unserem Text haben außerdem Dietmar Brock, Georg Jochum, Matthias Junge, Elmar Koenen, Christoph Klotter, Werner Kudera, Alexandra Manske, Dieter Pfau, Eva Scheder-Voß und Adalbert Hepp zusammen mit Petra Zimlich (beide Campus Verlag) sowie der leider im letzten Jahr verstorbene Thomas Wex beigetragen. Einen herzlichen Dank auch an sie. Bedanken möchten wir uns nicht zuletzt bei den vielen Kolleginnen und Kollegen, die uns bei der Suche nach einem Titel für das Buch unterstützt haben, sowie bei der Kreissparkasse Esslingen-Nürtigen (Herr Libutzki) für die Überlassung eines Werbeflyers, den wir in Kapitel 2 verwendet haben.

Trotz der erwähnten Personen und ihrer Anregungen haben auch wir selbst einige nicht ganz unmaßgebliche Ideen zu diesem Buch beigesteuert – dafür fühlen wir uns zuständig und verantwortlich; auch für die ganz sicher vorhandenen Unzulänglichkeiten aller Art. Einer dieser Punkte soll hier gleich erwähnt werden: Das Buch trägt den Titel »Der arbeitende Kunde« und verweist im Untertitel auf »Konsumenten«. Das ist natürlich nur die halbe Wahrheit. Es geht uns auch um Kundinnen und Konsumentinnen. Wenn man oder frau die Verteilung von bezahlter und unbezahlter Arbeit zwischen den Geschlechtern in Betracht zieht, wäre vermutlich »Die arbeitende Kundin« sogar der treffendere Titel gewesen. Aus möglicherweise kritisierenswertem Pragmatismus heraus haben wir uns entschieden, die männliche Form als allgemeine Form zu verwenden, im Titel und auch gelegentlich im Buch. Wir hoffen, Leserinnen, Kundinnen und Konsumentinnen fühlen sich trotzdem angesprochen.

Chemnitz, München, Olten und Fulda – im Sommer 2005
G. Günter Voß und Kerstin Rieder

Einleitung

Dieses Buch beschäftigt sich mit einer Entwicklung, die langfristig Auswirkungen auf das gesamte alltägliche Leben in unserer Gesellschaft haben wird. Es geht um die schon länger zu beobachtende und sich derzeit verschärfende Tendenz, dass Unternehmen (vor allem im Dienstleistungsbereich) aus Kostengründen Funktionen auf ihre Kundschaft auslagern. Was vor vielen Jahren mit »Selbst-Bedienung« in einzelnen Bereichen begann, erreicht nun mit Direct-Banking, Internet-Shopping und vielen ähnlichen Erscheinungen eine neue Qualität. Folge ist, dass die privaten Konsumenten immer häufiger (nicht immer freiwillig und oft ohne finanzielle Kompensation) Arbeiten übernehmen, die bisher von den Betrieben geleistet wurden. Weitgehend unbemerkt werden Kunden damit quasi zu *unbezahlten Arbeitskräften der Unternehmen.* Dieser Trend wird in der einschlägigen Managementliteratur inzwischen mit deutlicher Sprache ausdrücklich unterstützt: Kunden sollen zu ›Dienstleistern für die Dienstleister‹, wenn nicht gar zu ›partiellen Mitarbeitern‹ werden.[1]

So dynamisch, vielfältig und bedeutsam die Veränderungen sind, sie werden in der Öffentlichkeit bisher bis auf einige Ausnahmen[2] so gut wie nicht registriert; und auch in den Wissenschaften finden sie nur in wenigen spezialisierten Bereichen genauere Beachtung. Wir

---

1 Vgl. zum Beispiel Bowers/Martin/Luker 1990 (»customers as employees«); Grün/ Brunner 2002 (»Der Kunde als Dienstleister«, »Outsourcing zum Kunden«), Gouthier 2003 (»Unternehmensorientierte Kundenleistungen«); Mills/ Chase/Margulies 1983 (der Kunde als »partial employee«); Nerdinger 1994 (Kunden als »unbezahlte Mitarbeiter«); Reichwald/Piller (»interaktive Wertschöpfung« von Unternehmen und Kunden); vgl. auch den Überblick bei Schreiter 2003 (siehe ausführlicher dazu Kap. 3 und die weiterführende Literatur am Ende des Bandes).

2 Vgl. aktuell etwa Thomas Fischermann in der ZEIT (30.12.04: »Der Kunde muß sich selbst bedienen«).

möchten daher dem keineswegs nur wissenschaftlich spannenden und wichtigen Thema systematischer nachgehen. Es wird aus einer im weiteren Sinne sozialwissenschaftlichen Perspektive unter anderem danach gefragt

- in welchen Bereichen sich derartige Verlagerungen von Arbeiten auf die Kundschaft finden,
- was die Gründe für die zunehmende Instrumentalisierung von Kunden als faktische Arbeitskräfte sind,
- welche Konsequenzen sich daraus langfristig gesellschaftlich und vor allem für die Betroffenen selbst ergeben werden und
- wie diese Entwicklung historisch bzw. gesellschaftstheoretisch eingeordnet werden kann.

Wir beginnen mit einem Blick auf das für das Thema einschlägige Forschungsfeld, um vor diesem Hintergrund etwas ausführlicher zu erläutern, worum es geht und warum wir uns diesem Thema zugewendet haben.

Es geht uns um die Veränderungen im Bereich des Konsums bzw. des Verhältnisses von Betrieben und ihren Kunden aus der Sicht einer mit *Arbeit* und *Betrieben* befassten Soziologie und Psychologie – was nicht ganz selbstverständlich ist. Zwar ist der (private) Konsum unter Überschriften wie »Produktion und Konsumtion«, »Arbeit und Reproduktion« oder »Arbeit und Leben« zumindest indirekt eine traditionsreiche Fragestellung einer sich auf Arbeit beziehenden Gesellschaftsanalyse[3] oder der im weiteren Sinne sozialwissenschaftlich ausgerichteten Wirtschafts-[4] und Haushaltsforschung[5] und der sich aktuell neu formierenden Konsumsoziologie[6]. Für die Arbeitssoziologie und -psychologie ist der Konsument und sein Denken und

3 Klassisch natürlich Marx, insbesondere 1939, 1969.

4 Vgl. zum Beispiel den frühen Überblick von Scherhorn 1977 (siehe ausführlicher Kap. 3 sowie die weiterführende Literatur).

5 Vgl. zum Beispiel aus der Soziologie Ostner 1978 oder aus der Haushaltswissenschaft bzw. Haushaltsökonomie Richartz 1991 und Schweitzer 1991 (siehe auch die weiterführende Literatur).

6 Vgl. zum Beispiel Jäckel 2003 oder Hellmann 2003 (siehe ausführlicher die weiterführende Literatur).

Handeln jedoch nach wie vor ein ungewohnter oder bestenfalls marginaler Bereich.

Die Konsumtion der Arbeitenden und damit ihre Rolle als kaufende »Kunden« und verbrauchende »Konsumenten« (und nicht als arbeitende »Arbeitskräfte« und »Berufstätige«) gilt der auf (erwerbsförmige) Arbeit im Betrieb bezogenen Forschung nach wie vor als private Angelegenheit, die das betriebliche Verhalten nur indirekt berührt. Interessant sind aus dieser Sicht bestenfalls die möglichen Folgen für die Arbeit im Betrieb. Schon die Erkenntnis, dass die Privatsphäre eine wichtige Voraussetzung für die Berufstätigkeit darstellt[7], musste sich gegen vielfachen Widerstand durchsetzen und ist in der Arbeitsforschung oft immer noch wenig bewusst. Die Konsumtionssphäre ist für die sozialwissenschaftliche Arbeitsforschung bis heute primär der Bereich der »Re-Produktion« einer sich in der betrieblichen »Produktion« verausgabenden Arbeitskraft und wird dieser in der Regel nachgeordnet. Nur wenige Ansätze versuchen Arbeit und Konsumtion systematisch zu verbinden. Dies geschieht vor allem in der feministisch inspirierten Arbeitsforschung[8], die die in modernen Gesellschaften stark konsumtiv geprägte außerbetriebliche Sphäre nicht ausblendet. Vielmehr zeigt sie, dass dort nach wie vor auch produziert und gearbeitet wird. Ein weiteres Beispiel für die systematische Verknüpfung von Arbeit und Konsumtion ist die Forschung zur »Alltäglichen Lebensführung«. Diese vertritt ebenfalls eine ›ganzheitliche‹ Sicht auf die Arbeitskraft und integriert die Thematisierung betrieblicher Arbeit und aller anderen (und damit auch der primär konsumtiven) Lebenssphären.[9]

Geht es um das Thema *Betrieb*, gilt der Konsument bestenfalls als der Nutzer produzierter Gebrauchswerte. Als solcher ist er zwar wichtig, weil er die betrieblich hergestellten Güter oder Leistungen als »Kunde« kauft und damit die entscheidende Größe dafür ist, dass Betriebe (und damit die Arbeit) überhaupt existieren: Gibt es keine Käufer und damit keine Konsumenten, erübrigt sich das betriebliche

7 Vgl. hierzu vor allem die Frauen- und Geschlechterforschung, zum Beispiel die klassische Studie von Beck-Gernsheim 1980.

8 Schon früh Becker-Schmidt zum Beispiel 1982, 1983, 1984.

9 Vgl. etwa Jurczyk/Rerrich 1993, Projektgruppe 1995 und Voß 1991 (siehe auch die weiterführende Literatur).

Geschäft. Trotzdem interessiert der Kunde und Konsument, so wichtig er faktisch ist, meist nicht wirklich – er wird als ökonomisch unverzichtbarer Faktor gesehen, der die Produkte bezahlt; was er dann damit macht, ist wissenschaftlich wie praktisch seine Sache. Aus betrieblicher (und betriebssoziologischer) Sicht ist er ein unvermeidlicher, aber doch fremder, weil »externer«, Faktor. Die gelegentlich in der Arbeitssoziologie unter Hinweis auf Marx beschworene betriebliche »Gleichgültigkeit« gilt damit nicht nur gegenüber dem arbeitenden Produzenten, sondern eben auch (und sogar noch mehr) gegenüber dem Konsumenten.

Der Ausgangspunkt: Ein neues Verhältnis von Betrieben und Kunden

Spätestens mit dem aktuellen Strukturwandel von Arbeit und Ökonomie[10] vollziehen sich jedoch in genau diesem Feld interessante Veränderungen, praktisch wie auch wissenschaftlich. Stichworte wie »Dienstleistungsökonomie«, »Kundenorientierung« sowie »Internalisierung der Märkte« als neues Mittel der betrieblichen Steuerung von Arbeit verweisen hierbei auf einen Prozess, in dem die Kunden respektive die Konsumenten betrieblicher Produkte systematisch mehr in die unmittelbaren Arbeitszusammenhänge hineinwirken und damit eine wachsende Aufmerksamkeit gewinnen. Der »externe Faktor Kunde« wird stärker in seiner betriebsinternen Relevanz erkannt und wirksam.[11] Dies geht auf bemerkenswerte Weise mit einer komplementären Tendenz zur Entgrenzung des Betriebs in Richtung der ›privaten‹ und damit konsumtiven Lebenssphäre von Arbeitskräften einher (zum Beispiel bei Teleheimarbeit[12]), die nun ebenfalls mehr als bisher in ihrer betrieblichen Relevanz wahrgenommen und wirksam wird. Von zwei Seiten scheint hier das ›Kon-

10 Vgl. als Überblicke zum Beispiel Beck 2000, Deckstein 2001, Franke/Buttler 1991, Matthies u.a. 1994, Rifkin 1995, Voß 1998/Entgrenzung, Voß/Dombrowski 2000, Willke 1999 (siehe auch die weiterführende Literatur).

11 Vgl. etwa Maleri 1973 (siehe ausführlicher Kap. 3).

12 Vgl. zum Beispiel Kleemann 2005.

sumtive‹ auf neue Weise in den Betrieb und damit in die Arbeit hinein vermittelt zu werden.

Die »Entgrenzung von Arbeit und Leben« ist schon seit einiger Zeit ein Thema der sozialwissenschaftlichen Arbeitsforschung, um das auch wir uns bemüht haben.[13] Die zunehmende Integration des kaufenden und dann konsumierenden Kunden in die betriebliche Arbeit erfordert aber, so der Ausgangspunkt der folgenden Überlegungen, noch einmal gesonderte Aufmerksamkeit. Hier deutet sich eine Entwicklung an, die die gesellschaftliche Form und Funktion der privaten Konsumtion und das gesellschaftliche Verhältnis von produktiver Arbeit im Betrieb und der Aktivität der Gebrauchswertnutzer im außerbetrieblichen Bereich tiefgreifend verändert.

Erste Anfänge dieser Entwicklung finden sich bereits vor über 100 Jahren mit der noch eher zaghaften Auslagerung einiger betrieblicher Leistungen auf die Kunden, etwa über die Elemente der Selbstbedienung in Kaufhäusern, im Versandhandel und im Automatenverkauf. Vor etwa 50 Jahren begann sich die Selbstbedienung dann im Lebensmitteleinzelhandel auszubreiten und die alten ›Tante Emma Läden‹ zu verdrängen. Die Entwicklung erhielt eine markante Ausweitung und Modifikation mit der expliziten Beteiligung der Kunden an der Endproduktion gekaufter Produkte (paradigmatisch bei IKEA). Begleitend entfaltete sich eine systematische Nutzung der Kunden als Werbeträger und Marketinginstanzen durch auffällige Warenzeichen auf der Bekleidung (heute fast nicht mehr wegzudenken) und die Etablierung von Marken als Lifstylesymbole und Identitätsanker für viele Kundengruppen. Aktuell erleben wir eine rasante Weiterentwicklung durch die immer weiter reichenden Versuche von Betrieben, die Kundschaft als aktiv Beteiligte in die Produktion von Dienstleistungen und materiellen Gütern einzubeziehen.

Dies gilt beispielsweise für

- das Direct-Banking oder Self-Brokerage im Feld der Finanzdienstleistungen,
- das internetbasierte Ein- und Verkaufen bzw. Er- und Versteigern,

---

13 Vgl. u.a. Gottschall/Voß 2003; Kratzer 2003; Voß 1998 (siehe auch Kap. 4.3.5).

- die Selbstorganisation von Reisen und das Selbstbuchen von Flug- und Bahntickets über das Internet (und demnächst der Fahrscheine des Nahverkehrs über das Mobiltelefon),
- das so genannte E-Government (z. B elektronischen Steuererklärung),
- die Selbst-Einlieferung und Abholung von Paketen an Packstationen (und sicher bald auch der Briefe),
- die Selbstkonfiguration von Produkten und damit nicht selten die faktische Einbeziehung der Kunden in die Steuerung von Produktionsverläufen im E-Commerce,
- das automatisierte Einchecken an Flughäfen und in Hotels,
- den (wieder) verstärkten Rückgriff auf aktive Leistungen von Angehörigen bei der Pflege von Alten und Kranken, die im Gesundheitswesen inzwischen als »Kunden« (oder deren Stellvertreter) gesehen werden.

Moderne Informations- und Kommunikationstechnologien und insbesondere das Internet sind hierzu in vielen Bereichen hilfreiche Mittel; sie sind aber keineswegs die zentralen Auslöser, denn viele Betriebe (und die dazugehörende Betriebswirtschaftslehre) haben unabhängig davon und zum Teil schon vor der Expansion des World Wide Web den Kunden als so genannten »Ko-Produzenten« entdeckt, dessen Potenziale man aus unmittelbar wirtschaftlichen Gründen zu nutzen versucht.

Unsere zentrale *These* ist, dass sich eine neue Qualität des Verhältnisses von Konsum und Produktion im Sinne einer stärkeren Einbeziehung des Konsumenten in Produktionsfunktionen herausbildet. Die immer schon in der privaten Reproduktions- oder Konsumsphäre (zum Beispiel in der Haus- und Familienarbeit) enthaltene *Produktivität* von Menschen wird nun von Betrieben als Rationalisierungs- und sogar als explizites Wertschöpfungspotenzial erkannt und genutzt.

Pointiert formuliert: Es könnte sein, dass sich ein *neuer aktiver Grundtypus des Konsumenten* herausbildet, der den eher passiv agierenden klassischen Käufer-Kunden ablöst. Dieser passive Käufer ist übrigens historisch gesehen seinerseits eine relativ junge Erscheinung, die im Wesentlichen erst mit der Durchsetzung moderner industrialisierter Gesellschaften den bis dahin zivilisationsgeschichtlich dominierenden Selbstproduzenten ersetzte.[14]

14 Vgl. ausführlicher Kap. 4.

Dieser neue Konsumententypus wird von uns als *Arbeitender Kunde* bezeichnet, weil sein zentrales Merkmal eine erweiterte und zunehmend betrieblich explizit gesteuerte und genutzte, auf aktiven Arbeitsleistungen beruhende Produktivität ist. Er ist damit nicht mehr ein nur aus sachlicher Notwendigkeit einbezogener Ko-Produzent, sondern ein nun bewusst eingesetzter ›unbezahlter Mitarbeiter‹.[15] Zwar mag es für die Kundschaft, die zu Selbstbedienung bereit ist, durchaus die eine oder andere Vergünstigung geben. Eine transparente und auf den Umfang oder die Qualität der eingebrachten Leistungen Bezug nehmende Bezahlung gibt es gleichwohl nicht – übrigens auch dann nicht, wenn Kunden Leistungen erbringen, die sie selbst nicht nutzen.

Drei *Merkmale* zeichnen, wie in den folgenden Kapiteln (vor allem in Kap. 4) ausgearbeitet werden soll, den neuen Kunden- und Konsumententypus aus:

- Der Konsument ist nicht mehr nur Käufer und eher passiver Nutzer von Waren und Dienstleistungen, sondern seine *Arbeitskraft* wird gezielt von Betrieben genutzt – wenn auch ganz anders, als über den Weg der formellen lohnabhängigen Beschäftigung. Die privaten Tätigkeiten und ihre latenten Produktivitätspotenziale geraten damit systematisch unter das Regime einer betrieblichen *Vernutzung*.
- Der Konsument wird zur expliziten betrieblichen *Wertquelle* – komplementär zur Wertquelle der formellen, erwerbsförmigen Arbeitskraft, aber in ganz anderer Form. Die konsumtive Produktivität von Menschen in ihrem privaten Leben wird damit einer betrieblichen *Ökonomisierung* neuer Qualität unterworfen.
- Der Konsument wird schließlich zum betrieblichen *Mitarbeiter* – wenn auch anders als die angestellten Beschäftigten. Die produktiven Anteile des individuellen Konsums werden also einer gezielten organisatorischen *Beherrschung* und Anbindung unterworfen, für die es noch keine Rechtsformen, keinen rechtlichen Schutz, keine Interessenvertretung usw. und dementsprechend auch noch keine Begrifflichkeiten gibt.

15 So formuliert das auch Nerdinger 1994 (vgl. auch Kap. 4).

Vom Arbeitnehmer zum Arbeitskraftunternehmer – Eine industriesoziologische These

Leitende Annahme der Arbeitskraftunternehmer-These ist, dass sich derzeit ein grundlegender Wandel der gesellschaftlichen Verfassung der »Ware Arbeitskraft« (Marx) vollzieht. Dabei entsteht ein mehr als bisher aktiver und selbstverantwortlicher Leittypus von Arbeitskraft. Historisch können drei Grundformen von Arbeitskraft unterschieden werden: der »proletarische Lohnabhängige« der Frühindustrialisierung, der bis heute vorherrschende »verberuflichte Arbeitnehmer« des Fordismus und nun eine als »unternehmerisch« zu charakterisierende neue Form als Leittypus für den Postfordismus. Hintergrund des aktuellen Übergangs sind tiefgreifende Veränderungen der betrieblichen Arbeitskraftsteuerung und -nutzung (»Grenzen tayloristischer Kontrolle«). Dies meint, dass die bisher vorherrschende möglichst strikte Detailsteuerung von Arbeitskraft im Betrieb zum Rationalisierungshindernis wird; stattdessen werden nun tendenziell die Verantwortlichkeiten von Mitarbeitern erhöht, um Flexibilität und Innovativität freizusetzen.

Das hat vielfältige Erscheinungsformen; es geht aber immer um das gleiche Thema: Die Bewältigung des betrieblichen Grundproblems, wie die latente Arbeits-Kraft von Beschäftigten in manifeste aufgabenfunktionale Arbeits-Leistung transformiert wird (»Transformationsproblem«), wird neu ausgerichtet. Statt rigider Detail-Kontrolle werden verstärkt Auftragsbeziehungen gebildet. Arbeit wird dabei eher vom Ergebnis her gesteuert (zum Beispiel durch Zielvereinbarungen) und dafür im Prozess mehr oder weniger geöffnet. Kontrolle fällt dabei keineswegs weg: Die Rücknahme direkter Steuerung ist vielmehr von einer Ausweitung indirekter Kontrollen begleitet. Es geht zudem nicht um echte Autonomie, sondern um erweiterte Spielräume, die im Interesse der Unternehmen genutzt werden sollen, mit klaren Grenzen und meist steigendem Leistungsdruck. Trotzdem ist die Logik eine andere: Die Transformation von Arbeitskraft wird in neuer Qualität auf die Beschäftigten abgewälzt, also betrieblich ›externalisiert‹.

Wenn sich dieser Trend fortsetzt, so wird das (so die Annahme) einen grundlegenden Formwandel von Arbeitskraft nach sich ziehen. Aus dem bisher dominierenden eher reaktiven Arbeitnehmer wird ein neuer in jeder Hinsicht selbstgesteuerter Typus (»Arbeitskraftunternehmer«), den man mit drei Begriffen charakterisieren kann: a) Betriebliche Kontrolle von Arbeit wird verstärkt zur »Selbst-Kontrolle« der Beschäftigten, b) bisher nur begrenzt wirtschaftlich handelnde Arbeitspersonen werden zu Arbeitskräften, die sich auf neuer Stufe aktiv »selbst ökonomisieren«, das heißt ihre Fähigkeiten gezielt wirtschaftlich entwickeln und verwerten, c) die Betroffenen werden infolgedessen ihr gesamtes Leben mehr als bisher effizienzorientiert ausrichten. Der Alltag wird dabei zu einer mittels »Selbst-Rationalisierung« durchgestalteten Organisation eigener Art (»Verbetrieblichung der Lebensführung«).

(vgl. grundlegend Voß/Pongratz 1998 sowie Pongratz/Voß 2003; siehe auch die weiterführende Literatur)

Diese Vermutung steht in expliziter Parallele und Erweiterung zu der von uns an anderer Stelle ausgearbeiteten These des »*Arbeitskraftunternehmers*« (siehe Kasten, Seite 17), da es nicht nur erstaunliche Analogien gibt, sondern ganz offensichtlich Zusammenhänge: Der gezielt in betriebliche Vorgänge einbezogene Konsument ist nämlich strukturell gesehen nichts anderes als der (auf der anderen Seite) zunehmend betrieblich externalisierte Arbeitskraftunternehmer. Beide Formen und die dahinter stehenden betrieblichen und gesellschaftlichen Prozesse sind, so vermuten wir, zwei Seiten einer Entwicklung bzw. eines *neuartigen Typus gesellschaftlicher Subjektivität* (als Arbeitskraft und Konsument), zu deren Verständnis hier ein erster Beitrag vorgelegt wird.

Was wir aufzeigen und analytisch entfalten, ist weder historisch noch wissenschaftlich eine völlig neue Entdeckung. Es handelt sich zudem um eine Entwicklung, die derzeit noch am Anfang steht, obwohl sie sich mit großer Dynamik entfaltet. Die konkreten Erscheinungen, in denen sich das neue Verhältnis von Produktion und Konsum zeigt und in denen es sich vor allem zukünftig herausbilden könnte, decken sich nicht völlig mit dem abstrakten und typisierenden Bild, das im Folgenden mit eher groben Strichen gezeichnet wird. Wir versuchen also nicht, einen Realtypus zu beschreiben, sondern einen so genannten *Idealtypus* im Sinne Max Webers.[16]

Um Missverständnissen vorzubeugen, ist es uns wichtig zu betonen, dass es sich bei unserem Thema um eine Entwicklung handelt, die

- schon vor vielen Jahren begann – jetzt aber eine qualitativ neue Stufe erreichen könnte, die es erfordert (und ermöglicht), den Versuch zu wagen, ihre Logik genauer aufzuzeigen;
- derzeit erst in einigen (aber ökonomisch bedeutsamen) Bereichen und Formen zu finden ist – die aber gleichwohl als Indiz für einen möglichen allgemeinen und folgenreichen Strukturwandel gelesen werden kann;
- vielfältige konkrete Erscheinungen jetzt schon aufweist und zukünftig noch verstärkt aufweisen wird, und die sich deshalb

16 Vgl. Weber 1988.

empirisch nur begrenzt pauschal beschreiben und schon gar nicht im Detail voraussagen lässt – von der wir allerdings meinen, dass sie in ihren Grundzügen beschreibbar ist und die schließlich

- wissenschaftlich zwar in unterschiedlichen Disziplinen erkannt und auch schon an einigen Stellen in groben Ansätzen konzeptualisiert wurde – für die aber eine tiefergehende und insbesondere eine genuin sozialwissenschaftliche Untersuchung aussteht.

Bei dem Versuch, die Entwicklung in Bezug auf den arbeitenden Kunden zu systematisieren, sind prinzipiell drei unterschiedlich weit reichende Thesen denkbar. Vergleichsweise unproblematisch wäre die schwache Annahme, dass sich die seit langem zu beobachtende Entwicklung in Richtung *Selbstbedienung fortsetzt*. Und selbst die weitergehende Annahme, dass Betriebe gezielt dazu übergehen, kostenträchtige *Funktionen auf ihre Kunden abzuwälzen* und diese dabei möglichst auch noch mehr an sich zu binden versuchen, ließe sich problemlos vertreten. Wir meinen jedoch, dass sich in der aktuellen Entwicklung noch mehr andeutet und versuchen dies mit der These eines *neuen Idealtypus des Konsumenten* zu beschreiben, des *Arbeitenden Kunden.*

Der Aufbau des Buchs – zur Orientierung der Leserinnen und Leser

Bevor wir unsere Überlegungen zum Typus des Arbeitenden Kunden vorstellen, möchten wir mit einem Streifzug durch den heutigen Kundenalltag einen Einblick in die praktische Bedeutsamkeit des Themas geben (Kapitel 1). Wer schnell zur Analyse kommen möchte, kann dieses Kapitel auch überschlagen.

Mit den darauf folgenden Kapiteln geht es dann gewissermaßen zur Sache – und es wird mitunter auch ziemlich abstrakt:

In Kapitel 2 wird der *historische Prozess der zunehmenden Auslagerung betrieblicher Funktionen auf die Kunden skizziert*: von den ersten Kaufhäusern, der Selbst-Bedienung und den Supermärkten über das IKEA-Prinzip bis zum heutigen E-Business.

In Kapitel 3 geht es um die *wissenschaftliche Entdeckung des aktiven Kunden* und der Möglichkeiten seiner betrieblichen Nutzung in wichtigen *Disziplinen*, womit zugleich das Feld der für das Thema relevanten Literatur abgesteckt wird: Zum einen wird gezeigt, wie die Aktivität von Kunden und Konsumenten, beginnend in den 70er Jahren des letzten Jahrhunderts und stark beeinflusst durch die damals entstehende sozialwissenschaftliche Diskussion um die »Dienstleistungsgesellschaft«, zum Gegenstand einer öffentlichen Debatte wurde. Ein zweites Feld ist die Betriebswirtschaftslehre bzw. die Managementliteratur: Dort wird ebenfalls seit den 70er Jahren zunehmend davon gesprochen, dass die Kunden nicht nur störende Faktoren sind, sondern produktive Leistungen erbringen, die genutzt werden können. Und schließlich findet man eher interaktionstheoretische Beiträge aus Soziologie und Betriebswirtschaftslehre, in denen nach und nach zum Thema wird, dass Kunden (auch hier vor allem im Dienstleistungsbereich) nicht nur passiv konsumieren, sondern immer schon notwendig aktiv zum Geschehen beitragen müssen und damit fast schon die Rolle von Mit-Arbeitern bei der Erstellung von Gütern und Leistungen erhalten. Hier geben wir eine Übersicht der Literatur zum »Aktiven Kunden«, zum »Prosuming« usw., die so noch nicht vorliegt.

Im Kapitel 4 wird dann mit theoretischer Zielsetzung ausgeführt, dass und warum sich derzeit eine neue Stufe des Zugriffs von Betrieben auf ihre Kunden abzeichnet. Dieser eigentliche Kern des Buchs ist für diejenigen interessant, die die analytischen Details und damit die Begründungen und Folgerungen der mit diesem Buch präsentierten These nachvollziehen wollen. Zunächst wird dazu (eher knapp) der *betriebliche Hintergrund* der Entwicklung ausgeleuchtet und damit eine erste Erklärung für unseren Gegenstand über neue *betriebliche Interessen bzw. (Rationalisierungs-)Strategien* angedeutet (4.1). Es folgt eine konzeptionelle Verdichtung der neuen Qualitäten des gesellschaftlichen Konsums in Form einer idealtypischen Skizze des neuen *arbeitenden Kunden* (4.2), der anschließend in einen *gesamtgesellschaftlichen Rahmen* des Zusammenhangs von Arbeitskraft(-Nutzung) und Konsum (4.3) und in ein grobes Raster *historischer Konsumententypen* eingeordnet wird (4.4).

Den Abschluss unseres Buchs bilden in Kapitel 5 Gedanken zu den gesellschaftlichen Folgen der untersuchen Entwicklung, zugespitzt auf die derzeit oft gestellte Frage »Was wird aus dem Subjekt?«. Diese Überlegungen werden auf zwei klassische Theoreme der Sozialwissenschaften – Entfremdung und Vergesellschaftung – bezogen, um die im Zuge der von uns diagnostizierten Veränderungen entstehende *neue Qualität von Subjektivität* in der Gesellschaft zu beleuchten. Wer vor dem Hintergrund der bis dahin entwickelten Analysen bereit ist, sich auf einige Spekulationen einzulassen, kann hier fündig werden. Dies gilt auch für das *Nachwort*, in dem gefragt wird, wohin die Reise weiter gehen könnte und was vor diesem Hintergrund wissenschaftlich wie politisch-praktisch zu tun wäre.

Einige Begriffsklärungen

Bevor wir zur Sache kommen, ist es hilfreich, einige zentrale Begriffe zu erläutern. Das ist deswegen wichtig, weil sie von uns nicht immer so verwendet werden, wie es in der Soziologie oder Psychologie gängig ist:

Immer wieder wird im Folgenden von »Kunden« und »Konsumenten« die Rede sein. Wir meinen, dass diese Begriffe unterschiedliche Bedeutungsnuancen haben. Mit *Kunden* ist vor allem eine Kategorie von Personen gemeint, auf die sich Unternehmen aus ihrer Sicht als die Abnehmer bzw. Käufer von Produkten oder Dienstleistungen beziehen – im Gegensatz zum Anbieter oder Verkäufer von Waren. Der Kunde bezeichnet damit eine Marktgröße, wie sie aus Sicht von Betrieben erscheint, und er ist insoweit eine wirtschaftliche, genauer sogar eine betriebs-wirtschaftliche Kategorie. Für Betriebe gibt es jedoch nicht nur personalisierte Kunden und auch nicht nur Endverbraucher – oft sind betriebliche Kunden selber wieder Betriebe (»Business to Business«), die gekaufte Produkte weiterverwerten (zum Beispiel »veredeln«) und dann auch weiterverkaufen. Wenn im vorliegenden Text von Kunden gesprochen wird, meinen wir Personen, die das Gekaufte aus Sicht der Betriebe auch ›konsumieren‹ (egal, was sie tatsächlich damit anstellen), zumindest es nicht weiterverkaufen (was dann auch das Finanzamt interessieren würde ...).

Konsumenten sind in modernen Gesellschaften meist auch Kunden; aber nicht nur. Gemeint sind damit Personen nicht nur in ihrer Eigenschaft als sich über ein Warenangebot informierende, betriebliche Anbieter aufsuchende und dann (vielleicht) kaufende Personen, sondern auch und vor allem dahingehend, dass sie Güter und Leistungen aller Art ge- und verbrauchen. Der Konsument ist, gesellschaftlich verstanden, als strukturelle Figur das Gegenstück zum »Produzenten«, der mittels konkreter Arbeit ein Produkt herstellt (oder dazu beiträgt) – der Konsument verbraucht es. Beide Begriffe haben auch eine wirtschaftliche Konnotation in einem umfassenderen gesamtökonomischen, ja sogar gesellschaftstheoretischen Sinne. Mit der Dichotomie von Produzent und Konsument, oder allgemeiner von Produktion und Konsumtion, sind die beiden Eckpunkte des (modernen) wirtschaftlichen Geschehens insgesamt markiert. Konsumenten sind (wie ihre Partner, die Produzenten) die zentralen personalisierten Instanzen des entwickelten Wirtschaftsprozesses und in privatwirtschaftlich verfassten Gesellschaften sogar die entscheidende Basis des Gesellschaftsprozesses – auch wenn hinter den (konkreten) Produzenten meist noch die Figur des »Unternehmers« und hinter dem Konsumenten die der sich reprozierenden »Arbeitskraft« steht. Das ist auch der Fokus dieses Buchs: Es interessieren im engeren Sinne Menschen in ihrer (persönlichen und zugleich gesellschaftlichen) Funktion als Nutzer und Verbraucher von Waren, die in modernen Gesellschaften meist andere Menschen hergestellt haben. Dies impliziert, dass Konsumenten auch in modernen Ökonomien nach wie vor ›Produkte‹ ge- und verbrauchen (also konsumieren), die nicht geldvermittelt auf Märkten erstanden wurden, sondern auf anderem Wege (etwa über einen direkten Tausch) erworben oder sogar persönlich im Rahmen einer häuslichen Primärökonomie produziert bzw. endgefertigt wurden. Spätestens wenn wir in den folgenden Überlegungen historisch Rückschau halten, ist es erforderlich, in diesem Sinne den »Konsumenten« nicht auf den modernen Waren-Käufer und -Konsumenten zu reduzieren, denn bis vor kurzem hatte sogar in fortgeschrittenen kapitalistischen Ökonomien der Konsum gebrauchsfertig gekaufter Waren gegenüber dem Ge- und Verbrauch selbst (end-)hergestellter Gebrauchswerte in großen Teilen der Bevölkerung eine nur begrenzte Bedeutung. Wenngleich wir uns dieser Bedeutungsnuancen der Begriffe Kunde und Konsument bewusst sind, haben wir nicht versucht, diese im Text systematisch zu differenzieren. Wir sprechen also sowohl von Kundinnen und Kunden als auch von Konsumentinnen und Konsumenten, ohne jeweils im Einzelnen zu reflektieren, welcher Begriff jeweils passender ist.

Gelegentlich findet sich in diesem Buch auch der Ausdruck *Reproduktion.* Diese Bezeichnung hat eine lange Tradition in der Wirtschafts- und Sozialwissenschaft. Dort wird der Begriff (wie Konsum und Konsument) meist als Gegenstück zu »Produktion« verwendet. Bezeichnet wird damit, dass sich Menschen (als einzelne wie gemeinsam als Gesellschaften) ihr Leben und Überleben in einem unaufhörlichen Prozess der Selbstherstellung sichern müssen: Sie müssen sich immer aufs Neue produzieren, sich »reproduzieren«. Menschen sind so gesehen ›Hergestellte‹, die sich im Zuge des Lebensprozesses ›verbrauchen‹ und zur Erhaltung des Lebens regenerieren müssen. Im engeren Sinne wird der Ausdruck vor allem auf erwerbstätige Menschen, auf Arbeits-Kraft angewendet. Damit Menschen arbeiten können, muss ihre Arbeitskraft (durch Entwicklung und Erziehung, durch Bildung und Ausbildung) individuell (wie auch gesellschaftlich gesehen) ›produziert‹ werden. Wird diese Arbeits-Kraft dann angewendet, verbraucht sie sich und muss, soll sie weiter Verwendung finden, kontinuierlich (durch Schlaf, Nahrung, sorgende Zuwendung, weitere Bildung usw.) wiederhergestellt, also re-produziert werden. In einem reduzierten Verständnis wird dies nicht selten mit Erholung (im Sinne von »Regeneration«) oder Freizeit und Privatleben gleichgesetzt, vielleicht noch erweitert um den Gedanken, dass Arbeitskräfte ihre Arbeitsfähigkeit gelegentlich auch durch Weiterbildung »reproduzieren« müssen. Eine solche Verengung des Begriffs Reproduktion geht aber weit am Gehalt der philosophisch (und ökonomisch) sehr anspruchsvollen Kategorie (vor allem so, wie sie Marx selbst verwendet hat) vorbei. Das Buch möchte bewusst an die philosophische Tradition der Gegenüberstellung von »Arbeit und Reproduktion« anknüpfen: Mit dem Blick auf den Wandel von Konsum und Konsument soll verständlich gemacht werden, dass (und in welcher Weise) sich derzeit Formen und Funktionen der immer notwendigen kontinuierlichen Selbst-Erhaltung und Selbst-Produktion von Arbeitskräften (ja von Menschen überhaupt) in unserer Gesellschaft verändern.

Eine weitere schwierige (und historisch nicht völlig unbelastete) Kategorie taucht hin und wieder, ja sogar an entscheidenden Stellen in unserem Buch auf und darf hier deswegen nicht unterschlagen werden: das *Leben*. Es ist uns hinlänglich klar, dass man mit diesem diffusen Begriff leicht in seichtes Gewässer geraten kann, gleichwohl ist er für die folgenden Überlegungen bedeutsam. In der Gegenüberstellung von »Arbeit und Leben« hat der Begriff ebenfalls eine lange Tradition und ist durchaus hilfreich, um das anzusprechen, was der allgegenwärtigen ›Arbeit‹ von Menschen als das vermeintlich so ganz andere gegenübersteht – obwohl man mit nur wenigem Nachdenken erkennen kann, dass in der »Arbeit« natürlich gelebt wird, und dass das angeblich so schöne private »Leben« voller Arbeit ist. Leben in diesem Sinne meint damit trotz allem jenes Feld der ›Nicht-Arbeit‹ (im Sinne von Nicht-Erwerbsarbeit) in der Gesellschaft und im individuellen Leben von Menschen. Wenn im Folgenden von »Leben« gesprochen wird, dann soll dies den Gedanken transportieren, dass Menschen existenziell vorrangig ihr Leben ›leben‹ (müssen) und dazu auch arbeiten (müssen). Der basale existenzielle Rahmen von Menschen ist ihr ganz persönliches »Leben«, das ihr Arbeiten (in all seinen Formen) und alle anderen Tätigkeiten umfasst. Die Existenz von Menschen beruht auf ihrer alltäglichen Lebens-Führung und deren (kurz- und lang-)zeitlichen Veränderungen, also dem Lebens-Lauf. Diese beiden traditionsreichen Kategorien sind wichtige Bezugspunkte der zu entfaltenden Gedanken, die helfen werden, den Wandel von Konsum und Konsumtion in der Gesellschaft verständlich zu machen und wissenschaftlich einzuordnen.

In diesem Zusammenhang ist es schließlich nötig, ein letztes Begriffspaar zu klären: privat und öffentlich. Der Ausdruck des *privaten* Lebens bezieht sich, wie im gängigen Alltagsverständnis, auf die Sphäre, die Menschen als den Bereich ihrer heimischen Geborgenheit ansehen. Wenn man genau hinschaut, zeigt sich jedoch, dass es ganz so einfach nicht ist, denn zumindest analytisch müsste man unterscheiden, inwieweit es sich um eine soziale Sphäre handelt (diejenigen Personen, die zu meinem intimen Lebensbereich gehören), um den privaten Raum (die heimischen »vier Wände«, die grundgesetzlich als »Privatsphäre« hoch geschützt sind) oder um die private Zeit (womit in der Regel die Zeit der Nicht-Erwerbstätigkeit oder die so genannte »Freizeit« gemeint ist). Dem steht die sehr viel schwierigere Kategorie des *öffentlichen* Lebens gegenüber. Diese kann zum einen die Sphäre der (heute stark massenmedial geprägten) politischen Öffentlichkeit meinen, also den Bereich, in dem freie Bürger einer freien politischen bzw. diskursiven (öffentlicher Meinungsaustausch, öffentliche Medien) Betätigung nachgehen.[17] Hier soll demgegenüber jedoch auch dieser Begriff subjektorientiert und damit ganz anders verwendet werden, das heißt es geht um die Sicht der handelnden Person. Aus deren Perspektive ist Öffentlichkeit jene Sphäre, die nicht privat ist, also alles jenseits des (sozialen, räumlichen, zeitlichen usw.) Bereichs der persönlichen Individual- und unmittelbaren Sozialsphäre, wie sie gerade definiert wurde. Damit ist auch der Bereich, der etwa der Erwerbstätigkeit unter der ›privaten‹ Herrschaft von Wirtschaftsunternehmen dient, für die Betroffenen ›öffentlich‹ – weil er für sie eben genau nicht privat ist, da er sich draußen in der nicht-intimen Welt der Gesellschaft befindet.

17 Das entspricht dem Verständnis von »Öffentlichkeit« bei Habermas (1962, zum Beispiel S. 62), der jedoch schon die wirtschaftliche Betätigung im Bereich des »Warenverkehrs« dem »Privatbereich« zuordnet.

1. Die neuen aktiven Kunden: billig, willig, praktisch und sehr fleißig – Impressionen aus der Konsumwelt des 21. Jahrhunderts

Moderne Kunden sind einiges gewöhnt! Sie kann nichts schrecken – egal, was man von ihnen erwartet. Kunden sind heutzutage »kompetente« Kunden.

Wer die frühen Jahre unserer Republik bewusst erlebt hat, erinnert sich jedoch noch daran, wie gewöhnungsbedürftig die ersten Läden mit »Selbstbedienung« waren, die zusammen mit Coca-Cola und Kaugummi aus den USA zu uns kamen und manches in der deutschen Konsumwelt durcheinander brachten: Sollte man wirklich einfach so ins Regal greifen? Durfte man wirklich die Waren ungefragt anfassen? Für solches eigenständiges Agieren wäre man von der Verkäuferin heftig angeschnauzt worden, Kinder hätten eins auf die Finger bekommen. Aussuchen sollte man nun selbst, aber Abwiegen und Einpacken war immer noch Aufgabe der strengen Damen hinter den Tresen: »Darf's etwas mehr sein? Grüne Heringe? Da haben wir nur noch einen ... Quark dazu? Kartoffeln haben Sie ja im Keller, oder? Soll ich anschreiben?«. Der Beruf der Frauen war ehrenwert und ihre Rolle eindeutig – sie waren Verkäuferinnen und der Kunde war der Käufer! Das »Was bin ich?«-Team von Robert Lembke hätte keine Mühe gehabt, die Funktion der Damen zu erraten.

Alles kein Problem mehr für moderne Kunden. Sie wissen, was zu tun und zu lassen ist. Sie wissen, wie man was wie und wo sucht und hoffentlich findet. Sie kennen sich aus mit all den verschiedenen Shops, Centers, Malls und Stores, selbst mit den Shops im Shop. Keiner würde heute noch in ein Kaufhaus gehen und etwa in der Mens-Trend-Corner sagen: »Ich brauche eine Unterhose!« Allein der Gedanke treibt einem die Schamesröte ins Gesicht. Heute kauft man einen »Super-String« oder zur Not auch (nicht nur für die älteren) einen »Retro-Slip«. Modern Talking – Modern Consumption. Kein Problem für den modernen Kunden!

Nein, die Konsumenten von heute wissen, welche Firma welche Produkte unter welchen Namen und zu welchen Preisen anbietet. Sie wissen, wie die Waren auf Englisch heißen und in welcher »Corner« sie zu finden sind. Ob und wie man sich wo anstellt, wo die Kabinen zum Anprobieren sind und was man dort tun darf, wie das mit dem Bezahlen geht und was man machen muss, sollte es beim Verlassen des Ladens heftig piepen. Die diversen Karten haben sie parat, damit alles schnell geht – und Premium-Kunde mit Kunden-Karte (möglichst Gold Card) sind sie schon lange. Auch das lässige Einfädeln in eine der vielen Schlangen an den Kassen, die kompetente Handhabung des Kundentrennriegels, das fixe Abgreifen vom Kunden-Band und das staufreie Einpacken in die Shopping-Bags – alles kein Problem! Wagen zurückbringen – und die Münze nicht vergessen (wenn sie rauskommt)! Moderne Konsumenten wissen, wie die Leergut- und Brotbackautomaten funktionieren, die Cashmaschinen und Kontoauszugsdrucker, die Check-In-Maschinen (jetzt mit Gepäckaufgabe). Mit dem korrekten Verhalten an der Sicherheitsschleuse im Airport sind sie genauso vertraut wie mit der automatisierten Arbeitsvermittlung im Service Center der Bundesagentur für Arbeit.

Und mit der Zeit beherrschen die modernen Kunden sogar die Fahrkartenautomaten des Verkehrsverbundes und manche der Kunden sogar die der Bahn AG – na ja, noch nicht so ganz, das muss man sich erst noch mal in Ruhe durchlesen, mit all den Rabatten, Sonderangeboten, Auf- und Abschlägen, Ausnahmen, Kombinationen und Kombinationsausschlüssen. Neuerdings kostet es 2 Euro Zuschlag, wenn man es sich erlauben sollte, das Ticket am Schalter bei einem lebendigen Mitarbeiter zu erwerben (so zum Beispiel beim Kauf des Bayerntickets).

Waren Sie schon mal in einem Hotel mit automatisiertem Check-In? Das ist zwar gewöhnungsbedürftig, so ganz allein in der Nacht, nur mit dem Automaten und dann die Sicherheitskarten statt der altmodischen Schlüssel. Aber auch das kriegen moderne Kunden hin. Wenn man dann in seinem Bett liegt, fragt man sich vielleicht, ob es wirklich das richtige Zimmer ist. Aber man vergisst dann mit der Zeit doch, dass der Nachtportier eine Software ist. Und zur Not hat man ja noch das Handy mit Notruf und Fotofunktion, das Pay-TV-Set, die automatisierte Minibar mit den kleinen Flaschen (Formular ausfüllen!). Bis man herausgefunden hat, wie die brummende Klimaanlage ausgeschaltet wird, kann allerdings einige Zeit verstreichen.

Abb. 1.1: Til Mette, Süddeutsche Zeitung 24./25.03.1990

Das Einkaufen und die Zusammenarbeit mit diversen Dienstleistern über das Internet geht zwar noch nicht jedem so zügig von der Hand, aber es wird besser. Man ist ja lernfähig und rüstet bereitwillig ständig nach. Ohne Internetkonto wird man in Zukunft nicht mehr seine Gelddinge abwickeln können: Nur noch der Penner (»Hasse mal 'n Euro?«), die illegale Haushaltshilfe (»Kann ich heute haben meine Geld?«) und der Straßenräuber (»Kohle her!«) bekommen noch Cash auf die Hand. Die öffentliche Verwaltung steht dem kaum mehr nach. Noch ist Elster (die elektronische Steuererklärung per Internet) ein mehr oder weniger freundliches Angebot – bald geht's nur noch online, und wer sich da nicht auskennt (oder »Elster« gar für einen diebischen Vogel hält), der muss schauen, wie er das geregelt bekommt. Das Anmelden des neuen Autos wie sicher bald auch des Neugeborenen, das Abmelden des Zweitwohnsitzes und sicher demnächst auch der verstorbenen Großmutter, alles machen moderne Bürgerinnen und Bürger selbst, webbasiert. Auch der Erstkontakt zum Gesundheitssystem bei Husten und Heuschnupfen wird in absehbarer Zeit nur noch technisch erfolgen (»Welche Farbe hat Ihre Zunge: rot, grün, schwarz, anderes? – bitte klicken«). Einen echten Arzt oder einen lebendigen Apotheker gibt es dann wahrscheinlich nur noch gegen Aufpreis.

Eine nun schon über ein Jahrhundert andauernde Entwicklung von den ersten »Kauf-Häusern« in großen Städten über die Einführung von »Selbst-Bedienung« bis hin zu Super-Märkten und schließlich den riesigen Megastores und Malls, dem E-Service, E-Shopping und E-Government hat die Kunden perfekt sozialisiert und qualifiziert. Sie machen ihren Job, bereitwillig und kompetent, je jünger desto lässiger. Man hat kein Problem damit, durch bewusst unübersichtlich angelegte, ewig lange Regalreihen gelotst zu werden, damit man an möglichst vielen Waren vorbeikommt. Und wenn das »Self-Scanning« mit dem »Personal Shopping Assistent« flächendeckend im Handel eingeführt wird, dann wird auch das klappen. Bereits jetzt feiert die Presse diesen Schritt mit der Überschrift: »Hier kassiert der Kunde« und erwähnt nur am Rande, wie viele Arbeitsplätze damit wegfallen werden (Süddeutsche Zeitung vom 17./18.7.2004). Auch an den Kunden-Transponder im Supermarkt und den RFID-Chip (Radio Frequency Identification, siehe Kapitel 2) am Joghurt werden sich die Konsumenten gewöhnen. Man muss dann mit den Waren nur noch durch die Datenschranke gehen – schon wird alles abgebucht. In Spanien bieten Diskotheken ihren Kunden in den Körper einsetzbare RFIDs an – die perfekte neue Kundenkarte! Dass wir unsere Pakete nicht mehr ins Haus geliefert bekommen, sondern bei dem Unternehmen, das früher einmal schlicht »POST« hieß, nun zum Selbst-Zusteller werden, der seine Pakete bei der vollautomatischen »Packstation« abholt, überrascht nicht mehr: »Jeder sein eigener Paketbote« schreibt dazu euphorisch unsere Tageszeitung (Süddeutsche Zeitung vom 30.7.2004) und fällt damit auf die PR-Strategie von Unternehmen herein, die uns vermitteln wollen, dass

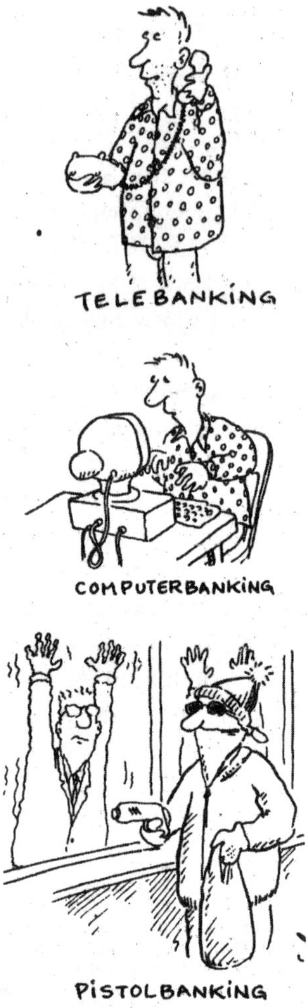

Abb. 1.2: Johann Mayr, Süddeutsche Zeitung 20./21.1995

wir nun endlich all diese Post-Jobs selbst machen »können« und nicht mehr auf altmodische Post-Boten warten müssen.

IKEA war zuerst auch gewöhnungsbedürftig. Aber es war auch unterhaltsam: lustiges Umherirren durch die bunte Warenwelt und staunendes Studieren der Aushänge, Beschreibungen und Erläuterungen. Aussuchen, Nachmessen (mit dem kleinen Maßband, das man am Eingang bekommt und sogar mitnehmen darf) und dann der erste Höhepunkt: energisches Entscheiden unter Bedingungen unvollständiger Information (»Ist Billy breiter als Björn?«, »Kostet Köttbullar mehr als Kasbroed?«, »Gibt's Gabi auch in giftgrün?«). Wenn man sich traute, konnte man aber auch die blau-gelb gekleideten Damen und Herren fragen. Anschließend die Kisten und Kästen aus den Regalen zerren, auf die riesigen Karren laden, keuchend bis zu den gigantischen Kassen schieben, anstellen und warten. Lange warten! Zumindest am langen Samstag. Heute weiß man, dass man da besser nicht raus fährt zu IKEA. Aber jetzt ist ja immer langer Samstag und der lange Sonntag kommt vielleicht in absehbarer Zeit (ganz sicher kommen aber demnächst die langen Nächte des infiniten Shoppens!). Wenn man dann an der Reihe ist, schnell alles aufs Band laden, zügig zahlen, das Ganze wieder auf die Karre zurückstapeln und zum Auto schleppen (»Mach ja keinen Kratzer in den Lack!«, »Passt die Kiste überhaupt rein?«). Anschließend mühsam hinters Steuer geklemmt, weil der Sitz wegen der großen Kiste ganz nach vorne muss. Dann ohne Sicht nach hinten vorsichtig über die Autobahn nach Hause chauffiert (»Der nächste Wagen wird ein Multifunktions-Van!«). Parken in der zweiten Reihe und das Zeugs die Treppen hochgewuchtet, in die Wohnung gezwängt und erst mal Luft holen. Denn nun kommt das zweite Kunden-Abenteuer: Auspacken und Aufbauen. Nach einiger Übung hatte man es raus, zumindest wenn man handwerklich begabt, experimentierwillig und nervenstark war. Heute weiß jeder (auch die Oma), was da auf einen zukommt, wie man die seltsamen Arbeitsanweisungen und Schaubilder zu verstehen hat, welche Werkzeuge (vor allem den unverzichtbaren »Sechskant-Inbus«) man parat haben muss und dass man am besten noch eine kompetente Hilfe bestellt, die kräftig und sachkundig zulangt. Hoffentlich hat man an die Entsorgung der Verpackung gedacht. Ist aber alles kein Problem für moderne Kunden! Das hat man heute alles voll drauf. Außerdem ist IKEA inzwischen kalter Kaffee (obwohl der Kaffee dort nicht schlecht ist – man darf sich jetzt sogar unbegrenzt nachschenken) und fast schon wieder Kult.

Skandinavische Möbelmärkte sind im übrigen nichts gegen die Installation einer ISDN-Anlage aus dem Drogeriemarkt, die Konfigurierung eines PC-Systems vom Lebensmitteldiscounter, die Programmierung eines Videorecorders aus dem Laden des Kaffeerösters oder das Einfahren eines BMW der letzten Generation mit mehr oder weniger hilfreichen EDV-basierten Unterstützungssystemen. Auch die Anleitung für die Multi-Mega-Pixel-Digi-Cam hat es in sich. Doch nach ein paar Stunden kommt man schon drauf, wie es geht, selbst der »Easy-Quick-Flash« im »Anti-Read-Eye-Self-Portrait-Modus«. Zumindest die Jüngeren bringen das locker. Die Älteren, nun gut, die müssen noch üben (oder sich vom Enkel helfen lassen). Das geht aber schon mit der Zeit. Natürlich weiß man, dass man in so einen Laden nicht einfach reingeht und wie früher sagen kann: »Ich möchte einen Fotoapparat kaufen!«. Man würde zwar nicht gleich ausgelacht werden (obwohl man sich da nicht so sicher sein sollte), mit großer Wahrscheinlichkeit wird man jedoch über den Tisch gezogen. Einen »Fotoapparat« bekommt man sicher, wahrscheinlich aber einen, dessen Funktionen zu kompliziert sind, der sowieso zu teuer ist und für den nächste Woche das verbesserte Nachfolgemodell auf den Markt kommt. Am wahrscheinlichsten ist jedoch, dass man sowieso keinen Verkäufer findet, der bereit ist, mit einem zu reden. Falls doch, dann hat er eigentlich ja gar keine Zeit und zeigt überdeutlich, dass er einen nicht ernst nimmt. Nein, so geht das heute nicht. *Modern Consumption* geht anders!

Die moderne Kundschaft liest vorher diverse Fachmagazine und möglichst einige Beratungsbücher. Sie stromert tagelang durch die verschiedenen Läden, surft nächtens durch die Webseiten einschlägiger Hersteller und Verbraucherberatungen, fragt kompetente Personen (die leider immer unterschiedliches sagen), sucht sich eine News-Group zu dem gewünschten Produkt (»Weiß jemand, mit wieviel »baud« der neue PP-35-classic-releas im Power-Rebound-Modus auf die Graphik-Ministry zugreift?«) und macht sich so nach und nach schlau. Dann, und wirklich erst dann, greift man sich mit demonstrativ vorgetragenem Selbstbewusstsein einen der wenigen überlasteten Verkäufer und zeigt ihm, dass man sich auskennt (»Der neue PP-35-classic-releas greift doch jetzt im Power-Rebound-Modus auf die Graphik-Ministry mit 256 Giga-Baud zu, oder? Auf wieviel Pixel kommt der dann, quasi-optisch?«). Nur so bekommt man einen angemessenen Service, einen passablen Preis und schließlich ein Produkt, mit dem man sich zurecht findet. Natürlich klappt dies nur, falls alle Teile in der Verpackung sind! Die Kür des Konsums beherrschen moderne Kunden inzwischen nahezu blind.

Schwierig wird es, wenn ein System echten Ärger macht, wie neulich vor dem Haus zu beobachten: Eine schicke junge Frau sitzt verzweifelt in einer brandneuen Edellimousine. Vor sich zwei kiloschwere Handbücher, in denen sie nachzulesen versucht, wie sie den Wagen wieder starten kann. Irgendwas war mit einer der vielen Elektroniken. Keiner konnte ihr helfen – auch nicht der ADAC (»Das ist halt so heute. Rufen's die Hotline an.«).

Allein schon, wenn man sich ein Update für das Betriebssystem besorgen und nachträglich aufspielen muss, kann es schnell ziemlich lästig werden. Braucht man neue Patches, damit alles wieder sauber läuft, erwischt einen der »Wurm« (das war früher auch etwas anderes), kollabiert ein Bauteil (vielleicht weil man einfach etwas rausgelöscht hat, von dem man dachte, man brauche es nicht mehr), dann sollte man sich auf eine Menge Arbeit gefasst machen. Und wenn ein

Teil, dessen Namen man kaum aussprechen kann, einfach abgerauscht ist, und jetzt die ganze Konfiguration spinnt (»Das kommt bei unseren Produkten eigentlich nie vor, da müssen Sie was falsch gemacht haben! Haben Sie Überspannungen auf Ihrem Netzanschluss? Benutzen Sie vielleicht noch das alte Netscape 4.7? Das geht natürlich nicht!«) sind Stunden vor dem Bildschirm vorprogrammiert. Man kann dann hoffen, bei der Hotline des Herstellers durchzukommen, am besten versucht man jedoch gleich, sich durch die Homepage durchzuklicken. Ist das System auch korrekt lizensiert? Hoffentlich ist Ihre Software nicht zu alt, ansonsten wird es keinen Service mehr geben! Da sollte man sich schon ein paar Abende freihalten und viel Geduld mitbringen. Dass die Programme immer mehr können (und man nie bei einer bewährten Fassung stehen bleiben kann), wissen moderne Kunden – und sie wissen auch, dass sie immer mehr können müssen, und das in immer kürzeren Innovationszyklen, weil sonst nichts mehr geht (»fataler Systemfehler in Bereich 5.3 – wenden Sie sich an Ihren Händler«). Sie wissen allemal, dass man bei Windows paradoxerweise auf »Start« klicken muss, um das Gerät auszuschalten.

Haben Sie schon mal etwas von Beta-Testern gehört? Das sind Leute, die sich (freiwillig!) nicht voll ausprogrammierte Softwareversionen (Beta-Versionen) besorgen – und anschließend den Konzernen diverse Probleme und Fehler melden oder in Chat-Rooms das Ganze lustvoll mit anderen Freaks diskutieren (was die Konzerne wiederum ebenfalls genau beobachten). Wird man aber als Otto-Normal-User mit den unaufhörlichen Problemen der oft völlig alltagsinkompatiblen (aber angeblich marktreifen) Systeme konfrontiert, versteht man, warum es oft heißt, wir seien alle »permanently beta«. Die meisten Programme sind notorisch unfertig (weil es viel zu teuer wäre und viel zu lange dauern würde, sie wirklich voll auszuarbeiten). Außerdem kann der Hersteller davon ausgehen, dass es die Kunden schon hinbekommen. Ihnen bleibt ja auch nichts anderes übrig.

Moderne Konsumenten sind im Übrigen nicht weit davon entfernt, ›permanently online‹ sein zu müssen – damit der Hersteller des Betriebssystems ununterbrochen die Anlage »überprüfen« kann und die Kunden im Gegenzug kontinuierlich die immer neu auftretenden Probleme unter Rückgriff auf Patches, Tools und Reports bearbeiten können. Spätestens mit dem undurchsichtigen »blaster32/lovesan« ist vielen klar geworden, dass man sich nicht abkoppeln kann. Nur wer dran bleibt, nur wer ständig zu »seinem« Konzern Kontakt hält, nur wer sich ununterbrochen weiterbildet und kontinuierlich sich und sein System prüft, nur der kann auf einen störungsfreien Betrieb hoffen. Einfach ein Gerät kaufen, nach Hause fahren, auspacken, aufbauen und anwenden (wie beim altmodischen IKEA-Konzept oder einer Hand-Kaffemühle), das geht heute nicht mehr – auch wenn man uns »plug and play« verspricht: Der Hersteller benötigt einen ständigen Zugriff auf unser System, wir brauchen ständigen Zugriff auf Ressourcen des Herstellers, damit wir unsere komplexen Arbeitsaufgaben erledigen können (Haben Sie schon mal versucht, ein »Espresso-Capuccino-Center« zu konfigurieren?). Eigentlich sind moderne Kunden bereits Teil der Konzerne – und sie müssen dafür immer öfter auch noch laufend zahlen (»plug and pay«?). Das ist gewollt: Moderne Kunden sollen nicht nur ein Produkt kaufen und sich dann verabschieden (so war das früher), sondern aktiv zur »Family« oder zur »Community« gehören – mit allen Rechten, regelmäßigen Produktinformationen und einer Menge Pflichten, wie das bei Familien halt so ist.

Abb. 1.3: Thomas Plaßmann, Süddeutsche Zeitung 11./12.11.1995

Selbst die modernsten Kunden erleben jedoch noch echte Überraschungen: So kann es passieren, dass der User eines neuen Internet-Sparkontos, der im Service-Center der Bank einen Betrag auf den neuen Direct-Account überweisen möchte, bei dem neuerdings so freundlichen Kundenberater (ein alter Bekannter noch aus Zeiten, in denen er als seriöser Schalterbeamter keine gelben Krawatten tragen musste und auch nichts von Cross- und Up-Selling wusste) eine betretene Reserviertheit auslöst: Er könne »da« nicht »rein« – der Kunde müsse alles von zuhause aus selbst machen. So sei das mit dem Online-Banking bei einem Direct-Konto. Man könne zwar auch anrufen, aber da sei jetzt ein Sprachcomputer, mit dem man vorsichtig umgehen müsse, damit der nicht Sachen veranlasse, die nur schwer zu revidieren seien (»Sie haben jetzt 15 Optionen – wählen Sie aus und sagen Sie zweimal »ja«, wenn Sie ihre Option hören!«).

Abb. 1.4: Süddeutsche Zeitung 8./9.03.2003

Also ab nach Hause und online gehen. Falls dann trotz richtiger User-Kennung, PIN und TAN kein Log-In und damit auch keine Überweisung möglich ist, kann es passieren, dass am Ende der Zugang gesperrt ist (»Setzen Sie sich mit einer unserer Filialen in Verbindung.«). Als nächstes besteht die Gefahr, dass der Sprachcomputer am Telefon ebenfalls nicht helfen will, weil die User-ID angeblich nicht stimmt (»Bitte versuchen Sie es erneut, nach drei Versuchen wird dieser Zugang gesperrt!«). Die Eingabe einer neuen ID wird aber auch nicht erlaubt – man sei ja schon registriert und solle bitte zuerst die ID eingeben. Ende, Aus, Vorbei! Rien ne va plus! Erst ein ausführliches Telefonat mit einer nach langem Warten zugänglichen menschlichen Person kann dann schließlich die lang ersehnte Abhilfe bringen: Alles wird gelöscht und muss neu angelegt werden – warum auch immer.

Abb. 1.5: Kai Felmy, FAZ 07.04.2004

Die moderne Kundschaft hat in solchen Fällen viel Zeit (zum Beispiel beim Warten auf die Hotline in der Schleife: »Sie werden gleich an den nächsten freien Mitarbeiter vermittelt« – »Sie werden gleich ...«),über ihre Rolle bei einer modernen Bank zu philosophieren. Und nach und nach keimt eine verwirrende Einsicht: Wer macht hier eigentlich die ganze Arbeit? Bei all diesen neuen Formen des »Banking« (»Online-«, »Direct-«, »Internet-«, »Self-«, »Virtual-«.) macht man doch alles selbst, oder? Es ist nicht mehr die Bank, die das Geld verwaltet, sondern der Kunde! Die Bank stellt eine Internet-Plattform zur Verfügung, kassiert Zinsen und Gebühr – die Arbeit macht der Kunde! »Wir sind die Bank!« möchte da mancher laut rufen und denkt vielleicht an eine Montagsdemo der Geschädigten moderner Finanzdienstleistungen.

Immerhin gibt es auf der Web-Seite der netten Bank ein nettes Angebot (»Genau das richtige für Sie!«, »Darauf haben Sie gewartet!«): »Der Kunde ist König«, »werden Sie ein Activexpert.« Hier soll die Kundin oder der Kunde Mitglied einer Kundengruppe werden, die der Bank regelmäßig Rückmeldung über Erfahrungen mit dem Online-Angebot macht (»die Online-Aktivitäten der Bank begleiten und aktiven Einfluss auf die Entwicklung nehmen«). Hier geht es also nicht nur einfach um Beta-Tester, nein, es geht darum, kontinuierlicher Online-Mitarbeiter der Online-Bank zur Verbesserung der Online-Service-Qualität zu werden. Dazu müsse man ein »umfangreiches Online-Bewerbungsverfahren« durchlaufen, werde intensiv »überprüft« (natürlich online), werde für die Tätigkeit »qualifiziert« und schon sei man Activexpert der Bank für das Mobile-Banking. Irgendwie kommt dem modernen Kunden da schon die Frage, was man eigentlich davon hat, dass man Activexpert ist? Vielleicht dies: Man wird Online-Activexpert bei seiner Bank, das ist doch toll, oder? Echter Online-Activexpert bei einer echten Online-Bank! Das ist nicht jeder! Fast ist man da schon ein Bankangestellter, und das ist heute schon was, wo die Bank doch Arbeitsplätze en masse abbaut. Man bekommt zwar kein Gehalt, aber man gehört dazu. Man erhält regelmäßig den »Activexpert-Newsletter« und ganz sicher auch immer wieder die attraktiven Online-Angebote der Bank Und die Arbeit hält sich in Grenzen. Einfach altmodischer Kunde sein (»kaufen und gehen«, sozusagen »hit and run« oder »Shopping and Hopping«), das kann jeder – aber Online-Expert der Bank, das sind nur ganz wenige. Vielleicht hat man dann auch weniger Ärger mit seinem Internet-Direkt-Sparkonto; man sollte es mal versuchen.

Einer der Internet-Provider (man hat ja jetzt mehrere Provider) macht seit kurzem ein sehr ähnliches Angebot; mit dem Unterschied, dass man die Kunden sogar für ihre Arbeit bezahlen möchte: Man gehöre doch sicher zu denen, die »mit Freunden und Bekannten ... gerne über Internet und Telekommunikation« sprechen und man habe doch sicher »Freude am Verkaufen« (nun ja) »dann machen Sie doch sofort Ihr Hobby zum Nebenverdienst.« Das heißt im Klartext, man solle »Profiseller« werden, der als Kunde neue Kunden wirbt. Okay, das kennt man schon von der Zeitung – aber hier ist das noch mal etwas anderes: Es gibt nicht nur eine Provision, sondern der Kunde soll regelrecht Mitarbeiter werden, wozu er auch einen »professionellen Background« bekommt. Er bekommt sogar einen »kostenlosen Internet-Shop zur Verfügung« gestellt, mit dem er laut Anbieter »sogar im Schlaf Geld verdienen!« könne. Na, ist das ein Angebot?

Auch der Internet-Buchhändler Amazon will uns jetzt als Verkäufer gewinnen – zwar nicht für seine Waren, aber dafür, dass wir alles Mögliche über seine Webseite verhökern. Doch man sollte sich vorsehen. Auch hier ist man schneller als gedacht zum heimlichen Mitarbeiter geworden, wird für dies und das eingespannt und wundert sich. So zum Beispiel, als neulich eine freundliche, aber deutliche Mahnung per E-Mail eintrudelte, weil man seinen Kunden-Job nicht ordentlich gemacht habe. Wenn man schon über die Webseite von Amazon etwas kaufe, dann müsse man gefälligst auch bei der Qualitätssicherung mitarbeiten und den Verkäufer beurteilen. Machen wir doch alles, wir sind doch moderne Konsumenten, oder?

Wenn das keine neue Kundenwelt ist, oder? Modern Consumption in Perfektion! Obwohl man da dann fast schon philosophisch (oder soziologisch?) werden kann: Wer ist man eigentlich bei so einem Job? Profi-Käufer oder Profi-Seller? Und man hört schon die eigenen Kinder fragen: »Bist Du einfach nur Kunde, oder arbeitest Du schon für Deinen Internet-Provider und den Online-Buchshop?« »Ich arbeite, hurra!«, können wir dann mit Stolz rufen – wenn auch ohne Arbeitsvertrag, Betriebsrat, Alterssicherung und Lohnfortzahlung. Aber das braucht man ja nicht, man ist ja Selbständiger mit eigenem »Shop«. »Ich arbeite, also bin ich!« Doch was bin ich in diesem Spiel? Kunde oder Mitarbeiter, Käufer oder Verkäufer, Konsument oder Arbeitskraft? Robert Lembkes Rate-Team hätte heute

Mühe mit der berühmten »Was bin ich?«-Frage. Aber das waren ja auch die fünfziger Jahre, wo es gerade die ersten Selbstbedienungsläden gab und Kunden nur ganz normale, kaufende Kunden waren. Jetzt ist alles anders. Heute würde man sicher auch 5 Euro-Scheine für das »Schweinderl« bekommen (wenn man nicht sogar Millionär werden könnte) für den Fall, dass Anette, Guido, Hans und Marianne nicht errieten, dass man arbeitender Kunde ist.

Betreff: Bewerten Sie Ihren Verkaeufer – Amazon Marketplace

Sehr geehrte(r) Dr. Kerstin Rieder, Wir moechten Sie an die Abgabe Ihrer Bewertung von xxxxx fuer Ihre Bestellung am 06/22/2004 13:27:28 MEST erinnern. Bitte nehmen Sie sich nach der abgeschlossenen Transaktion einen Moment Zeit, um Ihren Verkaeufer zu beurteilen. Hat der Verkaeufer den Artikel, den Sie bestellt haben, sorgfaeltig beschrieben? War der Artikel gut verpackt? Lassen Sie es uns wissen!

Den Verkaeufer zu beurteilen, ist einfach – geben Sie ihm einfach einen bis fuenf Sterne, wobei fuenf Sterne die bestmoegliche Bewertung ist. Dann fuegen Sie Kommentare hinzu, die Sie fuer hilfreich erachten. Ihr Feed-back wird anderen moeglichen Kaeufern bei ihrer Kaufentscheidung helfen. Ihre Bewertung gilt fuer folgenden Artikel: xxxxxx

Wenn Sie Schwierigkeiten mit diesem Link haben, koennen Sie Ihren Verkaeufer auch bewerten, indem Sie die folgenden Schritte gehen:

1. Gehen Sie dazu bitte auf "Mein Konto".
2. Klicken Sie dann hinter dem Dropdown-Menue "Offene und kuerzlich versandte Bestellungen" auf "Los".
3. Melden Sie sich mit E-Mail-Adresse und Passwort an.
4. Suchen Sie die Bestellung heraus, fuer die Sie eine Bewertung abgeben moechten.
5. Klicken Sie auf "Bestellung ansehen". In der linken Spalte sehen Sie dann unterhalb des Benutzernamens des Verkaeufers die Schaltflaeche "Bewerten Sie diesen Verkaeufer". Wenn Sie bezueglich Ihrer Transaktion Fragen haben, empfehlen wir Ihnen, sich fuer Einzelheiten direkt mit Ihrem Verkaeufer xxxx in Verbindung zu setzen.

Verdienen Sie Geld bei Amazon.de! Es dauert weniger als 60 Sekunden, um Ihre Artikel bei Amazon.de anzubieten – und Sie koennen sich sicher sein, dass Sie unter den weltweit 30 Millionen Amazon-Kunden einen Kaeufer finden werden. Hier geht's los: http://s1.amazon.de/exec/varzea/sdp/sai-identify/

Vielen Dank fuer Ihre Bestellung bei Amazon Marketplace.

Amazon.de – Amazon Services Europe S.a r.l

Diese Nachricht wurde automatisch von unserem System versendet. Antworten Sie bitte nicht auf diese Nachricht.

Damit soll es genug sein mit Erfahrungen und Anekdoten aus der Welt des modernen Konsums. Weitere Beispiele werden in den nächsten Kapiteln folgen und dann systematischer analysiert werden. An dieser Stelle wollen wir erst einmal nur festhalten, dass sich die Beziehung zwischen den Kunden und den Anbietern von Waren und Dienstleistungen zurzeit offensichtlich erheblich verändert: Die Kunden müssen, entgegen allem Gerede von der »Dienstleistungsgesellschaft«, immer mehr Funktionen übernehmen. Sind die Kunden zunehmend gezwungen, aktiv produktive Leistungen für Unternehmen zu erbringen und dadurch fast schon zu Arbeitskräften der Organisationen zu werden, so stellt sich eine Reihe von Fragen.

Sind diese aktuellen Entwicklungen singuläre Erscheinungen ohne weitergehende Bedeutung oder zeichnet sich darin ein Trend ab? Wird sich dadurch die allgemein vorherrschende Logik des Konsums verändern? Könnte es langfristig zu einem grundlegenden Wandel der Qualität individueller Reproduktion in unserer Gesellschaft kommen?

Man sollte nicht vergessen: Es war historisch keineswegs immer so, dass man sich die erforderlichen Mittel zum Leben in der heute für uns so gewohnten und selbstverständlichen Form als »Kunde« in irgendwelchen Geschäften, auf Märkten usw. per Kauf besorgt und dann zu Hause nach nur noch minimalem Aufbereitungsaufwand konsumiert. Die längste Zeit der Menschheitsgeschichte war es in vielem ganz anders. Einen Großteil dessen, was man konsumieren wollte, musste man auch selbst produzieren. Ohne Arbeit kein Konsum – ganz unmittelbar. Warum sollte sich die Form, wie in einer Gesellschaft der Konsum organisiert wird, nicht erneut grundlegend verändern? Wir haben die Vermutung, dass sich ein solcher Strukturwandel derzeit in ersten (noch rudimentären) Formen zeigt; Anzeichen einer Entwicklung, die Anlass sind, darüber nachzudenken, was dahinter steckt und vor allem, wohin dies langfristig noch führen könnte.

2. Von der Selbstbedienung zu *Activexperts* und *Customer Communities* – Eine kleine Wirtschaftsgeschichte des aktiven Konsums

Im ersten Kapitel haben wir mit einem kleinen Streifzug durch die aktuelle Welt des Konsums gezeigt, dass Konsumentinnen und Konsumenten heute mit neuen Anforderungen konfrontiert sind. Sie müssen oftmals handfest und kompetent mit anpacken, wenn sie Leistungen in Anspruch nehmen oder Produkte erwerben und nutzen möchten. In diesem Kapitel werfen wir nun einen Blick auf die Geschichte dieses »aktiven« Konsums. Gezeigt wird, wie und warum sich ein aktiver Konsum historisch herausgebildet und verändert hat, wann und in welchen Bereichen Tätigkeiten im Rahmen des Konsums an die Kunden ausgelagert beziehungsweise von Konsumenten angeeignet wurden. Die Darstellung beschränkt sich auf die Zeit ab Mitte des 19. Jahrhunderts und konzentriert sich auf die Entwicklung in Deutschland (mit einigen Hinweisen auf Entwicklungen in den USA, die vielfach denen in Europa vorausgingen). Ausgeblendet werden frühe Formen der Verbindung von Konsum und Produktion, wie sie für die Zeit vor der industriellen Revolution charakteristisch waren (vgl. hierzu Kap. 4.4).[18]

Unser Ziel ist es, zu zeigen, dass der aktive Konsum sich im Verlauf des 20. Jahrhundert erheblich ausgeweitet hat und derzeit am Beginn eines Strukturwandels steht. In Kapitel 2.1 stellen wir zunächst wesentliche Schritte der Entwicklung des aktiven Konsums ab Mitte des 19. Jahrhunderts im Überblick dar. In Kapitel 2.2 gehen wir dann ausführlicher auf aktuelle Veränderungen am Beispiel unterschiedlicher Branchen ein.

---

18 Siehe als Überblick zur Geschichte der Konsumgesellschaft König 2000 (siehe auch die weiterführende Literatur).

2.1 Entstehung und Entwicklung des aktiven Konsums

Zu allen Zeiten haben Menschen die für ihr Leben erforderlichen Güter gezielt (aber unter sich historisch erheblich verändernden Bedingungen und in sich wandelnden Formen) produziert und anschließend aktiv ge- und verbraucht. Insoweit hat es so etwas wie »Konsum«, gerade auch unter Einsatz aktiver Leistungen der Betroffenen, in der Menschheitsgeschichte immer gegeben. Der Mensch ist damit im Kern nicht nur ein arbeitendes und produzierendes Wesen (wie dies etwa Karl Marx in seiner Sozialphilosophie herausstellte), sondern er ist immer auch zugleich Konsument. Das, was wir jedoch heute als »Konsum« bezeichnen und für ›normal‹ halten, ist historisch eine vergleichsweise späte Erscheinung: der weitgehend marktförmige und geldvermittelte Erwerb massenhaft und arbeitsteilig hergestellter Güter und Leistungen sowie deren passiver Verbrauch im privaten Rahmen.

2.1.1 Die Anfänge: Massenproduktion, Massenkonsum und Selbstbedienung

Der moderne Konsum und damit die so genannte Konsumgesellschaft entwickelte sich auf der Grundlage veränderter historischer Bedingungen sowohl im Bereich der gesellschaftlichen Arbeit und Produktion als auch des privaten Lebens etwa gegen Ende des 18. Jahrhunderts. Mit der (in den Ländern Europas unterschiedlich verlaufenden) *Industrialisierung* entstand erstmalig die bis heute für entwickelte Gesellschaften typische *Massenproduktion,* also die hoch effiziente und dazu weitgehend mechanisierte Herstellung zunehmend entindividualisierter Waren. Es wurde dadurch möglich, Konsumgüter in sprunghaft wachsenden Stückzahlen zu vergleichsweise geringen Kosten herzustellen. Voraussetzungen waren eine systematisch weiterentwickelte Arbeitsteilung sowie umfassende technische Fortschritte. Güter wurden damit erheblich billiger und für breite Käuferschichten erschwinglich. An die Stelle des Erwerbs und der Nutzung individuell gefertigter Güter trat nun der *Massenkonsum* und damit der Erwerb und die Verwendung standardisierter Produkte.

Nach wie vor relativ kostspielig waren allerdings Dienstleistungen, zum Beispiel im Handel. Sie erforderten einen hohen Personaleinsatz und galten vielfach als rationalisierungsresistent.[19] Das änderte sich mit der Herausbildung und Verbreitung von Elementen einer *Selbstbedienung* in vielen Bereichen der Dienstleistungsarbeit.[20] Angebotene Leistungen wurden nun standardisiert und einzelne Tätigkeiten an Konsumenten ausgelagert. Auf diese Weise wurden in erheblichem Umfang Personalkosten eingespart. Im Gegensatz zu den USA fand Selbstbedienung in Europa und speziell in Deutschland erst etwa Ende der 50er Jahre langsam Verbreitung, zunächst vor allem im *Einzelhandel.*[21]

In den Metropolen der USA und in Europa gab es bereits in der zweiten Hälfte des 19. Jahrhunderts die ersten *Waren- und Kaufhäuser.*[22] Es wurden dort unter einem Dach unterschiedlichste Produkte vertrieben, schwerpunktmäßig jedoch Textilien. Waren- und Kaufhäuser entwickelten eine Reihe von Geschäftspraktiken, die sie von ihren Vorläufern im Einzelhandel, den Gemischtwarenläden sowie den spezialisierten Läden unterschieden. Sie markieren damit frühe Schritte hin zur Entwicklung von Selbstbedienung. Der Eintritt war kostenlos und unverbindlich. Die Konsumenten konnten sich in den Abteilungen frei bewegen und die Waren in Augenschein nehmen. Die Preise wurden nicht ausgehandelt, sondern waren festgelegt. Das Management setzte in seinen Geschäftsstrategien nicht nur auf vorab geplante Einkäufe, sondern versuchte, Konsumenten auch zu Impulskäufen anzuregen. Man war darauf bedacht, eine angenehme Atmosphäre zu schaffen, die den Einkauf zu einem Erlebnis machte. Dies galt insbesondere für Kaufhäuser, die kleiner und luxuriöser gestaltet waren als Warenhäuser.[23]

Waren die Kauf- und Warenhäuser Ende des 19. Jahrhunderts kennzeichnend für die urbane Kultur, bestimmte der *Versandhandel* in den USA den Einzelhandel in ländlichen Regionen. Bereits um 1900 hatte sich der Versandhandel dort als Massengeschäft etabliert. Im

19 Vgl. Häußermann/Siebel 1995.

20 Vgl. Henksmeier 1988 (siehe auch die weiterführende Literatur).

21 Vgl. Berekoven 1986; König 2000.

22 Vgl. Berekoven 1986 (siehe auch die weiterführende Literatur).

23 Vgl. Porter Benson 1988; Berekoven 1986, S. 39.

Unterschied hierzu wurden in Deutschland zunächst vor allem Luxusgüter über den Versandhandel vertrieben. Das Massengeschäft per Katalog kam erst im 20. Jahrhundert auf und erlebte seine Hochphase dann in den 50–70er Jahren. Im Unterschied zu den USA kam der wichtigste Anteil der Kunden aus den Großstädten.[24] In Form des *Internet-Direkthandels* erlebt der Versandhandel derzeit eine Renaissance.[25] Versandhandel kann als eine spezifische Variante der Selbstbedienung eingeordnet werden. Dem Kunden werden nicht nur personelle Ressourcen durch Minimierung des personellen Aufwandes (Anzahl und Qualifikation der Beschäftigten), sondern auch räumliche Ressourcen entzogen: Es werden keine Ladenflächen zur Verfügung gestellt, in denen die vertriebenen Produkte in Augenschein genommen und etwa Kleider anprobiert werden können. Stattdessen nutzen die Kundinnen und Kunden dafür ihre eigenen vier Wände. Vom Unternehmen werden lediglich gewissermaßen virtuelle Räume in Form von Katalogen und in den letzten Jahren von Internet-Portalen zur Verfügung gestellt. Diese bieten die Basis für die Eigenleistungen der Kundschaft, die selbst dafür sorgt, dass die Produkte, für die sie sich interessiert, geliefert und bei Nicht-Gefallen zurückgesandt werden. Für den Kunden ergibt sich aus diesem Arrangement der Vorteil des eingesparten Aufwandes für das Aufsuchen von Geschäften sowie den Transport der Waren.

Eine besonders weit reichende Form der Selbstbedienung, die sich ebenfalls bereits Ende des 19. Jahrhunderts herausbildete, war der Vertrieb über *Automaten.* Sie erlaubten den Verkauf ohne Personal und wurden lange Zeit vorwiegend für den Verkauf von Lebensmitteln eingesetzt. So nutzte in Deutschland die Firma Stollwerck schon früh Automaten für den Vertrieb ihrer Schokoladenprodukte. Der Einsatz blieb jedoch nicht auf Fertigprodukte beschränkt. Für einen begrenzten Zeitraum wurden Automatengaststätten eingerichtet, die sich von Deutschland aus auch in den USA ausbreiteten.[26]

Eine weitere markante Wende in der Geschichte des Einzelhandels bildeten die reinen *Selbstbedienungsläden.* Als erster Laden dieser Art gilt der bereits 1916 eröffnete Piggly Wiggly Store in Memphis,

24 Vgl. König 2000, u.a. S. 94; Berekoven 1986, u.a. S. 139.

25 Vgl. Hirschberg 2000; Meuter et al. 2000, siehe auch Kap. 2.2.4.

26 Vgl. König 2000, zum Beispiel S. 174f.

Tenessee.[27] Es handelte sich um ein Lebensmittelgeschäft, das bereits die zentralen Merkmale heutiger Selbstbedienungsläden aufwies: das Drehkreuz am Eingang, die in Regalen zur selbständigen Entnahme angeordneten Waren und die Kasse am Ausgang. Voraussetzung für die Durchsetzung von Selbstbedienung war eine Reihe von Veränderungen der vertriebenen Produkte. Wurden diese früher offen gelagert und einzeln in einer mühsamen und langwierigen Prozedur abgewogen, so wurden sie nun fertig abgepackt angeboten. Die Verpackung konnte nun über das Produkt informieren und zum Kauf anregen und erfüllte damit Funktionen, die zuvor dem Verkaufspersonal zugekommen waren. Selbstbedienung erwartete damit von den Konsumenten also nicht nur auf Bedienung zu verzichten, sondern auch, dass man bereit und fähig war, die Darstellungen zu lesen und zu verstehen. In den USA verbreitete sich Selbstbedienung in der Zwischenkriegszeit rasch. Es entstanden immer größere Geschäfte mit einem immer breiteren Sortiment und bereits ab 1933 sprach man von »supermarkets«. In Deutschland hingegen entwickelten sich Selbstbedienungsläden und Supermärkte in nennenswertem Umfang erst in der Zeit nach dem Zweiten Weltkrieg in den 50er Jahren.[28]

2.1.2 Die Ausbreitung von Selbstbedienung

In den 70er Jahren begann sich Selbstbedienung auch im deutschen *Einzelhandel* stark zu verbreiten.[29] Neben Lebensmitteln wurden nun auch Drogerieartikel zunehmend in Selbstbedienung verkauft. Einer der Vorreiter bei der Herausbildung von Drogeriemärkten war die Firma Rossmann, die 1972 in Hamburg ihren ersten Markt mit Discount-Prinzip eröffnete. Schon bald veränderte sich der Drogeriehandel grundlegend. Allein zwischen 1975 und 1980 wuchs die Zahl der Drogeriemärkte um zirka 1.200 und rasch ersetzten diese vielerorts den Absatz über mittelständische Drogerien. Ein weiteres Beispiel für die Ausbreitung von Selbstbedienung im Einzelhandel sind die etwa zeitgleich entstehenden Bau- und Heimwerkermärkte. Sie

27 Vgl. König 2000, u.a. S. 100.

28 Vgl. König 2000, u.a. S. 100.

29 Vgl. Berekoven 1986, insbesondere S. 121ff.

entwickelten sich vor dem Hintergrund einer erheblich gestiegenen Nachfrage nach Heimwerkerartikeln. Ein erster OBI-Heimwerkermarkt wurde 1970 ebenfalls in Hamburg eröffnet. Bereits 1978 gab es über 400 Baumärkte und wiederum 1980 fast doppelt so viele. Weitere Entwicklungen im Einzelhandel waren die allmähliche Ausbreitung von Discountgeschäften in unterschiedlichsten Bereichen sowie die Partievermarktung, also der zeitlich begrenzte Verkauf sehr preisgünstiger Waren. Paradebeispiel für letzteres ist der Verkauf von branchenfremden Produkten wie Kleidung und Haushaltswaren bei Tschibo und Eduscho. Und schließlich verbreitete sich auch der Vertrieb über Automaten erheblich. In der Zeit von 1970 bis 1980 stieg der Umsatz von 7 auf 10 Milliarden DM und die Anzahl der eingesetzten Automaten (hauptsächlich Zigaretten, außerdem zum Beispiel Getränke und Snacks) verdoppelte sich.

Rückgang des Einzelhandels durch Selbstbedienung – Abbau um 80 Prozent seit 1960

Seit Anfang der 60er Jahre setzte infolge verstärkter Konkurrenz ein massiver Konzentrationsprozess im Einzelhandel ein, der insbesondere durch die Einführung der Selbstbedienung, ausgelöst wurde. Davon war vor allem der Lebensmitteleinzelhandel betroffen. Die Zahl der Unternehmen ging hier zwischen 1960 und 1998 um 200.000 auf rund 50.000, also um 80 Prozent zurück. Besonders reduzierte sich die Zahl kleiner bedienungsorientierter Lebensmittelgeschäfte, also der »Tante-Emma-Läden«.

(Statistisches Bundesamt 2002, S. 304)

Vergleichsweise spät setzt dagegen die Entwicklung zur Selbstbedienung in Bereichen jenseits des Handels ein. Im *Bankensektor* wurden ab den 70er Jahren das Abheben von Bargeld sowie der Ausdruck von Belegen mit Hilfe von ersten Automaten dem Kunden zugewiesen.[30] Seitdem wurden immer mehr Funktionen ausgelagert bis hin zu den Direktbanken, bei denen Kunden Leistungen selbstständig auf Basis der von den Unternehmen bereit gestellten Technologien (Internetportale, Call Center) erbringen. In der *Gastronomie* kam es zur Durchsetzung der so genannten Systemgastronomie beziehungsweise der

30 Reiter 1982.

Schnellrestaurant-Ketten, die auf eine hoch entwickelte Produktstandardisierung und eine stark reglementierte Selbstbedienung setzten. So eröffnete 1971 das erste McDonald's-Lokal in Deutschland.[31] In den folgenden Jahren kamen zahlreiche weitere Filialen ebenso hinzu wie Vertreter anderer Ketten, zum Beispiel Burger King oder Pizza Hut.[32] Inzwischen greift die Selbstbedienung auf weitere Branchen über, etwa auf das Hotelgewerbe, wo Ketten wie Etap oder Formule 1 Übernachtungsmöglichkeiten mit minimalem Service bei erhöhter Selbstorganisation der Kunden anbieten, sowie auf das Friseurgewerbe, wo es seit einigen Jahren Angebote mit Preisreduktion für das Selbst-Föhnen gibt. Und auch in der öffentlichen Verwaltung wird inzwischen auf den aktiven Dienstleistungsnehmer gesetzt. Prozesse der Information und Kommunikation zwischen staatlichen Institutionen und Bürgern sowie privaten Unternehmen und anderen Organisationen finden zunehmend webbasiert statt und es ist für die nächsten Jahre mit einer erheblichen Ausbreitung des so genannten E-Government zu rechnen.[33]

Die Ausbreitung der Selbstbedienung wurde von einer Reihe weiterer Veränderungen im Bereich des Konsums begleitet. So nahm beispielsweise parallel zur Ausweitung von Selbstbedienung die durchschnittliche Größe von Ladenflächen erheblich zu. Personal wurde gewissermaßen durch Fläche substituiert. Bereits 1964 eröffnete das erste, die Dimensionen der bisherigen Kaufhäuser sprengende *Einkaufszentrum*. In den folgenden Jahrzehnten kam es zu einem raschen Zuwachs solcher großflächiger Einkaufsmöglichkeiten, die oft außerhalb der Städte auf der ›grünen Wiese‹ angesiedelt wurden. Inzwischen sind Einkaufszentren weit verbreitet, zugleich hat sich die kulturelle Bedeutung des Einkaufs stark verändert. So wird der Erwerb von Produkten von der Kundschaft zunehmend als Möglichkeit der Freizeitgestaltung wahrgenommen (»shopping«) und mit anderen konsumorientierten Freizeittätigkeiten kombiniert (zum

31 Vgl. Andersen 1997.

32 Diese Entwicklung kann an eine lange Tradition von »fast food« in Form von Straßenverkauf etwa auf Märkten und Basaren anknüpfen (Andersen 1997). Vgl. auch die Überlegungen zur »McDonaldisierung« als neuer Form der Rationalisierung bei Ritzer 1983; 2000 sowie Smart 1999.

33 Vgl. Friedrichs/Hart/Schmidt 2002.

Beispiel Nutzung gastronomischer Einrichtungen in den Shoppingcentern, oftmals Schnellrestaurant-Ketten).[34]

30.000 McDonald's Filialen mit 50 Millionen Kunden – täglich

Zum 50. Geburtstag des Fast-Food-Riesen McDonald's zeigen die veröffentlichten Daten, welches Ausmaß die Schnell-Restaurant-Branche inzwischen angenommen hat und wie sich dadurch der Konsum von Speisen bzw. Lebensmitteln gesellschaftlich verändert hat: Hatte McDonald's 1968 noch bescheidene 1.000 Filialen, so waren es 2003 in 119 Ländern 31.100 Restaurants mit 1.5 Millionen Beschäftigten. Die beiden wichtigsten Konkurrenten, YUM und Burger King, bringen es zusammen auf fast 45.000 Filialen mit zirka 1.3 Millionen Mitarbeitern. Der Jahresumsatz von McDonald's beträgt (2003) zirka 46 Milliarden US-Dollar, Yum und Burger kommen zusammen auf 37 Milliarden Dollar.

Allein McDonald¦s wird täglich von etwa 50 Millionen Kunden aufgesucht ... und alle übernehmen bereitwillig die dort inzwischen als völlig selbstverständlich akzeptierten hoch standardisierten Kundenarbeiten: Klaglos in der Schlange anstellen – zügig mit genauen Produktkenntnissen unter Verwendung der richtigen Sprachfloskeln ordern – die Speisen zu den bewusst (damit man nicht zu lange verweilt) ungemütlich gehaltenen Sitz- oder Stehbereichen tragen – schnell und mit nur minimalen Tischsitten essen – auf- und abräumen – Speisereste und Verpackungen trennen und getrennt entsorgen – zügig das Lokal verlassen ... Dass McDonald's, (so eine bekannte Selbstbeschreibung des Konzerns) ein »etwas anderes Restaurant« ist, bezieht sich nicht nur auf die hoch standardisierten Produkte, sondern auch auf die ritualisierten Vorgänge gerade auch an der Schnittstelle zum Kunden und die sehr weitgehende Auslagerung vieler Funktionen auf die Gäste.

(Daten aus: Der Spiegel Nr. 15/11.4.2005, S. 78ff.)

Aber nicht nur der Raum, in dem Konsum stattfand, veränderte sich, auch die technischen Möglichkeiten erlebten einen Wandel. Manche Formen der Selbstbedienung wurden durch neue technische Entwicklungen überhaupt erst möglich.[35] So wurden *Selbstbedienungs-Automaten* weiter entwickelt und immer breiter eingesetzt. Eine erste markante Ausweitung erfolgte, wie erwähnt, über die zunehmend flächendeckende Einführung von Automaten zum Self-Service im

34 Vgl. Berekoven 1986, u.a. S. 110; kritisch auch Ritzer 2000.

35 Siehe auch die weiterführende Literatur.

Bankensektor. Inzwischen hat sich ihr Einsatz in zahlreichen anderen Bereichen durchgesetzt. Beispielsweise forciert die Bahn die Nutzung von Fahrscheinautomaten, in Supermärkten finden sich immer öfter Automaten zur Pfandflaschen-Rückgabe, im Hotel und am Flughafen erfolgt der Check-In immer häufiger automatisiert und die Post beginnt inzwischen damit, die Paketzustellung einzuschränken und auf eine automatenbasierte Selbstabholung der Kunden umzustellen.[36]

Shoppingcenter verdrängen Kaufhäuser

Seit den 1970er Jahren ist der Marktanteil von Kaufhäusern am Einzelhandel deutlich geschrumpft. Während es damals noch 12,2 Prozent waren liegt der Anteil heute bei 3,7 Prozent. Demgegenüber steigt seit Jahren der Umsatz von innerstädtischen Einkaufszentren, in denen eine Vielfalt von unabhängigen Einzelhändlern unter einem Dach vereint ist. Diese Vielfalt kann gewährleistet werden, weil die Mieten von weniger profitablen Geschäften gering gehalten und durch die Einnahmen von umsatzstarken Anbietern ausgeglichen werden. Derzeit gibt es in Deutschland schon 481 Shoppingcenter (über 8.000 qm Geschäftsfläche) mit steigender Tendenz. Die Fläche von Einkaufszentren hat sich in den letzten vier Jahren um nahezu 25 Prozent erhöht.

(Daten aus: Die Zeit, 7.10.2004 und Süddeutsche Zeitung, 26.11.2004)

Eine wichtige Voraussetzung für fortgeschrittene Formen der Selbstbedienung (zum Beispiel Nutzung von Automaten) auf Seiten der Kundschaft ist eine hinreichende Kompetenz der Konsumenten. Neben anderen Aspekten (zum Beispiel die ›Einweisung‹ durch andere Konsumenten) ist hierfür eine *informierende Werbung* bedeutsam. Diese preist nicht nur das Produkt an, sondern versucht so weit wie möglich über ausgelagerte mediale Information die Beratungsleistung vor Ort zu minimieren: Der Kunde soll möglichst mit schon fertigen Entscheidungen in den Laden kommen und keine weitergehende Serviceforderungen stellen. Damit erfüllt Werbung eine zentrale Funktion zur Auslagerung von Tätigkeiten an Konsumenten.

Zusammenfassend lässt sich festhalten, dass der aktive Konsum in Form von Selbstbedienung spätestens ab den 70er Jahren auch in

36 Vgl. Wolters 2004.

Deutschland zum allgegenwärtigen Bestandteil des täglichen Lebens wurde. Parallel dazu entwickelte sich in dieser Zeit jedoch eine weitere, ganz andere Form des aktiven ›Konsums‹ in einem Feld, das man damit erst einmal nicht in Verbindung bringen würde, in der so genannten »Selbsthilfe«. Es entstand eine von den »Betroffenen« ausgehende Bewegung, die zum Ziel hatte, sich in die Tätigkeit insbesondere der medizinischen und psychosozialen Experten einzumischen. Dies ging einher mit einer zunehmenden Übernahme von Aufgaben durch die Patienten, Klienten usw. Auch hier wurden, von den Urhebern nicht immer beabsichtigt, aus passiven Dienstleistungskonsumenten nun aktiv mitarbeitende Nutzerinnen und Nutzer.

2.1.3 Wertewandel und Selbsthilfe

Hintergrund für die Entwicklung von Selbsthilfe im psychosozialen und medizinischen Bereich waren also weniger Rationalisierungsbemühungen von Unternehmen als vielmehr veränderte gesellschaftliche Werthaltungen in Zusammenhang mit den politischen Protestbewegungen der 60er Jahre. Ausgehend von diesen Bewegungen formierte sich eine Kritik an der Macht der Professionen sowie der Entmündigung von Patienten und Klienten.[37] Auf deren massive Bevormundung, etwa in den so genannten totalen Institutionen[38], wurde aufmerksam gemacht. Kritik bezog sich nicht nur auf das Gesundheitswesen, sondern auch auf das Bildungs- und Erziehungswesen und auf damals vorherrschende pädagogische Konzepte. So wurde, etwa mit Bezug auf die Arbeiten der Frankfurter Schule zum Autoritären Charakter, die Abschaffung autoritärer Erziehungsmethoden in Kindergärten und Schulen gefordert. Vor diesem Hintergrund entstanden in den 70er Jahren zahlreiche Selbsthilfeprojekte und -gruppen, die zum Ziel hatten, für betreute Personen mehr Selbstbestimmung zu erreichen.[39]

37 Vgl. zum Beispiel Illich/McKnight/Zola/Caplan/Shaiken 1977; Illich 1981; Gross 1983.

38 Vgl. Goffman 1973.

39 Vgl. Gartner/Riesman 1978; Toffler 1980.

Das Ziel der Emanzipation von Patienten und Klienten findet sich auch in den aktuellen Konzepten gesundheitlicher Versorgung, dort oft in Verbindung mit Begriffen wie Empowerment oder Selbstverantwortung. Kennzeichnend für die neuere Entwicklung ist allerdings, dass hier neben dem Ziel der Erweiterung der Spielräume vielfach wirtschaftliche Überlegungen eine zentrale Rolle spielen. So sollen Auslagerungen von Tätigkeiten an Dienstleistungsnehmer Einsparungen im Gesundheitswesen ermöglichen.[40]

2.1.4 Heimwerken, Endfertigung und kompetente Nutzung von Sachleistungen

Für die in den vorangegangenen Abschnitten beschriebenen Formen der Selbstbedienung und Selbsthilfe ist kennzeichnend, dass Konsumenten stärker als dies früher der Fall war bei der Erbringung einer *Dienstleistung* mitwirken. Die Aktivität von Konsumenten bleibt jedoch nicht auf den Dienstleistungsbereich beschränkt. Zusätzlich werden auch Tätigkeiten im Rahmen der *Fertigung und Nutzung von Produkten* zunehmend selbständig von Konsumenten ausgeführt.

Do-it-yourself verbreitete sich spätestens seit den 70er Jahren und trat vielfach an die Stelle der Inanspruchnahme von Dienstleistungen. Hintergrund hierfür war die unterschiedliche Preisentwicklung bei langlebigen Gebrauchsgütern im Vergleich zu Dienstleistungen. Haushaltsgeräte und Maschinen für Heimwerker wurden erschwinglicher und die technische Ausstattung der Haushalte erweiterte sich erheblich. Zugleich fand eine Professionalisierung der Haushalte statt. In der Folge ersetzte das *Heimwerken* vielfach die Inanspruchnahme von Handwerkspersonal.[41]

Do-it-yourself tritt darüber hinaus aber auch noch in einer ganz anderen Form auf, nämlich als *Ko-Produktion der Konsumenten in der (End-)Fertigung von Produkten*. Hier arbeiten die Konsumenten gewissermaßen eng mit den Unternehmen zusammen und leisten einen (abschließenden) Beitrag zur Herstellung von Gebrauchsgütern auf

40 Vgl. Reibnitz/Schnabel/Hurrelmann 2001; siehe ausführlicher hierzu Kap. 2.2.5.

41 Vgl. zum Beispiel Toffler 1980.

der Basis entsprechender Anleitungen der Unternehmen. Ein Beispiel ist die Zubereitung eines Fertiggerichtes. In Unternehmen werden weitgehend fertige Speisen hergestellt. Aufgabe der Konsumenten ist es, den letzten Schritt zur Fertigstellung mit Hilfe von Anleitungen auf der Verpackung selbst zu vollziehen. Ein anderes markantes Beispiel findet sich in der Möbelbranche. Diese begann bereits 1971 damit, gezielt ihre Kundschaft in die Endproduktion beziehungsweise in die Endmontage der Möbel einzubeziehen. Das bekannteste Beispiel für ein Unternehmen, das auf diese Weise arbeitet, ist der international agierende schwedische Möbelkonzern IKEA. Dieser führte den Zusammenbau seiner Produkte durch die Kundinnen und Kunden bereits im Jahr 1971 ein.[42] Seitdem haben auch andere Konzerne dieses Prinzip übernommen (zum Beispiel Kewlox Schrank- und Regalsysteme, Möbelum). Die vorgefertigten Teile werden entsprechend den beigefügten Anleitungen zusammengesetzt (sicher mit unterschiedlichem Erfolg, vgl. Kap. 1). Hierzu liefert IKEA neben der Arbeitsanleitung häufig auch spezielles Werkzeug mit, vor allem den inzwischen zum Markenzeichen aufgestiegenen Inbusschlüssel. Der Kunde ist letztlich darauf angewiesen, dass die Anweisung verständlich und auf Basis der gelieferten Teile praktisch auch wirklich umsetzbar sind – was keineswegs immer der Fall ist.

Auch zur *Nutzung von komplexen Sachgütern* bedarf es auf Seiten der Konsumenten im Zuge der technischen Entwicklung oftmals einiger Voraussetzungen. Technische Geräte, etwa Haushaltsgeräte oder Unterhaltungselektronik, sind inzwischen in nahezu unüberschaubarer Vielfalt vorhanden. Bereits die Auswahl und der Kauf eines geeigneten (und hoffentlich preiswerten) Produkts setzen sehr gute Marktkenntnisse voraus. Vielfältige Kompetenzen sind jedoch auch für die Nutzung der Geräte erforderlich. Um im Bereich der Unterhaltungselektronik zu bleiben: Hi-Fi-Anlagen, Videorekorder, DVD-Player und -Recorder, CD-Player und -Recorder sowie Digitalkameras und inzwischen Fotohandys verlangen den Nutzern hoch spezialisierte Kenntnisse und Fertigkeiten ab. Und auch hierfür gilt: Das Handeln der Konsumenten wird in hohem Maße durch die Vorgaben

42 Vgl. Grün/Brunner 2002, u.a. S. 44.

von Unternehmen, in diesem Fall die Hersteller entsprechender Sachgüter, strukturiert.

IKEA-Kunden leisten bei der Montage der Billy-Regale 15 Millionen Arbeitsstunden

IKEA ist einer der größten Anbieter von Verbrauchsgütern und sprichwörtlich für die Auslagerung von Arbeiten an die Kunden. Im Geschäftsjahr 2002/2003 hat IKEA mit 76.000 Mitarbeitern und 186 Warenhäusern weltweit einen Konzernumsatz von 11,3 Milliarden Euro erreicht. Deutschland ist mit 33 Häusern und 20 Prozent des Gesamtumsatzes der größte Einzelmarkt. (Daten aus: manager magazin, 01.08.2004)

Berühmt ist das Regal Billy, das in 30 Jahren 30 Millionen Mal verkauft wurde. Der Aufbau des Regals mit zirka 12 Großteilen, zirka 20 Schrauben, vielen Nägeln usw. benötigt zirka 30 Minuten Arbeitszeit (*TV-Magazin Galileo, 27.8.2004*). Insgesamt ergeben sich damit 15 Millionen geleistete Arbeitsstunden. Bei einem fiktiven Stundensatz von 8 Euro hat die Montage aller Billys demnach bisher 120 Millionen Euro volkswirtschaftlichen Aufwand bedeutet ... und dem Konzern entsprechende Kosten dadurch erspart, dass man die Endmontage des Produkts auf die Kunden verlagert hat.

Insgesamt zeigen die dargestellten historischen Entwicklungen, dass der aktive Konsum in vielen Branchen eine lange Geschichte hat, die eng mit der Entwicklung von Massenproduktion und -konsum verbunden ist. Aktuell setzt sich diese Geschichte beschleunigt fort und erfährt, wie wir im Folgenden darstellen, einen grundlegenden Wandel in Bezug auf die Formen und die Qualität der Mitwirkung von Konsumentinnen und Konsumenten.

2.2 Aktuelle Entwicklungen: Erweiterte Auslagerung von Tätigkeiten auf die Konsumenten

Die im Folgenden dargestellten aktuellen Erscheinungen in unterschiedlichen Wirtschaftsbereichen zeigen, dass die Wandlungen des Konsums nicht nur eine große Bandbreite von Tätigkeiten umfassen, sondern dass sie auch einer *gemeinsamen Logik* folgen, dass also in sehr unterschiedlichen Bereichen derzeit sehr ähnliches geschieht. Betrachtet werden Branchen mit marktförmig vermittelten Leistungen und Produkten, nämlich der Finanzdienstleistungssektor, Bahn und Luftverkehr, die Informations- und Kommunikationsindustrie, der Handel und Bereiche der öffentlichen Versorgung, wie Gesundheits- und Sozialwesen, Arbeitsmarkt- und Sozialverwaltung sowie Bildungs- und Erziehungswesen.

Direktbanken in Deutschland – Ein historischer Überblick

Die ersten Schritte zur Entwicklung von Direktbanken in Deutschland erfolgten bereits 1965, als die Bank für Spareinlagen und Vermögensbildung (BSV-Bank, seit 1994 Deutsche Direktbank, DiBa) das *Brief- und Fax-Banking* einführte. Diese recht umständliche Form des Direktbanking bot jedoch keine ernsthafte Konkurrenz für Filialbanken. Der zweite Schritt, die Einführung des *Telefonbanking,* fand gut 20 Jahre später statt, als die KKB (heute: Citibank) dies erfolgreich einführte. Mit der Entwicklung des Internet und dessen massenhafter Nutzung begann Mitte der 90er Jahre eine dritte Welle in der Entwicklung des Direktbankenmarktes, die Einführung von *Multimedia-Direktbanken und Online-Brokern.* Der vorerst letzte Schritt kann als *Marktbereinigung und Reintegration* beschrieben werden. Zahlreiche Direktbanken verschwanden ab Beginn des 21. Jahrhundert vom Markt oder wurden in Filialbanken integriert.

(Vgl. www.modern-banking.de/chronik.htm, Abruf 15.3.2005)

2.2.1 Finanzdienstleistungen

Im Bereich der Finanzdienstleistungen (ein Ausdruck, der das Bank- und Kreditwesen wie inzwischen auch die Anbieter von Versicherungen umfasst und selbst Ausdruck tief greifender Veränderungen in dieser Branche ist) lässt sich schon seit längerem eine klare Entwicklung beobachten: Der früher fast ausschließlich über den Schalterverkehr der Filialen (beziehungsweise den Außendienst der Versicherungen) und damit Face to Face abgewickelte Kundenkontakt wird stark ausdifferenziert. Das »Schaltergeschäft« wird in etlichen Konzernen (zuerst mit einer verborgenen Strategie, inzwischen ganz offen) stark ausgedünnt und Filialen werden geschlossen, um das »over-banking« abzubauen. Manche Institute erwägen, nahezu völlig auf das direkte Kundengeschäft zu verzichten. Eine auf minimalen Service beschränkte »Aldi-Bank« (so ein gelegentlich in der Branche zu findender Ausdruck) wird von manchen Unternehmen als (ein) mögliches neues Leitbild – zumindest für das Massenkundengeschäft – entdeckt.

In steigendem Maße wird dabei die noch verbleibende Kundenbetreuung indirekter, also stärker technisch vermittelt und vor allem unter intensiverer und systematischerer Einbeziehung von aktiven Leistungen der Kunden abgewickelt. Ein erster Schritt war die flächendeckende Einführung von Geldautomaten (heute »Cash-Maschine«) und im Anschluss daran von Belegdruckern aller Art (vor allem für die Ausgabe der Kontoauszüge). Dem folgten partielle Telefonkontakte (erst im Outbound, also um Kunden bei einzelnen Fragen anzurufen, dann auch im Inbound, das heißt als Möglichkeit des Kunden zur Abwicklung von Aufträgen das Institut anzurufen). Inzwischen haben sich Call Center fast schon als selbstverständliche Kontaktmöglichkeit etabliert und zwar nicht nur in reinen Direktbanken (die sich hierauf spezialisieren, derzeit allerdings bereits an Bedeutung verlieren), sondern flächendeckend. Die Einführung einer automatisierten telefonischen Dienstleistung mittels Sprachcomputer stagniert (noch) aufgrund geringer Kundenakzeptanz, wird sich aber voraussichtlich wieter verbreiten, wenn die entsprechenden Technologien ausgereifter sind.

Daneben setzen sich vielfach Internetzugänge durch, die immer umfangreichere und vor allem immer substantiellere Funktionen erfüllen. Über diese wird in naher Zukunft ein großer Teil der (zumindest einfacheren) Finanzdienstleistungen in eigenständiger Leistung der Kunden auf Basis der Nutzung einer entsprechenden Software abgewickelt werden.

Online-Banking im Aufwind – 13 Prozent Zuwachs seit 2003; über 10 Millionen Nutzer

Laut einer Studie von TNS Infratest nutzten in der ersten Hälfte des Jahres 2004 in Deutschland 10.5 Mill. von 24 Mill. Internet-Nutzern Online-Banking. Dies entspreche einem Zuwachs von 13 Prozent gegenüber 2003. 17 Prozent der Online-Kunden von Banken schließen dort Ratenkredite ab, 30 Prozent informieren sich über Angebote. Besonders deutliche Zuwächse habe Online-Banking im Bereich Aktienkauf und kurzfristige Geldanlage; hier informiere sich jeder Zweite online. 70 Prozent der Online-Kunden nutzen allerdings immer noch eine Bankfiliale.
(Daten aus: Süddeutsche Zeitung, 16.8.2004)

Konsequent heißt dies dann nicht nur »Online-« oder »Internet-Banking«, sondern oft genauer »Self-Banking« und »Self-Brokerage«, weil hier tatsächlich die Kundschaft vieles von dem aktiv übernimmt (und übernehmen muss), was ursprünglich Bankbeschäftigte am Schalter erledigten: Der Kunde verwaltet nahezu selbständig sein Konto; die Bank bietet dazu lediglich eine technische Plattform und (immer seltener oder nur noch gegen pauschalen und demnächst auch fallbezogenen Aufpreis) bei Bedarf ergänzende qualifizierte Beratung. Hintergrund sind Versuche vieler Institute, aus Kostengründen wie vor allem auch aus marktstrategischen Überlegungen, sich aus der »Fläche« und dem Filialgeschäft nach und nach zurückzuziehen. Ziel ist oft auch, die Kundschaft stärker als bisher zu differenzieren und sich mit beratungsintensiven Leistungen möglichst auf »Premium-Segmente« von Kunden (Geschäftskunden, Privatkunden mit hohen Anlagesummen) zu konzentrieren, auch wenn aktuell einzelne Institute reuevoll versuchen, die einfachen Privatkunden zurückzugewinnen, nachdem man erklärtermaßen versucht hatte, diese zu verprellen.

Sehr anschaulich wird der Trend zur Verlagerung von Bankaufgaben auf den Kunden und damit deren gezielte organisatorische Einbindung in einer Werbung der Kreissparkasse Esslingen-Nürtingen (vgl. Abbildung 2.1). Dort wird mit der Darstellung eines Laptops auf Internet-Banking und Direkt-Brokerage verwiesen, kommentiert mit der überaus treffenden (und vielsagenden) Zeile *»Unsere kleinste Bankfiliale«*. Besser kann man kaum ausdrücken, worum es geht: Der heimische Computer der Kunden und schließlich der damit arbeitende Kunde selbst werden zu einem Teil der Bankorganisation.

Diese technisch vermittelte Auslagerung von Tätigkeiten an die Kunden findet sich inzwischen in vielen Feldern und wird in absehbarer Zeit auch im Massengeschäft den Verkauf von Versicherungen, die Gewährung von Krediten, einschließlich der Baufinanzierung (die ersten Versuche einer automatisierten, vom Kunden gesteuerten Kreditprüfung gibt es schon), die qualifizierte Geldanlage und anderes mehr betreffen.[43]

43 Vgl. Essinger 1999; Riehm et al. 2003.

Abb. 2.1 Werbeflyer der Kreissparkasse Esslingen-Nürtingen

Die Einbindung von Konsumenten zur aktiven Qualitätskontrolle und Produktentwicklung ist im Moment noch eher ungewöhnlich, wird aber zunehmend erprobt. Ein Beispiel hierfür ist das Programm *Activexperts* der Postbank (vgl. Abbildung 2.2). Hier sollen »Kunden für Kunden« aktiv werden. Ihre Aufgabe ist die kontinuierliche Mitwirkung an der Qualitätskontrolle und Produktentwicklung der Postbank. Sie sollen Feedback geben zu Leistungen der Bank und beitragen zur Gestaltung neuer Bankprodukte. Dazu werden Kundinnen und Kunden gezielt rekrutiert und auf der Basis eines nach Angaben der Postbank im Internet »umfangreichen Bewerbungsverfahrens« für die Mitarbeit ausgewählt und angelernt. Das Beispiel zeigt, wohin es weiter gehen könnte: zur Nutzung von Kunden als Quasi-Mitarbeiter, wie es inzwischen in der gängigen Managementliteratur an einigen Stellen als Unternehmensstrategie empfohlen wird.[44]

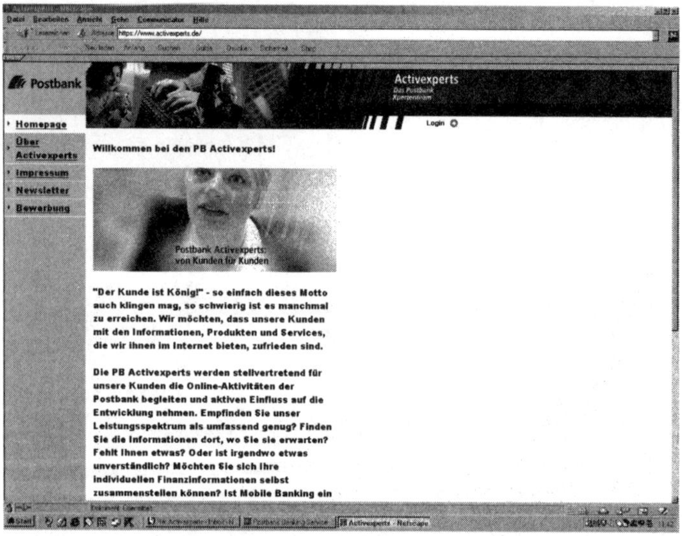

Abb. 2.2 Startseite des Programms Activexperts der Postbank: Hier werden die ›Aufgaben‹ beschrieben, welche »Kunden für Kunden« bei der Postbank erledigen sollen (www.activexperts.de, Abruf 4. 12. 2004)

44 Vgl. dazu die Kap. 3.2 und 3.3, vgl. zu den Veränderungen im Bankenwesen auch Voß 2005 sowie Arnold 2005.

2.2.2 Bahn und Luftverkehr

Auch im Personenverkehr (sowohl bei den meisten Luftverkehrsgesellschaften als inzwischen auch bei der Bahn AG und ansatzweise im Öffentlichen Personennahverkehr) sind völlig neue Zeiten im Umgang mit den Kunden angebrochen. Über viele Jahrzehnte war es üblich, Fahrkarten (je nach Verkehrsmittel) in Verbindung mit einer qualifizierten Beratung und manchmal auch zusammen mit einer Platzreservierung am Schalter der Verkehrsgesellschaft oder gar im Reisebüro zu kaufen. Der Einsatz von Automaten war auf den Nahverkehr beschränkt. Inzwischen gehen Verkehrsmittelbetriebe dazu über, den Verkauf von Fahrkarten, Buchungen und Auskünfte entweder vollständig hardwaremäßig (über Vor-Ort-Geräte) zu automatisieren oder auf Call Center und – aufgrund von Kostenerwägungen – bevorzugt auf Internetportale zu verlegen.[45] Diese Entwicklung verlagert vielfach hochkomplexe Prozesse der Auswahl der geeigneten Tickets und ihrer Buchung auf die Kundschaft, die bestenfalls auf Anfrage noch unterstützt wird (was jedoch in der Regel kostenpflichtig ist). Die Bahn AG bringt dies in einer Werbung für ihr neues Tarifsystem auf den Punkt: »Bisher haben wir Ihnen die Fahrkarten verkauft, jetzt sind Sie dran«. Aktuellstes Beispiel ist eine (natürlich kostenpflichtige) selbstgesteuerte Sitzplatzreservierung für Bahnkunden über wap-fähige Handys, und das bis 10 Minuten vor Reiseantritt.[46] Der Münchener Verkehrsverbund MVG experimentiert derzeit damit, eine elektronische Fahrkarte mit individueller Buchung über Mobiltelefone bis kurz vor Fahrtantritt zu ermöglichen.

Bei den Luftverkehrsgesellschaften ist es ebenfalls zunehmend die Kundschaft selbst, die sich allein am heimischen PC durch den Tarifdschungel und die oft hochkomplexen organisatorischen Regelungen kämpft und dann mehr oder weniger informiert Entscheidungen

45 Ein weiteres Beispiel sind Angebote zum Bike- oder Car-Sharing. Auch hier wird inzwischen vom Nutzer erwartet, dass er moderne Techniken (Handy und Internet) verfügbar hat und nutzen kann. In der Konsequenz führt dies zum Ausschluss technisch weniger gut ausgestatteter Personen aus der Nutzung dieser Form des öffentlichen Verkehrs (Gegner 2003).

46 http://www.bahn.de/pv/view/fahrplan/info/handy_reservierung2.shtml (Abruf 6.8.2004).

Schalterverkauf von Fahrkarten sinkt – 60 Prozent der Fahrkarten kommen aus dem Automat

Derzeit arbeiten bei der Deutschen Bahn noch 320 Servicekräfte in den 34 deutschen Reisezentren. Geplant sind ein Stellenabbau in diesem Bereich sowie eine Ausweitung des Ticketverkaufs über Automaten und Internet. Bereits jetzt werden rund 60 Prozent der Fahrkarten in Nah- und Fernverkehr am Automaten erworben. Demgegenüber werden 25 Prozent der Tickets im Reisezentrum, 8 Prozent im Reisebüro und 1 Prozent im Internet erworben. Anders sehen die Zahlen aus, wenn nur der Fernverkehr betrachtet wird. So werden im Fernverkehr noch 80 Prozent der Fahrkarten am Schalter erworben.

(Daten aus: Tagesspiegel, 31.7.2004)

treffen muss. Nicht selten haben diese Entscheidungen erhebliche finanzielle und auch reisepraktische Konsequenzen. Noch wird vielfach versucht, dies mit kleinen Nachlässen oder Bonusangeboten schmackhaft zu machen. So gewährt die Lufthansa 10 Euro Nachlass bei einer selbstabgewickelten Internetbuchung oder beim Kauf eines elektronischen, automatenfähigen E-Tickets. Es ist aber bereits absehbar, dass zukünftig der Kunde, der auf konventionellem Wege ein Ticket erstehen möchte, hohe Aufschläge zahlen wird – wenn er überhaupt noch auf dies Weise ein Ticket bekommt. Die ersten Billig-Airlines verkaufen ihre Tickets bereits ausschließlich im Internet.[47] Für diejenigen, die ihre Reise nicht digital zusammenstellen und buchen möchten, wird die Inanspruchnahme von Reisebüros künftig nicht mehr zum Nulltarif verfügbar sein.[48] Dass die Airlines zudem immer mehr ihren Check-In automatisieren und damit der Leistung ihrer Kunden überlassen, einschließlich der Gepäckabfertigung (der die Kundschaft allerdings noch nicht recht traut), fällt vor diesem Hintergrund dann schon fast nicht mehr auf.

Im Bereich von Verkehrsdienstleistungen erscheint hingegen die Einbindung auch der Kunden in die Qualitätskontrolle und Produktentwicklung noch eher ungewöhnlich. Bei der Deutschen Bahn ist dies jedoch bereits an einer nicht unwichtigen Stelle Realität (siehe

---

47 Vgl. Horning/Rossbach 2003.

48 Wisdorff 2004.

Kasten). In anderen Branchen, etwa der Informations- und Kommunikationsindustrie, werden Kundinnen und Kunden bereits seit längerem für die Qualitätskontrolle eingesetzt.

> **Bahn beschäftigt Kundinnen und Kunden als Beirat – 5.300 Bewerber**
>
> Der 32 Personen umfassende Kundenbeirat der Bahn wurde aus 5.300 (!) Bewerberinnen und Bewerbern zusammengestellt. Dieser soll künftig zweimal jährlich zusammentreten und bei der Zukunftsplanung der Bahn mitwirken. (mobil, Nr. 8, 2004)

2.2.3 Informations- und Kommunikationsindustrie

Die Informations- und Kommunikationsindustrie ist ein Bereich, in dem von der Kundschaft schon sehr früh umfangreiche Eigenleistungen erwartet und erbracht wurden. Die Schilderungen zu Beginn des Buchs haben sich nicht zufällig stark darauf bezogen. Fast nicht mehr zu bewältigen sind die mehrbändigen Handbücher und die inzwischen mit Anwendungsvorschriften überfrachteten CDs für alle möglichen Gerätschaften; fast schon sprichwörtlich ist das für einen Normalnutzer kaum zu durchschauende Programmieren von Videorecordern. Allein schon die für die Anschaffung komplexerer Produkte erforderlichen informatorischen Vorarbeiten sind erheblich. Die Konfiguration ist dann beispielsweise bei Telekommunikationsdienstleistungen vielfach eine Angelegenheit für Profis. Sehr anspruchsvoll ist beispielsweise der von der Telekom forcierte Eigeneinbau neuer technischer Komponenten wie TDSL mittels mitgelieferter Anleitungs-CD.[49] Berüchtigt sind beim Erwerb von Hard- und Software (bei Laien wie Profis) die Versuche, bei Hotlines Hilfe zu bekommen. Aber auch die individuelle Gestaltung der Leistungserbringung für Mobiltelefon-Kunden ist oftmals alles andere als einfach.

Eine persönliche Beratung und Unterstützung ist bezogen auf Informations- und Kommunikationstechniken eher die Ausnahme.

49 Vgl. Torekull/Kamprad 1998.

Manche Unternehmen haben die Komplexität ihrer Angebote allerdings erkannt und versuchen inzwischen, über Qualifizierungsangebote auch weniger erfahrene Anwenderinnen und Anwender zu gewinnen. So bietet der schweizerische Telekommunikationsanbieter Swisscom unter dem Stichwort »Help Point« bereits Internet- und Mobiltelefonkurse für seine Kundschaft an. Ähnliche »Schulungen« für die Nutzung komplizierter Handys hat seit neuestem auch der deutsche Mobilfunk-Provider O2 im Angebot.

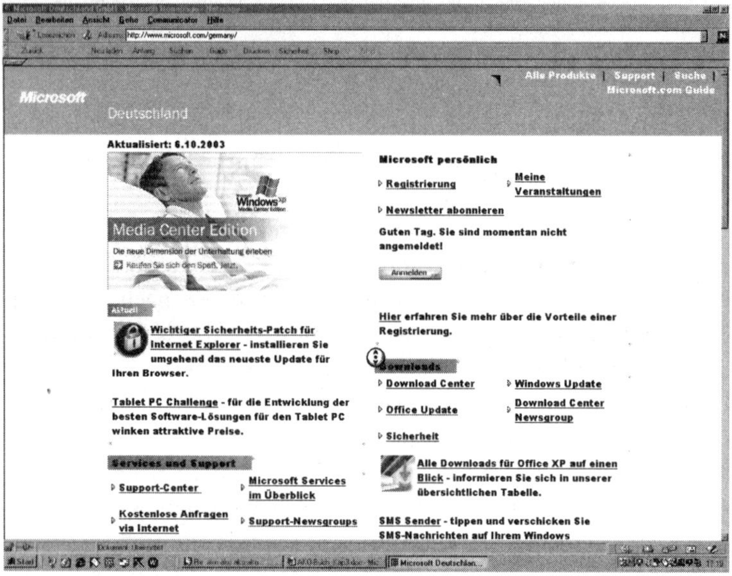

Abb. 2.3 Deutsche Startseite von Microsoft (Teil 1, Fortsetzung in Abbildung 2.4): Eine Vielzahl von mehr oder weniger wichtigen Informationen und Serviceangeboten für hoffentlich kompetente Nutzerinnen und Nutzer (www.microsoft.com/germany, Abruf: 6.7.2004[50])

Zudem wird von Kunden erwartet, dass sie sich ständig um die für den Betrieb der Produkte erforderlichen Updates und Softwareergänzungen kümmern. Dies erfordert umfangreiche Kenntnisse über

50 Inzwischen findet sich im Internet eine aktualisierte und insgesamt übersichtlicher aufgebaute Version der Seite.

Möglichkeiten und Notwendigkeiten solcher ›Instandhaltungsarbeiten‹. Dabei sind die Internetportale, auf denen sich Kundinnen und Kunden mit dem nötigen Nachschub für ihre Software versorgen, eine Herausforderung für sich (siehe Abbildung 2.3). Sie entsprechen oftmals nicht den gängigen softwareergonomischen Anforderungen und enthalten nicht selten fehlerhafte oder erheblich unzureichende Informationen.

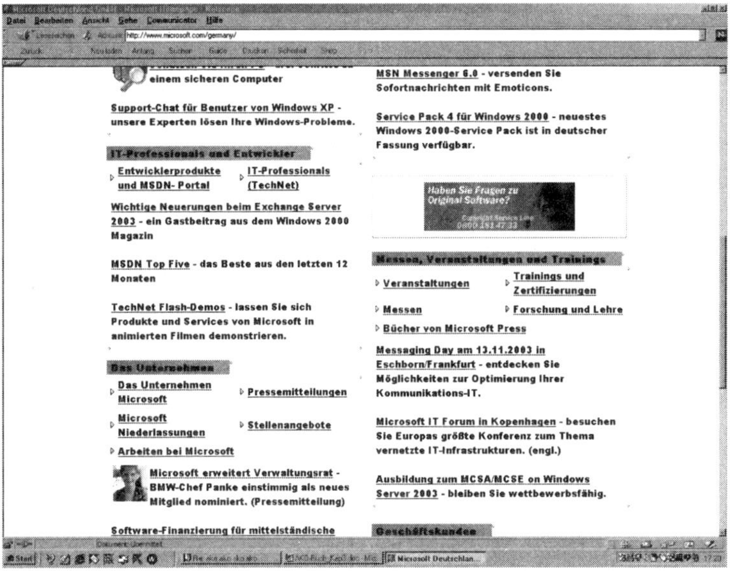

Abb. 2.4 Deutsche Startseite von Microsoft (Teil 2): Der mittlere Teil der Seite zeigt eine weitere, kaum zu überschauende Fülle unterschiedlichster Informationen

Immer wieder wird berichtet, dass Softwareprodukte bewusst nur unzureichend durchprogrammiert auf den Markt kommen – die Qualitätskontrolle und -optimierung übernimmt der Nutzer. So werden Kundinnen und Kunden als so genannte Beta-Tester für neue Software eingesetzt. Hier wird den Kunden die Aufgabe zugewiesen, über die ersten Anwendungen Fehler in Programmen zu identifizieren. Die Untenehmen erhalten wertvolle Verbesserungsvorschläge durch individuelle Rückmeldungen von Kunden, Diskussion der

Programme in Fachzeitschriften und vor allem durch Problemlösungsempfehlungen von High-End-Usern in allen möglichen Foren des World Wide Web. Auf dieser Basis werden dann nach und nach die Folgeversionen bereinigt beziehungsweise es werden ergänzende »Tools« bereitgestellt.[51] Die Beta-Version von Microsoft Windows 2000 testeten beispielsweise über 650.000 Kunden, die meisten unentgeltlich.[52]

Active Expert

Bei all dem wird weitgehend offen und inzwischen kulturell fast widerstandslos akzeptiert, dass den Kunden nicht nur quantitativ ein erhebliches Maß, sondern eben auch eine ganz neue inhaltliche Qualität der ›Ko-Produktion‹ zugewiesen wird, die erheblichen Arbeits- und Zeitaufwand und nicht zuletzt meist höchst umfangreiche Sachkenntnis erfordert. Die inzwischen immer häufiger thematisierte »digital-divide« (die soziale Trennung in kompetente Anwender/Besitzer moderner IuK-Technik und die davon systematisch ausgeschlossenen Gruppen) geht in hohem Maße auf solche Anforderungen zurück: Nur qualifizierte, belastbare und hard- wie softwaremäßig gut ausgestattete Konsumenten können sich inzwischen mit aktueller Hochtechnologie versorgen und diese nutzen.[53]

2.2.4 Handel

Wie im vorangegangenen Kapitel beschrieben, war der Handel ein Vorreiter der Verlagerung von betrieblichen Funktionen auf die Kundschaft. Die zuerst punktuelle und dann zunehmend verbreitete Selbstbedienung in Supermärkten und vielen Kaufhäusern können als paradigmatisch für diesen Übergang gelten. Die Entwicklung geht jedoch weiter stürmisch voran. Es sind neue Funktionen der Selbstbedienung hinzugekommen, etwa das Selbst-Abwiegen von Frischprodukten (inzwischen teilweise wegen nicht kooperierender Kunden wieder zurückgenommen) und als neueste Erweiterung das Self-

51 Vgl. Neff/Stark 2003.
52 Vgl. Prahalad/Ramaswamy 2000.
53 Vgl. Katz/Rice 2002.

Scanning der Waren.[54] Treffend heißt es dann: »Hier kassiert der Kunde«.[55] In München gibt es bereits einen »Vision Store« der HIT-Supermarktkette. Dort wird erprobt, was vielleicht bald in vielen Geschäften Realität sein wird: Kunden haben an ihrem Einkaufswagen einen so genannten »Personal Shopping Assistent«, mit dem sie die Waren, die sie kaufen möchten, selbst über einen Strichcode einscannen. An der Kasse entfällt dann dieser Schritt und die Abrechnung erfolgt in wenigen Sekunden per Knopfdruck.[56] Auch hier müssen die Kunden zwar erst lernen, dass und wie sie »mitzuspielen« haben, aber mithilfe eines gezielten »kleinen Umerziehungsprogramms« des Unternehmens wird das schon gelingen.[57]

Online Märkte beziehungsweise der Internet-Direkthandel gehen noch erhebliche Schritte weiter: Der Kunde kann (und muss) Produktinformationen recherchieren und seine Produkte oft nicht nur selbst aus einem komplexen Sortiment (auf oft schlecht gestalteten Seiten) zusammensuchen, sondern (ähnlich wie bei den Software-Unternehmen geschildert) preislich in vielfach bewusst nicht sehr übersichtlichen Angebotsprofilen abklären, dann die komplizierten Finanztransaktionen festlegen und absichern, den »Warenkorb« verwalten, das eigene »Kundenprofil« überwachen, die »Lieferbedingungen« und »Liefermodalitäten« festlegen usw. Manche Seiten bieten inzwischen komplexe, auch kooperativ zu nutzende, Recherche- und Nutzungstools an, die zwar eine anspruchsvollere Verwendung der

---

54 Vgl. Hartung 2004. Die bereits jetzt absehbare Stufe ist der Einsatz von Radio Frequency Idnetification (RFID) für das Self-Scanning. Dabei handelt es sich um winzige Chips an den Produkten, die aktiv Informationen (z.B. Produktpreise) per Funk senden. (zu den Risiken dieser Technologie vgl. zum Beispiel FoeBuD e.V. 2003; Kühne 2004, RFID-Handbuch 2003).

55 Vgl. Hammer 2004 (Titel).

56 Vgl. Hammer 2004.

57 Ein solches »Umerziehungsprogramm« schildert Strassmann in der ZEIT (9.10.2003) anschaulich in seiner amüsanten Beschreibung der erstaunlich späten Umstellung auf Scannerkassen bei Aldi-Nord (eine Entwicklungsstufe vor den Veränderungen, die uns hier interessieren): »Zentrales Anliegen ist: Die Unsitte soll aus der Welt, dass Kunden ohne Einkaufswagen durch den Laden gehen. Zwischen Laufband und Scanner ist kein Platz mehr, auf dem der Kunde die Waren ablegen kann. Er soll gefälligst den am Band entladenen Wagen weiterschieben, wenden und am Bandende andocken. Wo und wie Wagen und Kundenfüße schließlich zu stehen haben, ist auf dem Fußboden markiert«.

Seiten versprechen, aber auch beherrscht und mit nicht unerheblichem Aufwand angewendet werden müssen.

Online-Shopping in den USA mit 66 Milliarden US-Dollar Umsatz in 2004

In den für den US-Handel wichtigen Monaten November und Dezember wurden 2004 über das Internet Käufe im Gesamtwert von über 23 Milliarden US-Dollar abgewickelt und damit 22 Prozent mehr als im Jahr zuvor. Für das Gesamtjahr 2004 wird ein Umsatz von 66 Milliarden Dollar geschätzt, der sich 2005 auf fast 80 Milliarden steigern dürfte. Grund ist vor allem, dass 2004 17,7 Millionen Konsumenten erstmals über das Internet eingekauft haben. Bereits Ende 2003 wurde die Anzahl der US-Bürger, die online einkaufen, auf 64 Millionen und die Zahl der Online-Shopping-Neulinge auf 10 Millionen geschätzt.

(heise online-news 8.2.2005 /www.heise.de)

Dabei werden die über Kunden ermittelten und von ihnen eingegebenen Daten im Handel aber auch in vielen anderen Bereichen der Dienstleistungsökonomie im Rahmen des *Customer Relationship Management* (CRM) vielfältig genutzt.[58] Zentral für das Customer Relationship Management ist die Bündelung von Daten aus unterschiedlichen Formen des Kundenkontakts (zum Beispiel in den Bereichen Service, Beschwerdemanagement und Vertrieb).[59] Auf dieser Basis werden umfangreiche Kundendatenbanken und Kundenprofile angelegt, die es erlauben sollen, Aktivitäten des Unternehmens auf Besonderheiten einzelner Kunden(-gruppen) zuzuschneiden. So ist etwa die Software des Internet-Händlers Amazon in der Lage, die dargebotenen Informationen an ständig optimierte Kundenprofile beziehungsweise an die von Kunden angegebenen Präferenzen anzupassen. Beim Öffnen der entsprechenden Internet-Seite wird der Kunde deshalb ›persönlich‹ mit seinem Namen begrüßt

58 Vgl. zum Beispiel Bruhn 2003 (siehe auch die weiterführende Literatur).

59 Die derzeit massenhaft im Handel angebotenen Kundenkarten dienen nicht nur dazu, Kunden über die gewährten Mini-Rabatte an die Unternehmen zu binden und zu weiteren Käufen zu veranlassen, sondern auch (wenn nicht sogar primär) dazu, das Kaufverhalten zum Zwecke eines erweiterten Marketings detailliert abzubilden und mit den personalisierten Kundendaten zu verknüpfen.

und über die zuletzt angesehenen Artikel informiert. Hat er ein Produkt ausgesucht, werden ihm weitere Angebote gemacht, die wiederum aus dem abgeleitet werden, was »andere Kunden«, die das gleiche Produkt gekauft haben, gewählt haben. Angegebene Rechnungs- und Lieferadressen werden gespeichert und bei der nächsten Bestellung zur Auswahl gestellt. Marketing-Aktionen können durch CRM auf spezifische Gruppen von Kunden gezielt zugeschnitten werden. Nicht nur bei Amazon, sondern inzwischen im ganzen Bereich des Internethandels (wie auch des Internetbankings) werden Kunden etwa in Abhängigkeit von bereits getätigten Bestellungen per E-Mail gezielt auf Produkte aufmerksam gemacht. Customer Relationship Management soll somit generell ermöglichen, Marketing- und Kundenbindungsstrategien besser auf Merkmale von Kunden abzustimmen.[60] Die erforderlichen Informationen liefern die beteiligten Kunden selbst durch die bei Ihren Käufen abgenommenen personalisierten Daten, die entsprechend von größtem Wert für die Unternehmen sind. Damit beruht Customer Relationship Management auf der Bereitschaft von Konsumenten, Unternehmen regelmäßig über persönliche Daten, Präferenzen und Erfahrungen mit dem Unternehmen aktiv zu informieren, zumindest jedoch, die erweiterte Datensammlung zu dulden.

Aber auch in anderer Weise werden Konsumenten seit einigen Jahren in einer neuen Qualität in die Leistungserbringung von Unternehmen eingebunden. So werden in vielen Bereichen zunehmend nicht mehr nur fertige Produkte erworben, sondern diese vielfach durch die Kunden selbst erst konfiguriert (in Größe, Ausstattung, Qualität, Verpackung usw.) oder sogar selbst mit gestaltet. Hierfür stehen die Begriffe *Mass Customization* und *virtuelle Produkte*. Mit Mass Customization sind Formen der Kombination von Massenproduktion und Herstellung von Gütern nach Vorstellungen einzelner Kunden angesprochen.[61] Als virtuell werden Produkte bezeichnet, die erst

60 Das ist Teil einer schon länger zu beobachtenden Entwicklung des Marketings weg von einer standardisierten, auf Großgruppen zugeschnittenen Marktorientierung hin zu immer differenzierteren Kunden-Segmentationsstrategien bis hin zu einer »Individualisierung des Marketings« (vgl. zum Beispiel Hildebrand 1997, siehe auch die weiterführende Literatur).

61 Vgl. Piller/Stotko 2003 (siehe auch die weiterführende Literatur).

auf Basis der Angaben von Kunden gefertigt werden.[62] Zahlreiche Anbieter setzen im Internet inzwischen so genannte Toolkits ein, mit denen Konsumenten sich die gewünschten Produkte selbst konfigurieren können.[63] Beim Computerhersteller Dell werden beispielsweise Einzelkomponenten eines Computers durch die Konsumenten im Internet selbst zusammengestellt und dann in der gewünschten Kombination vom Unternehmen produziert. Toolkits sind inzwischen aber auch für die Zusammenstellung von Kleidung, Kosmetik, Uhren, Spielzeug und vielen anderen Produkten verfügbar.[64] Adidas, Nike und Puma bieten beispielsweise eine Serie von Sportschuhen an, die bis in die Details (Farbelemente, Schnitt, Zusatzfeatures usw.) frei von den Kunden konfiguriert werden können. Toolkits bieten den Unternehmen damit nicht zuletzt die Möglichkeit, gezielt an durch Kunden entwickelte Innovationen zu gelangen (Ideen für die Gestaltung von Produkten, die so dann auch an andere Kunden vertrieben werden), auch wenn die verwendete Software dies bislang (noch) nicht immer ausreichend umsetzen kann.[65]

Eine weitere Form der Auslagerung von Tätigkeiten an Konsumenten sind so genannte *User Communities* beziehungsweise *Customer Communities*. Unter einer Customer Community wird schlicht eine Gruppe von Kunden verstanden »die miteinander interagieren«.[66] Wesentlich für unsere Überlegungen ist dabei, dass innerhalb dieser Communities Konsumenten Leistungen für andere Konsumenten erbringen. Damit knüpfen User Communities indirekt an die Idee der klassischen Selbsthilfegruppen an, wie wir sie oben beschrieben haben.[67] Ein bekanntes Beispiel ist die kontinuierliche kooperative Weiterentwicklung der Open-Source-Software Linux.[68] Inzwischen wird die Bildung solcher ›Selbsthilfegruppen‹ jedoch verstärkt von gewinnorientierten Unternehmen gefördert und forciert. Es gibt

62 Vgl. Davidow/Malone 1993.
63 Vgl. zum Überblick: Franke/Piller 2003.
64 Beispiele hierfür: www.dell.com, www.shirtcity.com, www.wildemasche.de, www.lego.com, Abruf jeweils 17.9.2004.
65 Vgl. Thomke/von Hippel 2002; Franke/Piller 2003.
66 Banks/Daus 2002, S. 1.
67 Vgl. Kap. 2.1.3.
68 Vgl. Grün/Brunner 2002.

daher Customer Communities bereits in unterschiedlichsten Branchen und Formen. Klassiker sind Internethändler wie Amazon und eBay, die beide 1995 gegründet wurden und wesentlich an der Entwicklung der Erfolgsprinzipien von Customer Communities beteiligt waren. Von zentraler Bedeutung ist hier die Vermittlung von Information und Beratung von Kunden durch andere Kunden. Produkte beziehungsweise Verkäufer werden durch Kunden bewertet und auf diese Weise wird eine Vertrauensbasis für andere Kunden geschaffen. Andere Beispiele für Customer Communities sind Foren des Austausches für die Nutzer komplexer technischer Geräte oder Software. User beziehungsweise Customer Communities beziehen sich dabei teilweise auf ganze Produktkategorien (zum Beispiel Tablet-PCs[69]) oder sie werden gezielt als regelrechte Vermarktungs- und Verkaufsplattformen aufgebaut und genutzt. Ein Beispiel für letzteres bietet der Internetprovider 1&1, der unter seinen Kundinnen und Kunden »Profiseller« rekrutiert (siehe Abbildung 2.5). In anderen Fällen sind Customer Communities den Produkten eines bestimmten Unternehmens zugeordnet (zum Beispiel Macintosh[70]). Auch Finanzdienstleistungen im Internet wie E*Trade (ein Anbieter von Discount Brokerage) rekurrieren auf das Prinzip der Kundenkooperation und Kundenselbsthilfe über Customer Communities.[71]

Kundenvereinigungen sind jedoch nicht auf das Internet beschränkt, außerhalb des Internet ist etwa von »*Kundenclubs*« die Rede, die in vielfältigen Formen auftreten.[72] Von Unternehmen werden die Potenziale der unterschiedlichen Formen von Vereinigungen von Konsumenten nicht nur im Hinblick auf die Auslagerung von Aktivitäten, sondern auch im Hinblick auf Kundenbindung inzwischen vielfach gesehen und gezielt genutzt.[73]

69 Vgl. www.tabletpchome.com.

70 Siehe www.macuser.de.

71 Vgl. Banks/Daus 2002, S. 105.

72 Vgl. Schweitzer 2004.

73 Vgl. Grün/Brunner 2002; Banks/Daus 2002; Bressler/Grantham 2000.

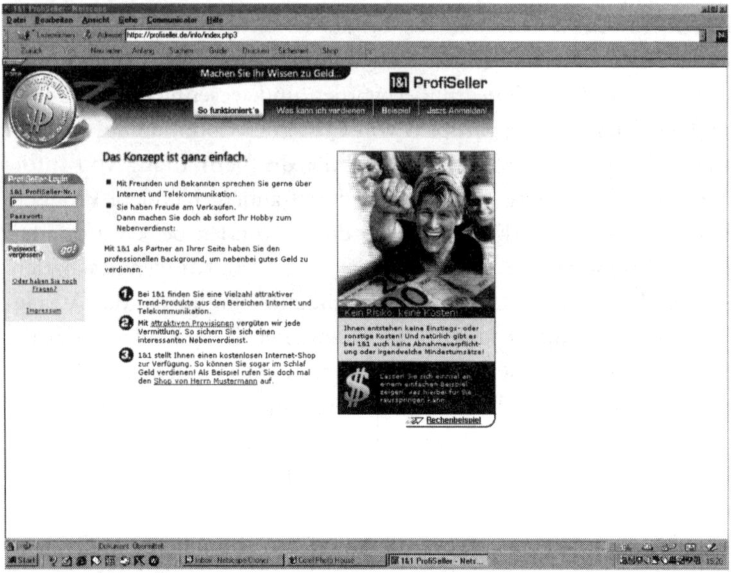

Abb. 2.5 Startseite von Profiseller: Das Konzept sieht vor, Kunden des Internetproviders 1&1 für Verkaufstätigkeiten im eigenen Onlineshop zu gewinnen (vgl. www.profiseller.de, Abruf am 30. 9. 2004)

Ein besonders spannendes Beispiel sind Internet-Auktionsplattformen beziehungsweise Tauschbörsen (allen voran eBay), die einen (inzwischen nicht mehr nur) Kleinhandel zwischen weltweit verstreuten individuellen Nutzern vermitteln.[74] Hier ist der Anbieter tatsächlich nur noch die Plattform dafür, dass die User alle Aktivitäten übernehmen (Angebot und Präsentation, Auswahl, Beratung, Preisaushandlung, Aushandlung der Liefermodalitäten, Versand usw.) und auch in jeder Hinsicht die Risiken tragen. Die Kunden sind es dann auch, die mit ihren Rückmeldungen und wechselseitigen Kontrollen dazu beitragen, dass eine der entscheidenden Ressourcen für das Funktionieren des Betriebs hergestellt wird: wechselseitiges »Vertrauen« und gegenseitige soziale »Kontrolle« der Kunden.[75]

74 Vgl. Graff 2004.

75 Vgl. Brinkmann/Seifert 2001; Diekmann/Wyder 2002.

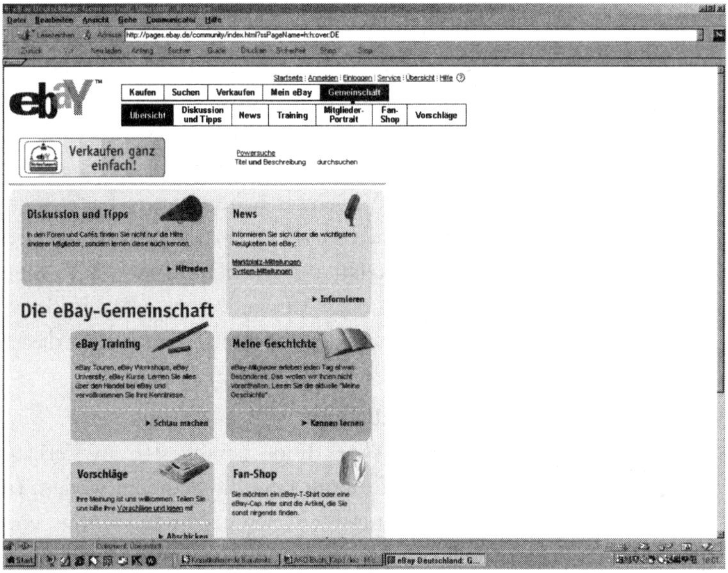

Abb. 2.6 Die »eBay-Gemeinschaft«: Sie ist verbunden über vielfältige Aktivitäten wie trainigs (»eBay-Trainingscenter«, »eBay-University«, »eBay-workshops«), Erfahrungsaustausch («meine Geschichte«), ein Vorschlagswesen (wie für Mitarbeitende in herkömmlichen Betrieben) und einen Fan-Shop (vgl. http://pages/ebay.de/community/index.html?ssPageName=h:h:over:DE, Abruf am 27.8. 2004)

Auch hier wird den Kunden nicht nur quantitativ ein erhebliches Maß, sondern vor allem auch eine ganz neue inhaltliche Qualität der ›Ko-Produktion‹ zugewiesenen, die erheblichen Arbeits- und Zeitaufwand und nicht zuletzt höchst umfangreiche Sachkenntnis erfordert. Wenn darüber hinaus die Kunden (etwa als Nutzer einer Plattform) zu »Mitgliedern« werden, die vielfältige Aufgaben übernehmen, dafür systematisch ausgewählt und qualifiziert (siehe Abbildungen 2.6 und 2.7) sowie einem »Code of Ethics« beziehungsweise einer gemeinsamen Unternehmenskultur unterworfen werden (»Werte der eBay-Gemeinschaft«), dann ist auch hier die Grenze zum ›informellen Mitarbeiter‹ überschritten. Der Kunde tritt in die Dienste des Unternehmens – er wird vom passiven Käufer zum aktiven Mitglied.

eBay University
Die besten eBay-Spezialisten kommen mit der eBay University in Ihre Stadt. Wir zeigen Ihnen, wie einfach es ist und wie viel Spaß es macht, bei eBay zu handeln. Für fortgeschrittene eBay-Verkäufer halten unsere Fachexperten Seminare ab, die sich zum Beispiel mit den Themen Recht und Steuern befassen. Lernen Sie andere eBay-Mitglieder und eBay-Enthusiasten kennen, während Sie einen Tag in dieser einzigartigen Gemeinschaft verbringen.

eBay Workshop
Die eBay Workshops richten sich an Verkäufer, die effizienter bei eBay handeln wollen. In diesem intensiven Seminar werden Sie von Rechtsanwälten, Steuer- und Unternehmensberatern speziell für den Handel bei eBay geschult. Um den eBay Workshop abzurunden, berichten eBay-Profis über ihre Erfahrungen und geben Ihnen Tipps, wie Sie erfolgreich bei eBay verkaufen können.

eBay Touren
eBay hat Audio-Touren für Sie entwickelt, in denen Ihnen ein Moderator den weltweiten Online-Marktplatz erklärt. Lernen Sie zum Beispiel, wie Sie Ihren Wunschartikel finden und ihn erfolgreich kaufen. Oder wollen Sie vielleicht wissen, welche Möglichkeiten Sie als Verkäufer bei eBay haben und warum eBay sicher ist? Lehnen Sie sich zurück und schalten Sie die Lautsprecher ein. Anschließend können Sie die neu erworbenen Kenntnisse gleich in die Praxis umsetzen.

Abbildung 2.7 Angebote für die gezielte Fortbildung von Kundinnen und Kunden bei e-Bay (vgl. http://tools.ebay.de/trainingscenter/public/, Abruf: 27.8. 2004)

2.2.5 Gesundheits- und Sozialwesen

Vor dem Hintergrund eines umfassenden Wertewandels ab den 1960er Jahren wurde im Gesundheits- und Sozialbereich mit emanzipatorischer Absicht die aktive Mitwirkung und Mitentscheidung von Patienten und Klienten massiv eingefordert.[76] In der Folge wurden zahlreiche Selbsthilfegruppen gegründet, ihre Zahl in Deutschland wurde bereits Mitte der 90er Jahre auf 66.000 geschätzt.[77] Eine veränderte Werthaltung spiegelt sich auch in Konzepten wie dem »Empowerment« von Patienten,[78] der Idee der »Patientensouveränität«[79] oder dem so genannten »Shared Decision Making« wieder.[80] Hintergrund dieser Entwicklung ist die Kritik an paternalistischen Modellen der Arzt-Patient-Beziehung. Im Gegensatz dazu sieht das Modell des Shared-Decision-Making vor, dass Arzt und Patient Entscheidungen gemeinsam treffen. Dabei wird der Arzt zwar weiterhin als Experte für fachliches Wissen gesehen, über dieses fachliche Wissen hinaus werden aber auch Wertvorstellungen der Patienten in die Entscheidung einbezogen. Für die Zukunft ist damit zu rechnen, dass die Mitwirkung von Patientinnen und Patienten an medizinischen Entscheidungen weiter an Bedeutung gewinnen wird. Hierauf verweist etwa eine in acht Ländern durchgeführte Studie über Einstellungen der Bürgerinnen und Bürger zu ihrer medizinischen Behandlung. Das Projekt zum »European Patient of The Future«[81] ergab, dass die Befragten in den meisten europäischen Ländern Wert darauf legen, künftig mehr Mitsprachemöglichkeiten zu erhalten.

Zugleich werden von Seiten der Politik sowie der Gesundheitsdienstleister Patientinnen und Patienten zunehmend als gezielt nutzbare Ressource erkannt, insbesondere im Fall von chronischen Krankheiten (vgl. Abbildung 2.8). Vor dem Hintergrund verkürzter Verweildauern im Krankenhaus werden Patienten beispielsweise

76 Vgl. zum Beispiel Gartner/Riessman 1978; Illich 1981.

77 Vgl. Stark/Trojan 1996, eine aktuelle Entwicklung sind virtuelle Communities für Patienten, vgl. Leimeister 2005

78 Vgl. Jäger 2001.

79 Vgl. Dierks/Schwartz/Walter 2001.

80 Vgl. Büchi/Bachmann/Fischer/Peltenburg/Steurer 2000; Scheibler 2004.

81 Vgl. Coulter/Magee 2003.

bereits im Krankenhaus angeregt, selbst aktiv an ihrer Versorgung mit zu wirken. Vermittelt werden dazu die entsprechenden Abläufe, wie das Messen des Blutdrucks und des Blutzuckerspiegel, oder auch das Verabreichen von Spritzen zur Thrombose-Prävention. Dies ermöglicht eine schnellere Entlassung aus dem Krankenhaus und im Anschluss eine weitgehend selbstständige Versorgung bei ambulanter Betreuung. Damit die Mitwirkung von Patienten und Klienten gelingt, müssen diese über ein erhebliches Maß an Wissen und Informationen verfügen. Studien zeigen jedoch, dass Patienteninformationen (zum Beispiel in schriftlichem Aufklärungsmaterial oder Darstellungen im Internet) vielfach von schlechter Qualität sind.[82]

Bei der Auslagerung bestimmter Aufgaben auf die Konsumenten spielen auch in der gesundheitlichen Versorgung innovative Techniken eine immer wichtigere Rolle. E-Health ist dafür das Stichwort, unter dem verschiedene Möglichkeiten zusammengefasst werden, mittels Informations- und Kommunikationstechniken neue Wege der gesundheitlichen Versorgung zu gehen. Ein Beispiel hierfür ist Telemedizin. So wird etwa in der Schweiz von der Medgate AG medizinische Beratung über das Telefon und das Internet (»Web Doctor«) angeboten (http://www.medgate.ch). Ein anderes Beispiel ist Telehomecare. Gemeint ist eine informations- und kommunikationstechnisch vermittelte ›Fernpflege.‹ Diese soll beispielsweise ermöglichen, dass Seniorinnen und Senioren länger in der eigenen Wohnung versorgt werden und damit Heimaufenthalte vermieden werden können.

Problematisch ist dabei, dass sich in einigen aktuellen Modellen die ehemals kritisch gemeinte Forderung nach einer »Emanzipation« der Betroffenen und nach einem »mündigen«, »aktiven« und selbstbewussten Patienten in etwas völlig anderes verkehrt: Zunehmend rückt das Ziel in den Vordergrund, durch Auslagerung von Leistungen an Dienstleistungsnehmende Einsparungen im Gesundheitswesen zu ermöglichen. Es geht nicht nur um die Übernahme substantieller Kosten (etwa durch Selbstbehalte und Praxisgebühren), sondern auch um einen handfesten aktiven Beitrag Betroffener (oder ihrer Verwandten und Freunde) zur Pflege und sogar zur Therapie oder sozialen Betreuung von Problemgruppen. So konkurrieren im

82 Vgl. Dierks/Schwartz/Walter 2001.

einstmaligen Sinne durchaus begrüßenswerte Konzepte mit Versuchen der Einrichtungen und Träger, unter ideologischem Rückgriff auf Begriffe wie »Selbstverantwortung« massive Kosteneinsparungen, Rationalisierungen und Verschlankungen vorzunehmen.[83]

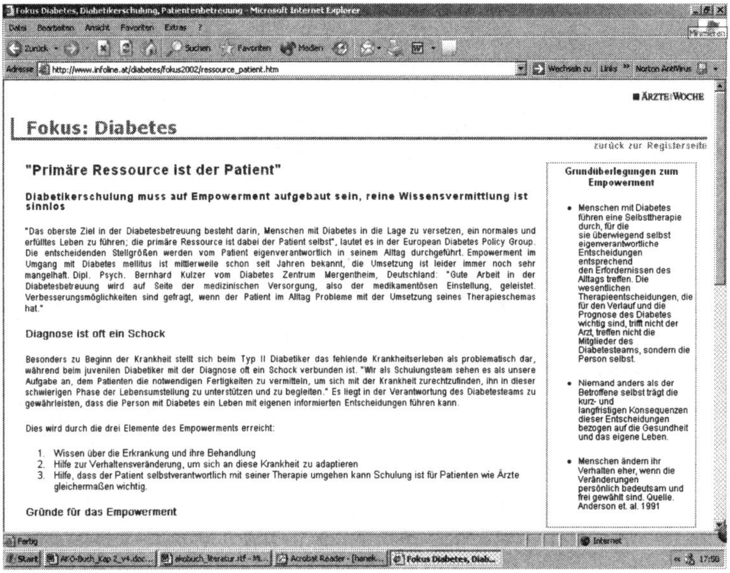

Fokus Diabetes, Diabetikerschulung, Patientenbetreuung - Microsoft Internet Explorer

http://www.infoline.at/diabetes/fokus2002/ressource_patient.htm

ÄRZTE WOCHE

Fokus: Diabetes

zurück zur Registerseite

"Primäre Ressource ist der Patient"

Diabetikerschulung muss auf Empowerment aufgebaut sein, reine Wissensvermittlung ist sinnlos

"Das oberste Ziel in der Diabetesbetreuung besteht darin, Menschen mit Diabetes in die Lage zu versetzen, ein normales und erfülltes Leben zu führen; die primäre Ressource ist dabei der Patient selbst", lautet es in der European Diabetes Policy Group. Die entscheidenden Stellgrößen werden vom Patient eigenverantwortlich in seinem Alltag durchgeführt. Empowerment im Umgang mit Diabetes mellitus ist mittlerweile schon seit Jahren bekannt, die Umsetzung ist leider immer noch sehr mangelhaft. Dipl. Psych. Bernhard Kulzer vom Diabetes Zentrum Mergentheim, Deutschland: "Gute Arbeit in der Diabetesbetreuung wird auf Seite der medizinischen Versorgung, also der medikamentösen Einstellung, geleistet. Verbesserungsmöglichkeiten sind gefragt, wenn der Patient im Alltag Probleme mit der Umsetzung seines Therapieschemas hat."

Diagnose ist oft ein Schock

Besonders zu Beginn der Krankheit stellt sich beim Typ II Diabetiker das fehlende Krankheitserleben als problematisch dar, während beim juvenilen Diabetiker mit der Diagnose oft ein Schock verbunden ist. "Wir als Schulungsteam sehen es als unsere Aufgabe an, dem Patienten die notwendigen Fertigkeiten zu vermitteln, um sich mit der Krankheit zurechtzufinden, ihn in dieser schwierigen Phase der Lebensumstellung zu unterstützen und zu begleiten." Es liegt in der Verantwortung des Diabetesteams zu gewährleisten, dass die Person mit Diabetes ein Leben mit eigenen informierten Entscheidungen führen kann.

Dies wird durch die drei Elemente des Empowerments erreicht:

1. Wissen über die Erkrankung und ihre Behandlung
2. Hilfe zur Verhaltensveränderung, um sich an diese Krankheit zu adaptieren
3. Hilfe, dass der Patient selbstverantwortlich mit seiner Therapie umgehen kann Schulung ist für Patienten wie Ärzte gleichermaßen wichtig.

Gründe für das Empowerment

Grundüberlegungen zum Empowerment

- Menschen mit Diabetes führen eine Selbsttherapie durch, für die sie überwiegend selbst eigenverantwortliche Entscheidungen entsprechend den Erfordernissen des Alltags treffen. Die wesentlichen Therapieentscheidungen, die für den Verlauf und die Prognose des Diabetes wichtig sind, trifft nicht der Arzt, treffen nicht die Mitglieder des Diabetesteams, sondern die Person selbst.
- Niemand anders als der Betroffene selbst trägt die kurz- und langfristigen Konsequenzen dieser Entscheidungen bezogen auf die Gesundheit und das eigene Leben.
- Menschen ändern ihr Verhalten eher, wenn die Veränderungen persönlich bedeutsam und frei gewählt sind. Quelle. Anderson et. al. 1991

Abbildung 2.8 Der Patient als Ressource: Beispiel für die Argumentation für mehr Selbstverantwortung von Patienten und eine bessere Nutzung ihrer Potenziale im Prozess der Erbringung von Gesundheitsdienstleistungen (es handelt sich um einen Text aus der Online-Zeitschrift Ärzte Woche, vgl. www.infoline.at/diabetes/fokus2002/ressource_patient.htm, Abruf: 14. 9. 2004)

»Managed Care« ist ein Ansatz, der als exemplarisch für diese Veränderungen betrachtet werden kann.[84] Dabei werden betriebswirtschaftliche Prinzipien auf den Bereich der gesundheitlichen Versorgung mit dem Ziel übertragen, Kosten zu senken. Zentral für Managed Care ist die Einführung prospektiver Finanzierungsformen (wie Fallpauschalen), mittels derer ökonomische Risiken auf die

83 Vgl. Weber 2002.

84 Vgl. Lehmann 2003; Wiechmann 2003; kritisch Kühn 1997.

Leistungsanbieter übertragen werden. Diese erhalten für die von ihnen versorgten Patienten lediglich einen festgelegten Betrag, unabhängig vom Umfang der erbrachten Leistungen. Damit besteht ein ökonomischer Anreiz für Leistungsanbieter, pro Patient möglichst wenige Leistungen zu erbringen. Patienten können zudem in diesem System typischerweise nicht mehr frei wählen, wo sie sich behandeln lassen, sondern sind an eine Versorgungseinrichtung gebunden. Diese wird nicht für Einzelleistungen bezahlt, sondern erhält eine Pauschale für die Versorgung. Eine andere Variante ist das Modell des Primärarztes beziehungsweise das Hausarztmodell. Hier werden Patienten angehalten, sich bei gesundheitlichen Problemen zunächst stets an den Hausarzt zu wenden, der dann gegebenenfalls weitere Expertinnen und Experten einschaltet. Managed Care bietet dementsprechend Anreize für eine Reduktion der Verweildauer von Patienten im Krankenhaus, zur Erhöhung des Anteils ambulanter Behandlungen sowie genereller zur Reduktion pflegerischer und medizinischer Leistungen. Diese werden vielfach auf Patienten oder deren Angehörige ausgelagert.

In den USA spielt Managed Care heute schon eine zentrale Rolle in der gesundheitlichen Versorgung. In Deutschland werden Komponenten von Managed Care wie Fallpauschalen oder das Hausarztsystem bereits eingeführt, langfristig ist damit zu rechnen, dass dieser Ansatz weiter an Bedeutung gewinnt. Und schon heute zeigen sich negative Folgen wie zum Beispiel eine Ökonomisierung patientenbezogener Entscheidungen in Krankenhäusern, die auf der Basis einer prospektiven Finanzierung arbeiten.[85]

Aktuell kommen in diesem Zusammenhang nun auch die ehemals allein im Sinne der Betroffenen agierenden Selbsthilfegruppen ins Gerede. Es mehren sich Hinweise, dass die Pharmaindustrie gezielt versucht, auf derartige Gruppen Einfluss zu nehmen oder diese für die Verbreitung von Informationen (etwa über neue Produkte) instrumentalisiert – wobei nicht wenige der Selbsthilfegruppen in die Gefahr geraten, allzu bereitwillig zu kooperieren und damit der Industrie in überaus wertvoller Weise zuarbeiten.[86]

---

85 Vgl. Kühn/Simon 2001.

86 Vgl. Keller 2005.

Insgesamt zeigen die skizzierten Entwicklungen, dass der aktive, ›selbstverantwortlich‹ handelnde Konsument im Gesundheitswesen kein beklagtes Übel mehr ist, sondern längst als wichtiges Rationalisierungspotenzial gesehen wird. Hoffnungen auf eine Ausweitung der Spielräume von Patientinnen und Patienten durch ihre zunehmend aktive Mitwirkung bei der Leistungserbringung werden allerdings durch die aktuellen Veränderungen nicht immer erfüllt – im Gegenteil: Handlungsmöglichkeiten werden im Interesse der Kostendämpfung vielfach eingeschränkt.[87]

2.2.6 Arbeitsmarkt- und Sozialverwaltung

Die beschriebene Auslagerung von betrieblichen Funktionen auf Kunden und andere Betroffene zeigt sich nicht zuletzt auch im engeren Bereich öffentlicher beziehungsweise staatlicher Funktionen und Institutionen. Ein wichtiges und gerade in der letzten Zeit intensiv diskutiertes Feld ist dabei die Sozial- und Arbeitsmarktpolitik. Hier wird schon seit geraumer Zeit darüber nachgedacht, ob und in welchen Formen staatliche Einrichtungen ihr Klientel aus der Rolle der passiven Leistungsempfänger herausdrängen und zu einem aktiven Verhalten veranlassen können. Insbesondere unter dem aktuellen ›Reformdruck‹ wird aus der Diskussion inzwischen eine nachhaltige Politik, die zu einem Paradigmenwandel der sozial- und arbeitspolitischen Praxis der öffentlichen Hand führt. Dies bezieht sich etwa unter dem Stichwort »aktivierender Sozialstaat« auf die Sozialpolitik im engeren Sinne, die nun an vielen Stellen versucht, die Betroffenen nicht nur zu einem eigenverantwortlichen Handeln, sondern in hohem Maße zu einer Selbst-Hilfe und damit zur Übernahme bis dahin von der Verwaltung getragener Leistungen zu bewegen. Damit ist nicht nur die verstärkte soziale Absicherung durch eigenfinanzierte Vorsorge (zum Beispiel die Pflege-Versicherung oder die so genannte Riester-Rente gemeint), sondern auch die Übernahme vielerlei praktischer Aufgaben, wie etwa die individuelle Suche und Koordination

87 Vgl. zum Beispiel Badura 2005; Kleinschmidt 2004 (siehe auch die weiterführende Literatur).

der Leistungsmöglichkeiten von Hilfsstellen. Große Aufmerksamkeit finden auch die staatlichen Versuche, den unterschiedlichen Problemgruppen auf dem Arbeitsmarkt mehr individuelle Verantwortung und Eigen-Leistungen zuzuweisen. Die Idee einer »Ich-AG«, der Zwang zu einem aktiven Arbeitsmarktverhalten ab der ersten Stunde der Kündigung, abgestufte Sanktionen bei mangelnder aktiver Zusammenarbeit mit dem Arbeitsamt sind nur einige Beispiele.

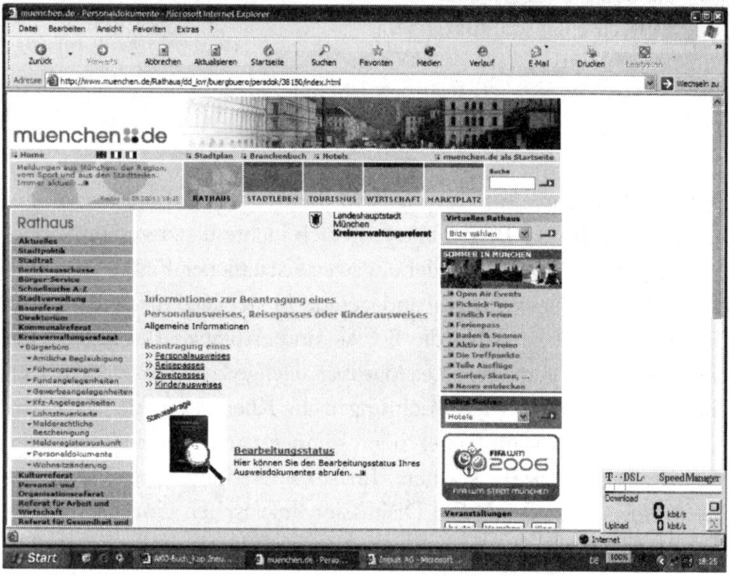

Abbildung 2.9 Das Rathaus der Stadt München im Internet: Hier kann beispielsweise der aktuelle Bearbeitungsstatus für ein Ausweisdokument eingesehen werden (vgl. www.muenchen.de/Rathaus/dd_kvr/buergerbuero/persdok/38150/index.html, Abruf: 12. 9. 2004)

Mehr und mehr gehen staatliche Verwaltungen außerdem dazu über, die Bürger mittels Informationstechnologien nicht nur besser zu betreuen, sondern auch zur Selbsterledigung von administrativen Leistungen zu bewegen: das so genannte »E-Government«.[88] Zahlreiche Städte und Gemeinden sind bereits im Internet vertreten, die

88 Vgl. Scheer/Kruppke/Heib 2003 (siehe auch die weiterführende Literatur).

Stadt München (vgl. Abbildung 2.9) ist nur ein Beispiel unter vielen. In virtuellen »Bürgerbüros« können (und müssen immer häufiger) digital zahlreiche Vorgänge der öffentlichen Verwaltung teilweise oder vollständig von den Betroffenen selbst abgewickelt werden, zum Beispiel Wohnsitzveränderungen, Kfz-Zulassungen, Gewerbeanmeldungen, Einreichungen von Bauanträgen, BAföG-Abrechungen. Vermutlich wird dies bald die Norm sein. Seit 2004 gibt es etwa die Möglichkeit, Steuererklärungen mit dem System ELSTER (Elektronische Steuererklärung) webbasiert abzuwickeln (siehe Kasten), seit Jahresbeginn 2005 sind Unternehmen bereits gesetzlich verpflichtet, die Umsatzsteuer-Voranmeldung elektronisch zu übermitteln.

Bereits 5 Millionen Einkommenssteuererklärungen über das Internet eingegangen

Die Möglichkeit, die Steuererklärung über das Internet durchzuführen, findet zunehmend Anklang. So sind seit 1999 insgesamt bereits 5 Millionen Steuererklärungen elektronisch abgegeben worden. Mit einer sprunghaft zunehmenden Verbreitung der Elektronischen Steuererklärung ELSTER ist zu rechnen, denn allein in den ersten drei Monaten des Jahres 2005 wurde diese für zirka 1 Million privater Einkommenssteuererklärungen genutzt.

(www.elster.de/rss.php, Abruf 31. 3. 2005)

Die genannten Beispiele sind komplexe Mischungen aus einerseits Versuchen, durch »Aktivierung« Betroffener flexiblere, qualitätsvollere und wirksamere Maßnahmen der ›Kundenbetreuung‹ zu erreichen, andererseits handfeste Maßnahmen zur Senkung von Kosten und Arbeitsaufwand der Organisationen.[89] Für die Bürgerinnen und Bürger bedeutet dies, dass sie zwar die Chance haben, sich umständliche Wege und Wartezeiten zu sparen. Auch können sie erheblich an zeitlicher Felxiblität bei der Erledigung behördlicher Angelegenheiten gewinnen. An sie werden jedoch auch neue Anforderungen gestellt und nicht jede und jeder wird hinreichend vorbeieitet sein.

89 Vgl. zum Beispiel Damkowski/Rösener 2003.

2.2.7 Bildungs- und Erziehungswesen

Ein letztes und besonders aktuelles Feld, in dem der Nutzer mehr und mehr zur Arbeitskraft wird, ist das Bildungs- und Erziehungswesen. Analog zu den anderen Beispielen vollzieht sich auch hier eine Entwicklung, die bisher eher passiv von Erziehungs- und Bildungsmaßnahmen Betroffenen eine ganz neue aktive Rolle zuweist. Wie im Gesundheitswesen, gibt es auch hier eine längere Vor-Geschichte von eher emanzipatorisch oder kritisch gemeinten Forderungen nach Selbstbestimmung von Kindern und Eltern. So wurden ab den 70er Jahren zahlreiche antiautoritäre Kinderläden und Reformschulen (wieder) gegründet, zum Teil anknüpfend an frühere reformpädagogische Ansätze.[90] Erziehungsmethoden, die auf Selbstbestimmung der Kinder zielen sowie auf die Mitwirkung von Eltern an Entscheidungen in Einrichtungen der Kinderbetreuung, sind inzwischen vielfach institutionalisiert. Aber auch in Kindergarten und Schule wird die Mitwirkung der Betroffenen (in diesem Fall der Eltern) zunehmend unter dem Gesichtspunkt von Einsparungspotenzialen betrachtet. So dient die Ausweitung des elterlichen Engagements inzwischen vielfach dazu, Finanzierungsprobleme von Kindergärten zu kompensieren.[91] In bayerischen Schulen werden Eltern inzwischen aufgefordert, als Ersatz für längerfristig erkrankte Lehrkräfte zu unterrichten. Dies ermöglicht Einsparungen bei der so genannten »Mobilen Lehrerreserve«, die üblicherweise beim Ausfall von Lehrpersonal einspringt.[92] Ein anderes Beispiel findet sich in Niedersachsen. Hier werden Schülerinnen und Schüler mangels Personal für den herkömmlichen Unterricht verpflichtet, an Arbeitsgemeinschaften teilzunehmen. Zu deren Leitung wiederum werden Eltern genötigt – ohne dafür eine geeignete Weiterbildung erhalten zu haben. Das Ergebnis sind dann zum Beispiel Leseclubs, in denen Eltern Fünftklässlern aus Büchern der Reihe »Drei Fragezeichen« vorlesen.[93] Man darf bezweifeln, ob solche Maß-

90 Vgl. Skiera 2003.

91 Vgl. Engelbert 2002.

92 Vgl. Süddeutsche Zeitung, 16. 10. 2004.

93 Vgl. Göres 2005.

nahmen geeignet sind, die PISA-Ergebnisse der Kinder in Deutschland künftig zu verbessern.

Auch in der Erwachsenenbildung werden aktuell (mit oder ohne Rückgriff auf die emanzipatorischen Vorstellungen aus den 70er Jahren) immer mehr Bildungseinrichtungen dereguliert, verschlankt und auf eine steigende Eigenaktivität und Selbstverantwortlichkeit der Teilnehmer umgestellt. Die in vielen Bereichen offensiv betriebene »Modularisierung« von Bildungsangeboten ist nicht zu verstehen (und nicht zu praktizieren), wenn die Betroffenen nicht zu einer aktiven »Selbst-Bildung«, zu einem »Selbstorganisierten Bildungsverhalten« veranlasst werden. Von Arbeitnehmerinnen und Arbeitnehmern wird lebenslanges Lernen erwartet, wobei die erworbenen Kompetenzen (zum Beispiel im Umgang mit Software) oft eine bedauerlich kurze Halbwertszeit haben.[94] Das Bildungssystem wird dabei von einer Angebots- auf eine Nachfragesteuerung umgestellt und die Nachfrager werden zunehmend in eine aktive Rolle und zu einem selbstorganisiert produktiven Bildungshandeln gezwungen. Dies soll keineswegs pauschal beklagt werden.[95] Je nach Umsetzung kann diese Entwicklung jedoch massive Verschlechterungen der Qualität von Bildungsmaßnahmen mit sich bringen. Aktuell deutet vieles darauf hin, dass die durchaus interessante Idee der »Selbstbildung« vorwiegend dazu verwendet wird, Bildungskosten einzusparen und Bildungseinrichtungen abzubauen beziehungsweise zu deregulieren. Auch mit Blick auf die Versuche, personenbasierte Bildung auf ein virtuelles »E-Learning« umzustellen zeigt sich: Hier sollen die Betroffenen oft einfach die Arbeit selbst machen, also Bildungswege individuell planen, Bildungsprozesse im Detail auf eigene Faust organisieren, Bildungsmaterialen selbst zusammensuchen, sich selbst motivieren, sogar selbstorganisiert Prüfungen unterziehen usw.

Das Bildungssystem, bisher fast der Idealtyp einer fast schon obrigkeitsstaatlich, auf einen diszipliniert passiven Klienten ausgerichteten Einrichtung, erhält damit eine völlig neue Qualität. Auf den ersten Blick »kundenorientiert« (im Sinne von »kundenfreundlich«) wird es faktisch immer stärker kundenbasiert. Dass man dabei immer

94 Vgl. Volpert 2002.

95 Wir selbst haben uns dazu sogar sehr positiv geäußert, vgl. Voß 2002; Egbringhoff u.a. 2003.

mehr vom »selbstorganisierten Lernen« spricht, ist verständlich. Wie bei allen unseren Beispielen heißt auch hier »Selbst-Verantwortung« nichts anderes als »Selbst-die-Arbeit-machen«.[96]

2.3 Fazit

Die dargestellten neueren Entwicklungen zeigen, dass Auslagerungen von Tätigkeiten an Kunden, Patienten und Bürger derzeit parallel in vielen sehr unterschiedlichen Bereichen und mit weit reichenden Konsequenzen stattfinden. Technische Entwicklungen (und insbesondere das Internet) spielen dabei eine maßgebliche Rolle. Sie bieten neue Möglichkeiten, »Schnittstellen« zum Kunden zu gestalten. Dienstleistungen, die bislang Face-to-Face, also im direkten Kontakt zwischen Kunden und Dienstleistern abgewickelt wurden, lassen sich nun über Automaten (wie EC-Automaten oder Fahrscheinautomaten) sowie über Internet-Portale der Organisationen (wie im E-Commerce und E-Government) erledigen. Serviceleistungen von Organisationen sind dementsprechend vielfach nur noch in Ausnahmefällen und gegen Aufpreis verfügbar (zum Beispiel in Form von Hotlines). Ansonsten erbringen Konsumenten die erforderlichen oder zusätzlich gewünschten Leistungen selbst – mit Hilfe der Technik.

Allerdings gehen die aktuellen Entwicklungen keinesfalls nur auf neue technische Möglichkeiten zurück. Das zeigen beispielsweise die Wandlungen im Gesundheitswesen. Die dort stattfindenden Prozesse der Verlagerung von Verantwortung auf Patienten sind nicht in erster Linie auf neue technische Entwicklungen zurückzuführen. Vielmehr sind es hier vor allem neue Formen der Organisation der Leistungserbringung, die es ermöglichen sollen, Tätigkeiten auf Patienten und ihre Angehörigen auszulagern und dadurch Kosten zu verringern.

Insgesamt zeigt sich in vielen Bereichen eine massive Ausweitung der von Konsumenten zu erbringenden Leistungen. Aktuelle Entwicklungen sind aber nicht nur durch eine quantitative Zunahme der

96 Vgl. u.a., Greif/Kurtz 1996; Kappel 2003; Krapp/Weidenmann 2001, S. 632ff.

Aktivitäten von Konsumenten bestimmt, sondern auch durch eine weitgehend *neue Qualität.*

- Neben die »klassische« Ko-Produktion treten vielfach *neue Formen der Mitwirkung* von Konsumenten an der Leistungserbringung. Diese betreffen die Konfiguration von Produkten und Leistungen, die End-Fertigung von Produkten bis hin zur Qualitätskontrolle sowie die Entwicklung neuer oder die Verbesserung vorhandener Produkte.
- Konsumentinnen und Konsumenten benötigen heute in vielen Bereichen eine breite Palette an *Ressourcen*, um adäquat an der Leistungserbringung mitwirken zu können. Das reicht von mitunter hoch spezialisierten Kompetenzen über eine geeignete technische Ausstattung bis hin zu ausreichend verfügbarer Zeit.
- *Organisationale Strukturen* werden zunehmend bedeutsam für die Handlungsbedingungen von Konsumenten. Im Gegensatz zu den Utopien der siebziger Jahre agieren Konsumentinnen und Konsumenten heute, etwa in User Communities (anders als in klassischen Selbsthilfegruppen), nicht unabhängig von betrieblichen oder öffentlichen Einrichtungen. Sie sind vielmehr in ihrem Handeln stark durch deren Ressourcen und Restriktionen bestimmt.
- Dabei ist erkennbar, dass Konsumentinnen und Konsumenten, etwa im Rahmen der Mitwirkung beim Design materieller oder immaterieller Produkte, Leistungen erbringen, die nicht nur von ihnen selbst genutzt werden, sondern der *Organisation und/oder anderen Konsumenten* zugute kommen.

Vor allem diese neuen Entwicklungen unterstützen unsere These, dass sich zur Zeit eine *neue Form des aktiven Konsums* und in der Folge ein *neuer Typus des Konsumenten* herausbilden könnte (vgl. ausführlich Kap. 4).

Die Beispiele aktueller Entwicklungen in den verschiedenen Bereichen zeigen auch, dass die Folgen sehr ambivalent zu bewerten sind. Einerseits gewinnen Konsumentinnen und Konsumenten durchaus neue Handlungsmöglichkeiten, etwa was den Zugriff auf Informationen und die Nutzung von Informationen der Unternehmen oder was die örtliche und zeitliche Flexibilität der Inanspruchnahme von Leistungen betrifft. Zugleich wird das Handeln von Konsumentinnen und Konsumenten in ganz neuer Weise durch Regeln und Restriktionen der Organisationen bestimmt. Diese Ambivalenz zeigt sich auch in der wissenschaftlichen Literatur zum »aktiven Konsum« beziehungsweise zum »aktiven Kunden«, die in den letzten Jahren in den unterschiedlichsten Disziplinen entstanden ist. Dies wird im nächsten Kapitel ausführlich vorgestellt.

3. Vom klassischen Käufer zum *Prosumenten* neuen Typs – Die Entdeckung des aktiven Konsumenten durch die Wissenschaft

Wie wir gezeigt haben, nutzen Konsumenten nicht nur passiv die angebotenen Produkte und Leistungen, sie tragen auch selbst in vielen Bereichen aktiv zur Herstellung von Gütern bei. Selbst wenn dies keine Erwerbsarbeit ist, so kann doch vieles von dem, was Konsumenten tun als ›Arbeit‹ angesehen werden. Das ist soweit nichts Neues. Einen aktiven Konsum gab es in diesem Sinne in den unterschiedlichsten Erscheinungsformen immer schon. Die Mitwirkung der Kunden ändert sich derzeit jedoch erheblich. Selbstbedienung in ihren vielfältigen Formen hat sich in Deutschland seit den 50er Jahren nicht nur massiv ausgeweitet, der aktive Konsum erfährt, wie wir an vielen Beispielen zeigen konnten, aktuell einen grundlegenden Strukturwandel. Die Wissenschaft hat an mehreren Stellen und weitgehend unabhängig voneinander zwar einzelne Facetten des aktiven Konsums und seiner Veränderungen theoretisch betrachtet. Es fehlt jedoch eine breite und systematische Auseinandersetzung mit der Entwicklung des aktiven Konsums und ihren Konsequenzen.

Zwar existiert eine traditionsreiche Konsumforschung,[97] diese betrachtet den Konsum jedoch vornehmlich als Summe von Produktwahlentscheidungen und Kaufakten. Themen sind dort beispielsweise das Verhältnis von Lebensstil und Konsum bei einzelnen Käufergruppen, die historischen Veränderungen von Nachfrage und Konsumgewohnheiten, die Preissensibilität von Kundengruppen und vieles andere mehr. Thema ist teilweise auch eine mehr oder weniger wissenschaftlich fundierte Konsumkritik oder eine Beurteilung des

97 Vgl. den Überblick von Scherhorn 1977, aktuell etwa Rosenkranz/Schneider 2000 (siehe auch die weiterführende Literatur).

Konsums aus Sicht des Verbraucherschutzes; aber auch hier ist die aktive Beteiligung der Kunden kein systematischer Gegenstand.[98] Zugespitzt kann man sagen, dass das Handeln von Konsumenten jenseits des Auswählens und Kaufens geradezu ein blinder Fleck der Konsumforschung ist.[99]

Im Unterschied zur traditionellen Konsumforschung wurde der aktive Konsum in einigen anderen Bereichen der Wissenschaft durchaus angesprochen, jedoch jeweils nur einzelne Ausschnitte des Themas untersucht. Man findet daher verstreut auf unterschiedliche Disziplinen Literatur zu Einzelaspekten der aktiven Leistungen von Konsumentinnen und Konsumenten. Kennzeichnend für den Stand der Forschung ist zudem, dass sich die unterschiedlichen Ansätze bisher kaum wechselseitig wahrnehmen. Insbesondere fehlt eine gezielte fachübergreifende Auseinandersetzung mit den aktiven Leistungen der Kunden bei der Produktion und Distribution von Gütern, vor allem jedoch mit den aktuellen Veränderungen auf diesem Feld.

Bevor wir selbst in Kapitel 4 und 5 unsere These der Entstehung eines neuen Typus von Konsumenten vorstellen, möchten wir zunächst im Einzelnen aufzeigen, welche Konzepte und Befunde zum aktiven Konsum bislang vorliegen. Die verschiedenen Arbeiten lassen sich, so meinen wir, als eine langsame Entdeckung des aktiven Konsumenten durch die Wissenschaft verstehen. So verstreut und partiell die Konzepte sind, trotz mancher Sprünge in der Entwicklung und trotz einzelner Pioniere, die Veränderungen schon früher als der ›mainstream‹ erkannten – die langsame Entdeckung des Themas wird als Trend erkennbar.

Wir möchten zeigen, dass die Potenziale und Probleme des aktiven Konsums etwa ab den 70er Jahren in unterschiedlichen wissenschaftlichen Disziplinen und bezogen auf jeweils unterschiedliche Teilaspekte parallel schrittweise zum Thema wurden. Die Erkenntnis, dass Konsumenten nicht passive Käufer, sondern vielmehr aktiv und produktiv Beteiligte sind, schält sich auf diese Weise allmählich heraus. Dies vollzieht sich in unterschiedlichen Wissenschaftsbereichen,

---

98 Zum Überblick vgl. Wyrwa 1997, ein aktueller Ansatz findet sich bei Klein 2001 und 2002.

99 Eine Ausnahme bilden etwa neuere Texte von Scherhorn, etwa Scherhorn 2000.

die man unterschiedlichen Theorieperspektiven bzw. Ebenen der Forschung zuordnen kann.[100] Die Systematisierung innerhalb der folgenden drei Perspektiven bildet die Grundlage für unsere Darstellung zentraler Begriffe und Thesen der bisherigen Forschung zum aktiven Konsum:

- Konzepte mit Blick auf den langfristigen gesellschaftlichen Wandel
- Konzepte, die ihren Blick primär auf die Betriebe richten
- Konzepte mit Bezug auf das konkrete Handeln der Konsumenten.

Zunächst werden wir entsprechend unserer Systematisierung Ansätze aus Soziologie und Wirtschaftswissenschaften thematisieren, die die aktive Praxis der Konsumenten vornehmlich mit einem eher allgemein sozialtheoretischen oder historischen Blick und in Bezug auf den damit verbundenen gesamtgesellschaftlichen oder gesamtwirtschaftlichen Wandel betrachten.

Im nächsten Kapitel werden Überlegungen aus der Betriebswirtschaftslehre vorgestellt, die vorwiegend darauf zielen, neue Strategien für jene Betriebe zu entwickeln, die Konsumenten zu aktivem Konsum anregen und sie optimal in organisationale Prozesse einbinden möchten.

Danach gehen wir schließlich auf Ansätze aus den Sozialwissenschaften und der Betriebswirtschaftslehre ein, die vor allem das Handeln von Konsumentinnen und Konsumenten, meist auf rollentheoretischer Grundlage, in den Blick nehmen. Es geht in dieser Perspektive vor allem um den Wandel der Kundenrolle durch die zunehmenden Aktivitäten von Konsumenten und damit um Veränderungen der Interaktion zwischen betrieblichen Mitarbeitern und Kunden.

---

100 Diese Systematisierung wurde gemeinsam mit Nicole Schreiter entwickelt, vgl. Schreiter 2003.

3.1 Aktiver Konsum und gesellschaftlicher Wandel im Fokus von Soziologie und Wirtschaftswissenschaften

Ein wichtiger Auslöser für die Auseinandersetzung mit den Tätigkeiten der Konsumenten und vor allem der Konsumentinnen war die zweite Frauenbewegung ab den 60er Jahren des 20. Jahrhunderts. Diese verfolgte als zentrales Thema die Haus- und Familienarbeit und bot den Anstoß für deren Untersuchung im Rahmen der Frauen- und Geschlechterforschung.

Die in privaten Haushalten und damit (ökonomisch gesehen) von den Konsumentinnen und Konsumenten geleistete Arbeit wurde zwar verschiedentlich in der Literatur zumindest indirekt erwähnt, sie war aber trotzdem bis in die 70er Jahre kaum Gegenstand systematischer Forschung. Zu den wenigen Ausnahmen gehört die arbeitswissenschaftliche Rationalisierungsforschung, die sich schon Anfang des 20. Jahrhunderts in einzelnen Texten auch mit den Möglichkeiten der Rationalisierung von Hausarbeit beschäftigte.[101] Hiervon abgesehen wurden Tätigkeiten außerhalb der Erwerbsarbeit kaum explizit mit Arbeit in Zusammenhang gebracht. In den Wirtschaftswissenschaften etwa wurden solche ›privaten‹ Aktivitäten vor allem unter dem Blickwinkel des ›Verbrauchs‹ und dabei in erster Linie unter dem Gesichtspunkt von Kauf- oder Konsumentscheidungen betrachtet.

Haus- und Familienarbeit – Ein wichtiges Thema der feministischen Arbeitsforschung

Hausarbeit erschien lange Zeit überwiegend als Tätigkeit, die qua Natur Sache von Frauen ist. Da sie zudem als historisch weitgehend invariabel galt, sah die Forschung sie nicht als bedeutsam an. Historische Studien machten demgegenüber auf die zentrale Bedeutung des Hauses in der alten Ökonomie aufmerksam (der Ausdruck Ökonomie ist abgeleitet von »oikos«, griechisch für Haus vgl. Richarz 1991, S. 12). Sie zeigten auch, dass es ›die Hausarbeit‹ nicht als historische Konstante gibt, sondern dass diese in ihrer heutigen Form erst mit der industriell-kapitalistischen Produktionsweise in der Zeit vom 17. bis 18. Jahrhundert entstand (Bock/Duden 1977; Hausen 1978). Hausarbeit wurde nun privat und von der Erwerbsarbeit sachlich, räumlich

101 Vgl. Hagemann 1995; Resch 1999.

und zeitlich getrennt geleistet. Das gemeinsame Wirtschaften im »ganzen Haus«, bei dem Haus- und Erwerbsarbeit noch miteinander verbunden waren, verschwand. Im Zuge dieses Wandels wurde die so genannte Reproduktionsarbeit den Frauen, die Erwerbsarbeit den Männern zugewiesen. Legitimiert wurden diese Zuweisungen durch die Ende des 18. Jahrhunderts entstandenen »Geschlechtscharaktere«, also der Vorstellung natürlicher Wesensmerkmale von Frauen und Männern (Hausen 1978). Inwieweit trotz der historischen Variabilität von Erwerbs- und Reproduktionsarbeit und der geschlechtsspezifischen Arbeitsteilung (Krell 1984) ein typisches »weibliches Arbeitsvermögen« (Ostner 1978) existiert, also ein in der Sozialisation erworbenes Vermögen zur Erbringung typisch weiblicher, vielfach haushaltsnaher Tätigkeiten, wurde vor diesem Hintergrund Gegenstand einer breiten kontroversen Diskussion.

Die geschlechtliche Arbeitsteilung bezogen auf Hausarbeit ist bis heute ein wichtiges Thema der Forschung. Aktuelle Studien zeigen, dass Männer noch immer einen deutlich geringeren Anteil an Hausarbeit leisten als Frauen. Stattdessen wird Hausarbeit inzwischen zunehmend durch externe Dienstleistende oder Angehörige erbracht – in der Regel Frauen (Rerrich 2002). Haus- und Familienarbeit wird nun also verstärkt in Form von Erwerbsarbeit (von Haushaltshilfen) geleistet. Sie wird von Frauen auf andere Frauen verschoben, Männer bleiben – trotz leichter Veränderungen – wenig beteiligt. Ein weiteres zentrales Thema der aktuellen Forschung ist ein erweiterter Arbeitsbegriff, der Haus- und Familienarbeit einbezieht (vgl. Resch 1991; 1992; Voß 1991). Dieser bildet auch die Grundlage für ein Verfahren zur Analyse von Haus- und Familienarbeit, welches eine Bewertung dieser Tätigkeit ausgehend von Kriterien humaner Arbeit erlaubt (Resch 1999). Andere Verfahren beziehen sich auf das Qualifikationspotenzial der Haus- und Familienarbeit (vgl. Költzsch Ruch 1997; Erler/Nußhardt 2000). Zudem wurden Zusammenhänge von Arbeit und Gesundheit auch bezogen auf Haus- und Familienarbeit untersucht (vgl. den Überblick in Bundesministerium für Familie, Senioren, Frauen und Jugend 2001).

Die feministische Arbeitsforschung ist insgesamt stark interdisziplinär geprägt. Eine Vernetzung von Genderkompetenz u.a. zu Haus- und Familienarbeit hat sich das Netzwerk Feministische Arbeitsforschung (GendA) zur Aufgabe gemacht. (Baatz/Rudolph/Satilmis 2004).

(Siehe auch die weiterführende Literatur)

Erst die feministische Arbeitsforschung hat den *Arbeitscharakter von Tätigkeiten in Familie und Haushalt* wieder ins Bewusstsein gerufen (siehe Kasten). Kritisiert wurde dementsprechend die Verengung des Arbeitsbegriffs auf Erwerbsarbeit und die Ausblendung der überwiegend von Frauen geleisteten Haus- und Familienarbeit. So machte die durch die Frauenbewegung inspirierte haushaltswissenschaftliche Forschung deutlich, dass die gängige Sichtweise der Wirtschaftswissenschaften, die Haushalte als »unproduktiv« zu betrachten, auch ökonomisch gesehen völlig unangemessen ist. Gezeigt wurde, dass auch außerhalb des Erwerbsbereiches gesellschaftlich relevante Arbeit geleistet wird. Dabei geriet der enorme Umfang der außerhalb des Erwerbsbereichs geleisteten Arbeit erst allmählich in den Blick. So belegten in Deutschland Zeitbudgetstudien ab Anfang der 90er Jahre, dass mehr Zeit mit Nichterwerbsarbeit als mit Erwerbsarbeit verbracht wird.[102] Das Verdienst der feministischen Arbeitsforschung ist es daher, einen Ausschnitt gesamtgesellschaftlich geleisteter Arbeit, der zuvor nahezu unsichtbar war, ans Licht gebracht zu haben. Und: Viele der im Kontext von Hausarbeit thematisierten Tätigkeiten finden im Rahmen von Konsum statt, auch wenn ›aktiver Konsum‹ nicht explizit Thema der feministischen Arbeitsforschung ist.

In den 70er Jahren begann die Forschung sich mit Nichterwerbsarbeit im Rahmen von Dienstleistungen zu beschäftigen. Auslöser hierfür war die zunehmende Tertiarisierung von Wirtschaft und Gesellschaft, also die Entwicklung von der Industrie- hin zur *Dienstleistungsgesellschaft* (siehe Kasten). Diese lenkte den Blick auf die Mitwirkung von Konsumenten bei der Leistungserbringung.

Vielfach mit Bezug auf die Thesen Jean Fourastiés wurde die Tätigkeit von Konsumentinnen und Konsumenten ab den 70er Jahren des letzten Jahrhunderts verstärkt Gegenstand gesellschaftstheoretischer Überlegungen.[103] Die Zunahme von Dienstleistungen bzw. das strukturelle Wachstum der Dienstleistungsbranchen verändere, so die Argumentation, nicht nur die Betriebe und den Arbeitsmarkt, sondern auch den Konsum in der Gesellschaft. Wichtigster Grund dafür sei, dass Dienstleistungen häufig nicht ohne die aktive Beteiligung des Konsumenten zu erbringen seien. Damit werde der Konsument zu einer zumindest impliziten gesellschaftlichen »Produktivkraft«[104] beziehungsweise zu einem bis dahin kaum beachteten »externen Produktionsfaktor« für Betriebe.[105] Dies gilt, so wird meist

102 Vgl. Pinl 2004.

103 Zum Überblick vgl. Häußermann/Siebel 1995 sowie Gershuny 1981 (zuerst 1978).

104 Vgl. Gartner/Riessman 1978 (zuerst 1974), S. 21.

105 Vgl. Gross/Badura 1977, S. 366.

angenommen, insbesondere für personenbezogene Dienstleistungstätigkeiten.[106] Hier findet die Leistungserbringung häufig »uno-actu« statt, das heißt sie wird im gleichen Akt produziert und konsumiert.[107] Damit ist der Konsument typischerweise unmittelbar handelnd in zentrale Prozesse der betrieblichen Leistungserbringung involviert.

Dienstleistungsgesellschaft – Dienste ersetzen die industrielle Produktion

Seit Mitte des 20. Jahrhunderts wird die Entwicklung zur Dienstleistungsgesellschaft diskutiert. Als Begründer der Debatte gilt Jean Fourastié (1954, zuerst 1949). Er nahm an, dass technischer Fortschritt innerhalb der drei Sektoren in unterschiedlichem Maß möglich sei. Während der primäre Sektor (Gewinnen von Produkten aus der unmittelbaren Natur) sowie der sekundäre Sektor (verarbeitendes Gewerbe und Baugewerbe) in hohem Maß rationalisiert werden könnten, gelte dies nicht für den tertiären Sektor (der alle ›übrigen‹ Wirtschaftsabteilungen umfasst). Betrachte man den Konsum, so sei zudem der »Hunger nach Tertiärem« (also nach Leistungen aus dem tertiären Sektor) unstillbar. Diese These wurde in der Folge vielfach positiv oder kritisch aufgegriffen, und mögliche Konsequenzen der Entwicklung zur Dienstleistungsgesellschaft wurden in den Sozial- und Wirtschaftswissenschaften intensiv diskutiert. Während Fourastié annahm, dass die Dienstleistungsgesellschaft die Befriedigung ›höherer‹ Bedürfnisse und damit eine bessere Lebensweise erlaube, wurden von anderen mitunter düstere Szenarien entwickelt, etwa wenn es um die Finanzierbarkeit der Dienstleistungsgesellschaft ging. Schaut man sich die statistischen Daten zur wirtschaftlichen Situation an, so leben wir längst in einer Dienstleistungsgesellschaft: In den entwickelten Industrienationen sind typischerweise bereits über die Hälfte der Arbeitskräfte im tertiären Sektor tätig.

(vgl. für einen Überblick Häußermann/Siebel 1995, siehe auch die weiterführende Literatur)

Mit dem Thema der zumindest indirekten Mitwirkung der Konsumenten an betrieblichen Produktionsprozessen verbanden sich in der Diskussion zur Tertiarisierung (aus heutiger Sicht gesehen) oft erstaunlich positive, nicht selten aber auch explizit negative Erwartungen. So wurde die Möglichkeit der Emanzipation und Mitbestimmung von Konsumenten in gesellschaftstheoretisch angelegten Über-

106 Vgl. Gross/Badura 1977 sowie Gartner/Riessman 1978.

107 Vgl. Herder-Dorneich/Kötz 1972.

legungen zum aktiven Konsum als eine zentrale Chance im Zusammenhang mit der Ausweitung von Dienstleistungen gesehen. Dem wurde die Gefahr einer wachsenden betrieblichen bzw. staatlichen Kontrolle von Konsumenten im Rahmen sozialer und personenbezogener Dienstleistungen gegenübergestellt.[108] Es entstand eine breite experten-, professions- und institutionskritische Forschung,[109] welche beispielsweise in den Gesundheitswissenschaften zur Entwicklung von Konzepten zum Empowerment und zur Mitbestimmung von Patientinnen und Patienten beigetragen hat.[110]

Annahmen zur Ausweitung des aktiven Konsums kamen jedoch bereits Ende der 70er Jahre auch von Kritikern der These von der Dienstleistungsgesellschaft. So wurde beispielsweise die Annahme formuliert, soziale und personenbezogene Dienstleistungen würden faktisch kaum zunehmen. Stattdessen entstünde eine *Selbstbedienungswirtschaft*.[111] An die Stelle privater und öffentlicher Dienstleistungen trete eine steigende Eigenleistung der Konsumenten, die nicht zuletzt auf technisch hoch entwickelten, produktiv verwendbaren Industriegütern basiere. Das Restaurantgericht würde beispielsweise immer häufiger durch das zu Hause aufgewärmte Fertiggericht ersetzt. Statt zur Wäscherei zu gehen, würden Konsumenten Waschmaschinen kaufen und selbst waschen. Die Entwicklung zur Selbstbedienungswirtschaft führe zur Herausbildung einer spezifischen Zwei-Klassen-Gesellschaft: Die Elite bildeten die wenigen, die künftig Arbeit in hoch qualifizierten produktionsorientierten Dienstleistungsberufen finden würden. Die breite Masse werde hingegen als zunehmend erwerbsarbeitslose und isolierte »Konsummaschinen« in privaten Haushalten tätig sein.[112] Folgt man diesen Überlegungen, so findet

---

108 Vgl. Gross/Badura 1977; ausführlich Gross 1983; vgl. auch den Theorieüberblick bei Otto/Schaarschuch 1999.

109 Vgl. Illich/McKnight/Zola/Borremans/Caplan/Shaiken/Huber 1979; Illich 1981; Goffman 1973; Gross 1983, 1985.

110 Vgl. Reibnitz/Schnabel/Hurrelmann 2001; Scheibler 2004.

111 Gershuny 1981 (zuerst 1978).

112 Gershuny 1981, S. 172. Die Sicht wird in einem neueren Werk Gershunys erheblich relativiert (vgl. Gershuny 2000). Dort werden Veränderungen der Zeitverwendungsstrukturen in 20 Ländern über die Zeit von 1960 bis 1990 verglichen. Dabei wird unter anderem die These formuliert, dass sich Unterschiede in den

eine Ausweitung aktiven Konsums statt (durch eine Ausweitung von Eigenaktivitäten der Konsumenten auf der Basis neuer Maschinen und Produkte), allerdings keine nennenswerte Zunahme des privaten Konsums von Dienstleistungen.

Mit Beginn der 80er Jahre wurde der aktive Konsum zunehmend breiter thematisiert, das heißt über den Konsum von personenbezogenen und sozialen Dienstleistungen hinaus. Die Mitwirkung des Konsumenten wurde etwa in der Forschung zum *Prosumismus* beziehungsweise zum *Prosumenten* sehr umfassend behandelt.[113] Als Prosument wurde eine Person bezeichnet, die konsumiert, was sie selbst produziert hat. Es wurde in einer sehr weit reichenden, fast utopischen Prognose angenommen, dass Prosumismus mit dem Wandel der Gesellschaft zu postindustriellen Verhältnissen systematisch zunimmt. Der Begriff des Prosumenten steht somit für eine sich abzeichnende strukturelle Verwischung der bisher strikten Grenze zwischen Konsumenten und Produzenten. Auf seiner Grundlage wurden verschiedene Formen des aktiven Konsums, die in der Forschung bis dahin weitgehend getrennt betrachtet wurden, gebündelt.

Es wurden drei Formen des Prosumismus unterschieden:[114] Selbsthilfegruppen, die Do-it-Yourself-Bewegung sowie die Mitwirkung der Konsumenten an Design und Produktion von Gütern.

- Selbsthilfegruppen wurden als Gruppen von Betroffenen beschrieben, die versuchen, Probleme, die bislang im Rahmen von Erwerbsarbeit angegangen wurden, selbst zu bearbeiten. Beispiele hierfür sind Gruppen für Alkoholiker, Phobiker, Hinterbliebene oder Selbstmordgefährdete.
- Mit der Do-it-Yourself Bewegung wurde eine Reihe von Entwicklungen beschrieben, die dadurch entstehen, dass Unternehmen Arbeit an die Konsumenten auslagern. Das war beispielsweise bereits der Fall in der Kommunikationstechnik (Selbstwählen ersetzte das ›Fräulein vom Amt‹), in Selbstbedienungsläden und bei einem Kundenservice, der zunehmend Eigenleistungen des

---

Zeitstrukturen zwischen verschiedenen Ländern, zwischen den Geschlechtern und zwischen unterschiedlichen Schichten zunehmend nivellieren.

113 Toffler 1980.

114 Toffler 1980, S. 272ff.

Konsumenten erfordere (etwa, wenn der Defekt eines Gerätes nicht mehr vom Hersteller repariert wurde, sondern der Kunde dies nach Anleitung durch einen Mitarbeiter selbst tun musste). Auch das Heimwerken wurde als ein weiterer Bereich des Do-it-Yourself angeführt.

- Eine weitere verstärkte Aktivität von Konsumenten konstatierten die Studien schließlich auch in Form einer Mitwirkung beim Design und der Produktion von Gütern.[115] Eine Beteiligung der Kunden beim Design von Produkten wurde im Jahr 1980 bereits in einzelnen Unternehmen praktiziert. Neue technische Entwicklungen böten, so wurde argumentiert, außerdem die Chance für eine stärkere Individualisierung von Produkten. Exemplarisch wurde die Möglichkeit genannt, dass Kunden mittels computergesteuerter Lasertechnik künftig ihre Kleider selbst entwerfen und anfertigen könnten (was inzwischen tatsächlich kurz vor der Umsetzung steht).

In den 80er Jahren spielte auch die zunehmende Erwerbslosigkeit innerhalb der Überlegungen zu Formen der Nicht-Erwerbsarbeit eine maßgebende Rolle. So wurde Prosumismus als Möglichkeit zur Lösung der mit Preissteigerungen und struktureller Erwerbslosigkeit verbundenen wirtschaftlichen Probleme gesehen. Die steigende Erwerbslosigkeit führte daneben zu einer zunehmenden Thematisierung von Nichterwerbsarbeit unter den Stichworten der *Eigenarbeit* sowie der *ehrenamtlichen Arbeit*.[116] Eigenarbeit sowie das Ehrenamt wurden als Chancen gesehen, die aufgrund von Erwerbsarbeitslosigkeit brachliegenden Zeitkontingente gesellschaftlich produktiv zu nutzen. Gleichzeitig nahm man an, dass der zeitliche Anteil dieser Arbeitsformen zu-, der der Erwerbsarbeit abnehmen werde.[117] Eigenarbeit wurde als Chance gesehen, Arbeit außerhalb des Erwerbssystems unter selbst bestimmten Bedingungen zu leisten. Sie wurde meist für die eigene Nutzung erbracht, teilweise wurden Leistungen

---

115 Dieses Thema wird derzeit unter dem Stichwort *Mass Customization* intensiv diskutiert.

116 Es gibt eine Reihe von Bezeichnungen für die angesprochenen Tätigkeiten, neben Eigenarbeit und ehrenamtlicher Arbeit auch Freiwilligenarbeit, Bürgerarbeit und Selbsthilfe. Teilweise umfassen diese Begriffe auch Haus- und Familienarbeit.

117 Vgl. Heinze/Offe 1990, Bonß 2002 (siehe auch die weiterführende Literatur).

auch mit anderen ausgetauscht. Häufig diskutierte Beispiele für Formen der Eigenarbeit sind das Haus der Eigenarbeit in München, das *Service Credits-Modell* in den USA, das *Local Employment and Trading System* in Kanada oder das Konzept *New Work* von Frithjof Bergmann.[118] Ehrenamt umfasst demgegenüber gesellschaftlich nützliche Arbeit, die von den Produzenten freiwillig für andere geleistet wird.

Ähnlich wie (und teilweise mit explizitem Bezug auf) die feministische Forschung zur Haus- und Familienarbeit hat die wissenschaftliche Diskussion zu Eigenarbeit, ehrenamtlicher Arbeit sowie zu verwandten Formen unbezahlter Arbeit viel dazu beigetragen, die produktive Qualität und die gesellschaftliche Relevanz nicht erwerbsförmiger Arbeit sichtbar zu machen. Dabei wurden diese Formen unbezahlter Arbeit im Unterschied zu Hausarbeit vielfach als Möglichkeiten gesehen, im Privaten (oder in Organisationen außerhalb des Erwerbsbereichs) einen neuen, stärker selbstbestimmten Arbeitsbereich zu schaffen. Insofern haben diese Überlegungen einen deutlichen Bezug zu den professions- und institutionskritischen Überlegungen im Kontext von Dienstleistungsarbeit.

Nicht nur die Formen des aktiven Konsums, sondern auch dessen Motive und dessen gesellschaftliche Konsequenzen wurden in den 80er Jahren zunehmend umfassender betrachtet. Die Zunahme der so genannten *Konsumarbeit*[119] wurde mittels dreier einander wechselseitig ergänzender Thesen beschrieben:

1. Im Mittelpunkt der Wertewandelhypothese stand die Veränderung des gesellschaftlichen Wertesystems und konkret die Hinwendung zu postmateriellen Werten, die Arbeit außerhalb des Erwerbsbereiches attraktiv erscheinen lasse.[120] Werte wie Selbstbestimmung würden wichtiger und Konsumarbeit biete vor diesem Hintergrund die Chance für eine selbstbestimmtere und humanere Tätigkeit.[121]

118 Zu »New Work« kurz auf deutsch Bergmann 1997; aktuell 2004.

119 Gemeint ist ein neuer technisch-ökonomisch geprägter Arbeitsbereich außerhalb der Erwerbsarbeit, der durch einen Strukturwandel im Konsum entsteht, vgl. Joerges 1981, siehe auch Joerges 1983; 1985.

120 Vgl. auch Gartner/Riessman 1978 (siehe auch den Kasten in Kap. 4.3.2).

121 Diese Argumentation findet sich in vielen Texten zur Eigenarbeit.

2. Die Rationalitätshypothese ging davon aus, dass Konsumarbeit in den Fällen geleistet wird, in denen sie sich für die Individuen lohne, etwa weil sie auf diese Weise effizienter an bestimmte Leistungen und Endprodukte gelangen könnten. Lohnend werde Konsumarbeit beispielsweise wenn Werkzeuge und Maschinen für Heimwerker vergleichsweise günstig zu erwerben, handwerkliche Dienstleistungen hingegen teuer seien.
3. Die Ausbeutungshypothese postulierte, Konsumarbeit entstehe, weil Organisationen der Erwerbsarbeit den Haushalten Leistungen überlassen würden, die sie selbst nicht oder nicht mehr erbringen wollten (zum Beispiel aus Gründen der Rentabilität). Produktive oder distributive Leistungen (zum Beispiel Reparaturleistungen, Lieferleistungen) würden deshalb an Konsumarbeitende ausgelagert.

Diskutiert wurden auch die Folgen der Zunahme von Konsumarbeit. Erwartet wurde die Gefahr einer industriell-bürokratischen Überformung privater Arbeit in der Konsumsphäre.[122] Nicht-Erwerbsarbeit, so die These, nähere sich zunehmend der Erwerbsarbeit an. Dementsprechend wurde etwa gefordert, sich arbeitspolitisch stärker mit Konsumarbeit zu beschäftigten und beispielsweise zu klären, inwieweit für Konsumarbeiterinnen und -arbeiter eine institutionalisierte Interessenvertretung erreichbar ist. Auch die Notwendigkeit der Humanisierung von Konsumarbeit wurde thematisiert.

Die Annahme einer Annäherung der Strukturen von Nicht-Erwerbsarbeit an die der Erwerbsarbeit findet sich in anderer Form im Zusammenhang mit der von George Ritzer aufgestellten These der *McDonaldisierung* der Gesellschaft (siehe Kasten). Diese mittlerweile populäre These wurde erstmals 1983 formuliert, die Diskussion hierzu hält bis heute an.[123]

122 Huber, 1984, spricht von einer Kolonisierung der Lebenswelt durch die Arbeitswelt als Folge von Konsumarbeit.

123 Erstmals in Ritzer 1983, ausführlich 1995 (zuerst 1993), auch 1996 u. 1997.

McDonaldisierung – Standardisierung und Rationalisierung von Dienstleistungsarbeit

Den Begriff der *McDonaldisierung* definiert George Ritzer als den »Vorgang, durch den die Prinzipien des Fast-food-Restaurants immer mehr Gesellschaftsbereiche in Amerika und auf der ganzen Welt beherrschen« (1995, S. 15). Den Prototyp dieser neuen Form der Rationalisierung sieht Ritzer in den Lokalen der Fast-Food-Kette McDonald's verwirklicht. McDonald's böte gastronomische Serviceleistungen, die den vier Dimensionen der Rationalisierung, die Max Weber einst beschrieben hat, perfekt genügten: Effizienz, Kalkulierbarkeit, Vorhersehbarkeit und Kontrolle. Ritzer beschreibt diese Entwicklung anhand zahlreicher Beispiele. Diese reichen von »McPaper« (Zeitungen wie »USA today«, die versuchen, mit kurzen Texten und vielen Bildern Kunden zu locken) über Disney World als mcdonaldisierte Version des Tourismus bis hin zu »McDoctors« (Drive-In-Kliniken, in denen kleine medizinische Probleme schnell behandelt werden sollen). Für die Kundinnen und Kunden bedeute McDonaldisierung, dass Leistungen effizient erbracht würden, sie seien für die Verbraucher vergleichsweise billig und zudem kalkulierbar: Es sei bekannt, wie viel ein Hamburger koste und was man dafür bekomme. Zudem sei für die Kundschaft problemlos vorhersehbar, welche Leistung sie erhalte, denn diese sei überall genau gleich. Wer verreise, könne damit rechnen, auch in exotischer Umgebung das wohl vertraute Essen zu den bekannten Konditionen zu erhalten. Dies bedeute allerdings auch, dass die Welt immer ähnlicher werde, dass es zunehmend weniger zu entdecken gebe. Die Reise in eine fremde Stadt bringe doch wieder nur die gleiche Fußgängerzone mit den gleichen Läden und Lokalen und den wohlvertrauten Angeboten. Und schließlich bedeute McDonaldisierung eine massive Kontrolle: Diese bezieht sich zuerst auf diejenigen, die in mcdonaldisierten Unternehmen arbeiten, da ihre Tätigkeiten strengsten Standards unterlägen und hoch inflexibel seien. Das bedeute aber auch, dass die Kundschaft exzessiv kontrolliert würde, da die Angebote hoch standardisiert vorgegeben und nicht zuletzt das Verhalten der Konsumenten streng gesteuert werde. Ritzer nimmt eine pointierte Bewertung vor: Das vermeintlich rationale Vorgehen sei dehumanisierend für Beschäftigte und Konsumenten und gesellschaftlich insgesamt hoch irrational, etwa im Hinblick auf ökologische Konsequenzen.

(vgl. kurz Brüsemeister 2000, siehe auch die weiterführende Literatur)

Die These der McDonaldisierung steht im unmittelbaren Bezug zum aktivem Konsum. Denn viele der mit der McDonaldisierungs-These beschriebenen rationalisierten Dienstleistungen zeichnen sich dadurch aus, dass zentrale Teile der zu leistenden Tätigkeiten an die

Konsumentinnen und Konsumenten ausgelagert werden.[124] Zugleich werden Konsumenten in ihrer Tätigkeit massiv kontrolliert. Als Kunde bei McDonald's muss man wissen, wo man sich auf welche Weise anzustellen hat, dass es nicht ratsam ist, Sonderwünsche zu äußern oder mit dem Personal zu plaudern, dass man sich nicht zu lange in den Lokalen aufhalten sollte und nicht zuletzt, dass man zum Schluss den Abfall in die vorgesehenen Behälter zu entsorgen hat. Entsprechend der These der McDonaldisierung der Gesellschaft müssen Konsumenten sich somit in unterschiedlichsten Lebensbereichen zunehmend selbst bedienen, wobei ihr Handeln in hohem Maße den durch die von Unternehmen vorgegebenen Standards unterworfen wird.[125]

Zusammenfassend wird erkennbar, dass die Literatur, die den aktiven Konsum mit Bezug auf die damit verbundenen gesellschaftlichen Veränderungen thematisierte, eine Vielzahl sehr unterschiedlicher gesellschaftlicher Konsequenzen ansprach. Der Blick auf die Diskussion ab den 70er Jahren offenbart allerdings auch eine zentrale Entwicklungslinie: Die frühe Forschung zeigte zunächst, dass auch außerhalb des Erwerbsbereiches in großem Umfang Arbeit geleistet wird, und dass diese anteilig im Rahmen von Konsum erbracht wird. Im Vordergrund der Untersuchungen stand dabei zunächst die Dienstleistungsarbeit. Zunehmend wurde aktiver Konsum jedoch auch in anderen Bereichen analysiert, etwa in der Produktion materieller Güter (Do-It-Yourself). Dabei wurde deutlich, dass aktiver Konsum aus verschiedenen Ursachen und parallel in verschiedenen Bereichen zunahm. Es zeichnete sich allmählich ab, dass mit der Ausweitung des aktiven Konsums das Handeln der Konsumenten auch außerhalb des Erwerbsbereiches durch erwerbarbeitsähnliche Strukturen bestimmt war.

---

124 Vgl. auch Leidner 1993 und Voswinkel 2000.

125 Zur Kritik an Ritzer siehe zum Beispiel Bender/Graßl 2004; Korczynski 2002 sowie Smart 1999.

3.2 Betriebswirtschaftliche Strategien zum aktiven Konsum

Die im vorangegangenen Kapitel vorgestellten Ansätze argumentieren auf einer gesamtgesellschaftlichen Ebene und mit gesellschaftstheoretischen oder historischen Argumenten. Es geht dort in erster Linie darum, wie die Zunahme des aktiven Konsums unsere Gesellschaft verändert. Im Folgenden werden demgegenüber Thesen und Ansätze aus betriebswirtschaftlicher Sicht bzw. aus Sicht des Managements behandelt. Diese zielen vor allem darauf, für die Betriebe Konzepte und Strategien zum Umgang mit dem aktiven Handeln von Konsumentinnen und Konsumenten zu entwickeln. Für unsere Fragestellung sind diese Texte deshalb bedeutsam, weil auch hier, wenngleich aus einer anderen Perspektive, das produktive Potenzial von Konsumenten erkannt wird.

Auch in der betriebswirtschaftlichen Forschung bot der Wandel zur Dienstleistungsgesellschaft Anlass, die Aktivitäten von Konsumenten zu thematisieren. Bereits in den 60er Jahren wurde etwa darauf verwiesen, dass Dienstleistungen im engen Sinn die »Gleichzeitigkeit von Leistung und Nutzung« voraussetzten.[126] Man war der Meinung, dass sich hieraus eine starke räumliche und zeitliche Abhängigkeit der Marktpartner voneinander ergebe, also auch der Betriebe von den Aktivitäten der Kunden. Ab den 70er Jahren fand dann eine ausführlichere Auseinandersetzung mit den Besonderheiten der so genannten *Dienstleistungsproduktion* und der Rolle der Kunden statt.[127] Als Dienstleistungsproduktion wurde die Produktion immaterieller Güter (also Dienstleistungen) für den Absatz bezeichnet. Man ging davon aus, dass diese die Integration so genannter *externer Produktionsfaktoren*, die unvermeidlich vom Abnehmer der Leistung in den Produktionsprozess eingebracht würden, erfordere. Zu solchen externen Produktionsfaktoren zählten dabei nicht nur materielle oder immaterielle Güter des Abnehmers, sondern auch dessen aktive oder passive Mitwirkung am Prozess der Leistungs-

126 Berekoven 1966, S. 232; vgl. auch Berekoven 1986.
127 Maleri 1994 (zuerst 1973).

erbringung.[128] Folge wäre eine gezielte Berücksichtigung der Leistungen des Abnehmers in den Prozessen des Unternehmens und der betriebswirtschaftlichen Kalkulation. Die Mitwirkung der Konsumenten wurde als Ansatzpunkt zur Senkung der Produktionskosten erkannt. Zugleich wurde betont, dass die Arbeitsleistung des Abnehmers eine Quelle von betrieblicher Unsicherheit und Risiken darstelle. Welche Fehlschläge aufgrund der Mitwirkung der Konsumenten auftreten können und welche Strategien Unternehmen einsetzen können, um diese zu vermeiden, war dementsprechend ein wichtiges Thema der betriebswirtschaftlichen Literatur zum aktiven Konsum.[129] Eine Mitwirkung von Konsumenten wurde vor allem empfohlen bei stark standardisierten Tätigkeiten und für den Fall, dass von einer hohen Bereitschaft und Fähigkeit des Kunden zur Mitwirkung ausgegangen werden konnte. Betont wurde jedoch, dass die »Externalisierung« von Leistungen nicht für alle Konsumenten in gleicher Weise erfolgen müsse. Vielmehr könne eine gezielte Marktsegmentierung vorgenommen werden, durch die einige Konsumentengruppen stärker und andere weniger am Prozess der Leistungserbringung mitwirken würden. Gerade gering motivierte oder unkundige Nachfrager könnten im Prozess der Leistungserbringung erhebliche Probleme verursachen. Vorgeschlagen wurde auch, die Unsicherheitskomponente »Kunde« mit entsprechend qualifiziertem und flexiblem Personal aufzufangen und so die erforderliche Kundenbeteiligung besser in die Organisation zu integrieren.[130]

Im Vordergrund der Überlegungen stand somit zunächst das Bemühen, aus der Not (dem Zwang zur Integration externer Produktionsfaktoren) eine ökonomische Tugend (Vorteile für die Unternehmen durch Externalisierung) zu machen. Aktive Mitwirkung von Konsumenten wurde vor allem für den Dienstleistungsbereich thematisiert.

In den folgenden Jahrzehnten wurden zunehmend weitere Möglichkeiten des gezielten ›Einsatzes‹ von Konsumenten entwickelt. So

128 Corsten (1997; 2000) sprach hier auch von Kontaktzwang.

129 Vgl. Lovelock/Young 1979, auch in den folgenden Jahrzehnten wurde dies immer wieder thematisiert, zum Beispiel bei Mills 1986; Corsten 1997, 2000; Grün/Brunner 2002.

130 Corsten 2000, S. 164.

wurden Überlegungen zum Einbezug von Kunden auch für Prozesse in der industriellen Produktion entwickelt. Ein Beispiel hierfür ist das viel beachtete Konzept des *virtuellen Unternehmens.*[131] Mit virtuellen Unternehmen sind Unternehmen gemeint, die sowohl Zulieferer als auch die Kundschaft enger als herkömmliche Betriebe an sich binden und sie in ein umfassendes »virtuelles« Gesamtunternehmen integrieren. Das Konzept verbindet eine Reihe populärer Management- und Organisationsentwicklungskonzepte der 90er Jahre (wie *Lean Production*, *Total Quality Management*, *Just-in-Time-Produktion*) mit der Forderung, die Kunden gezielter als bisher in die betriebliche Kalkulation einzubeziehen. Betriebe, die dies berücksichtigten, könnten ihre Erzeugnisse schneller und billiger entwickeln und eine bessere Qualität liefern als herkömmliche Unternehmen, so die These. Wichtig sei dazu eine Organisation, die maximale Flexibilität erlaube. Das erfordere eine enge Zusammenarbeit mit einer überschaubaren Anzahl von Lieferanten und flexible Beschäftigungsverhältnisse. Viele dieser Prinzipien werden inzwischen bei zahlreichen Unternehmen weltweit realisiert.

Für das hier interessierende Thema ist vor allem die veränderte Rolle der *Kunden im virtuellen Unternehmen* bedeutsam. Das Konzept beruht nicht zuletzt darauf, die Kunden wesentlich enger als in herkömmlichen Betrieben organisatorisch an Unternehmen zu binden. Die Zusammenarbeit mit Kunden wurde in diesem Zusammenhang auch als Co-Produktion bezeichnet.[132] Kunden sollten etwa direkt beim Hersteller einkaufen, kleinere Reparaturen selbst übernehmen und sogar Produkte mitentwickeln (»Co-Design«[133]). Für das Unternehmen habe eine solche erweiterte Mitwirkung des Kunden den Vorteil, dass betriebliche Leistungen leichter an Kundenwünsche angepasst werden könnten. Zudem könnten Kunden auf diese Weise für Unternehmen, zumindest indirekt, Innovationen entwickeln.[134]

---

131 Davidow/Malone 1993.

132 Dieser Begriff wird in den Sozialwissenschaften in ähnlicher Weise verwendet.

133 Damit besteht ein Bezug zu Toffler (1980), der bereits auf die Möglichkeit der Mitwirkung von Konsumenten beim Design und bei der Produktion materieller Produkte hingewiesen hat.

134 Ähnlich wird auch von anderen Autoren inzwischen empfohlen, mehr oder weniger große Teile der Produktentwicklung gewissermaßen an den Kunden aus-

Dieser erweiterte Einbezug von Kunden in den Prozess der Leistungserbringung kann als wichtiger Schritt im Rahmen einer Entwicklung gesehen werden, bei der die Grenzen zwischen Mitarbeiter und Kunde aus Sicht der Forschung zunehmend verschwimmen.[135]

Ab Mitte der 90er Jahre wurde dann in einem weiteren Schritt der wirtschaftliche Nutzen aktiver Kunden zunehmend systematisch berücksichtigt.[136] Ein Beispiel hierfür ist die Entwicklung eines Marketing-Konzeptes, welches Konsumenten anregen sollte, Leistungen selbst zu erbringen (*Prosuming Marketing*). Hierzu wurde das aus den 80er Jahren stammende Konzept des Prosuming aufgegriffen und redefiniert.[137] Zwei Kriterien wurden in dieser neuen Definition für Prosuming benannt: Aktivität und Substitution.

- Mit der Aktivität des Konsumenten war gemeint, dass der Kunde etwas tut, was zu einer Wirkung führt, »die gegenüber der Ausgangslage einen vermarktbaren Mehrwert enthält«.[138] Hier wurde also explizit auf die Tatsache verwiesen, dass die Tätigkeit des Konsumenten ökonomische Werte erzeugt und dadurch einen betrieblich nutzbaren Mehrwert erbringen kann.
- Mit dem Kriterium der Substitution wurde der Begriff Prosuming eingegrenzt auf Situationen, in denen der Konsument vor einer »make or buy«-Entscheidung steht und sich für die »make«-Variante entscheidet. Habe er etwa die Wahl, zu Hause zu essen oder essen zu gehen, entscheide er sich bei einer Substitution für das Essen zu Hause.

Beim Prosuming-Marketing wird also versucht, die Konsumenten für Prosuming zu gewinnen, um auf diese Weise Leistungen des Unternehmens einzusparen.

zulagern, um auf diese Weise kostspielige Fehlentwickelungen zu vermeiden und Entwicklungskosten zu senken (vgl. Kleinaltenkamp 2000; Meyer/Blümelhuber/Pfeiffer 2000; Thomke/Hippel 2002). Der Einbezug von Kunden in die Entwicklung neuer Produkte wird inzwischen sogar als Chance gesehen, Innovation zu ›demokratisieren’ (vgl. Hippel 2005).

135 Vgl. hierzu auch die Überlegungen zum Kunden als »partial employee« bei Mills/Chase/Margulies 1983; siehe auch Kap. 3.3.

136 Zum Beispiel Michel 1997; Schmid/Gouthier 1999; Wikström 1995.

137 Michel 1997, 2000.

138 Michel 1997, S. 25. Vgl. auch Michel 2000.

Marketing ist jedoch nur eine Facette innerhalb einer Strategie der Auslagerung betrieblicher Leistungen auf Kundinnen und Kunden. In anderen Modellen wurden zunehmend systematisch weitere Strategien der gezielten Aufgabenverlagerung vom betrieblichen Produzenten zum Konsumenten entwickelt: Das *Outsourcing auf den Kunden* wurde zum Schlagwort.[139] Outsourcing auf den Kunden bedeutet die Auslagerung der Wertschöpfungsaktivitäten vom betrieblichen Produzenten auf den Kunden. In der Betriebswirtschaftslehre spricht man hier auch vom Co-Produzenten-Ansatz. Wie die »Co-Produktion« der Kunden unternehmensseitig optimal gestaltet werden kann, war zentraler Gegenstand der Überlegungen. Geklärt werden sollte, unter welchen Umständen und mit welchen Strategien es Unternehmen gelingen könne, in der Co-Produktion die verborgenen Potenziale der Konsumenten gezielt zu nutzen. Beispiele für gelingende Co-Produktion finden sich mittlerweile in unterschiedlichen Feldern, angefangen beim Retailbanking über die öffentliche Verwaltung bis zur Altenpflege. Sogar bei einem unattraktiven ›Produkt‹ wie Haushaltsmüll kann das Outsourcing auf den Kunden (Mülltrennung und Transport zu öffentlichen Sammelstellen) ohne nennenswerte finanzielle Anreize gelingen.

Für die Unternehmen resultieren aus der Aufgabenverlagerung auf den Kunden unterschiedliche Nutzenarten: Kostensenkung durch Komplexitätsabbau, Produktivitätssteigerung durch verbesserte Ressourcennutzung, Umsatzausweitung sowie Qualitätssteigerung durch Nutzung des Kundenwissens und nicht zuletzt eine steigende Kundenbindung. Aber auch die Kundinnen und Kunden haben Vorteile, etwa Kostensenkungen oder einen Gewinn an Zeitsouveränität.

In der Literatur wird dementsprechend von einem großen Entwicklungspotenzial der Auslagerung auf die Kunden durch gezielte Förderung der Co-Produktion ausgegangen. User Communities werden als Beispiel für Möglichkeiten zur Auslagerung gesehen, die bisher nicht ausgeschöpft werden. Hingewiesen wird aber auch auf Grenzen von Co-Produktion. So lasse sich manches nicht mit vertretbarem Aufwand an Kunden übertragen. Auch sei nicht jeder Kunde bereit, ›aktiv‹ zu werden. Ein möglicher Weg sei deshalb ein

---

139 Vgl. Grün/Brunner 2002, S. 23ff., siehe auch die weiterführende Literatur.

Multi-Channel-Management, bei dem Kunden zum Beispiel zwischen Co-Produktion und dem Bedienmodus (bei meist höheren Kosten) wählen könnten.

Ressource Kundenbeziehung – Aktive Kunden sind wertvoll

Die Erkenntnis, dass Kundenbeziehungen eine Ressource für Unternehmen darstellen, beruht auf der so genannten *Ressource-based-View* des Strategischen Managements. Dabei handelt es sich um einen Ansatz der Betriebswirtschaftslehre, der Wettbewerbsvorteile von Unternehmen vor allem auf die Existenz spezifischer Ressourcen zurückführt. Ressourcen gelten dabei als materielle oder immaterielle Aktiva (Vermögenswerte des Unternehmens), die geeignet sind, den Unternehmen Wettbewerbsvorteile zu verschaffen. Wettbewerbsvorteile sind zu erzielen durch Werte, die knapp sind (das können zum Beispiel bestimmte Rohstoffe sein), nicht oder nur beschränkt imitierbar (zum Beispiel verfügbares Erfahrungswissen) und nicht oder schwer substituierbar sind (also nicht einfach durch andere Werte ersetzbar). Die Beziehung zu Kundinnen und Kunden könne, so wird argumentiert, zu einer solchen Ressource von Unternehmen werden.

(vgl. Gouthier/Schmid 2001, siehe auch die weiterführende Literatur)

Bei einer gelingenden Kundenbeziehung könnte diese, so eine weitere Überlegung, durchaus explizit als *Ressource* des Unternehmens verstanden werden (siehe Kasten).[140] Über die Berücksichtigung der über die Käuferrolle hinausgehenden Rollen von Kunden (zum Beispiel Co-Produzent, Co-Designer, Co-Marketer),[141] werde so die Gewinnung von zusätzlichen Leistungen von Kunden möglich. Allerdings erkennt die *Ressource-based-View* durchaus, dass diese nicht unmittelbar quantifizierbar sind, dass aber gleichwohl zumindest indirekt Werte geschaffen werden, die für das Unternehmen potenziell von hohem ökonomischem Nutzen sind.[142] Der Unterschied zur klassischen Sichtweise, bei der der Kunde auf seine Rolle als passiver Käufer reduziert bleibt, wird hier sehr deutlich. So wurden die Über-

140 Gouthier/Schmid 2001, S. 227ff.

141 Vgl. hierzu auch die in Kapitel 3.3 dargestellten Konzepte zur Veränderung der Kundenrolle.

142 Vgl. Reichwald/Piller 2002, ausführlich 2006 mit der besonderen Betonung einer »interaktiven Wertschöpfung« von Unternehmen und Kunden; siehe auch die Überlegungen zum arbeitenden Kunden als Wertquelle in Kap. 4.2.

legungen zur Ressource Kundenbeziehung in Abgrenzung von der »klassischen« Kundenwertanalyse formuliert, welche sich auf den unmittelbar monetär zu beziffernden Wert konzentriert, den ein Kunde in seiner Rolle als Käufer erbringt. Wie die Ressource Kundenbeziehung weiter entwickelt werden kann, ist Gegenstand neuerer Überlegungen.[143] Dabei geht es explizit um die »unternehmensbezogenen Kundenleistungen« (analog zu den »kundenorientierten Dienstleistungen« der Unternehmen). Aktuell wird argumentiert, dass diese eine angemessene Qualifikation voraussetzen, damit eine hinreichende »Service Customer Performance« sicher gestellt werden könne.[144] Vorgeschlagen wird daher eine systematische *Kundenentwicklung* analog zur Personal-Entwicklung, präsentiert wird ein Managementkonzept zur gezielten Qualifizierung von Dienstleistungskunden.

Zusammenfassend kann festgehalten werden, dass in der Argumentation ab den 60er Jahren die empfohlenen betrieblichen Strategien eine immer umfassendere und differenziertere Nutzung der produktiven Potenziale von Konsumenten beinhalten. Erscheint die Integration des externen Faktors »Kunde« in der Literatur der 70er Jahre noch weitgehend als notwendiges und potenziell riskantes Übel, so werden etwa ab den frühen 90er Jahren mit den Ansätzen zum Co-Design Kundenaktivitäten deutlich über die klassische Co-Produktion hinaus betrachtet. Eine neue Qualität gewinnt die Diskussion insbesondere dadurch, dass ein ökonomischer Nutzen des Konsumenten nicht mehr nur auf dessen Funktion als Käufer bezogen wird, sondern auch auf seine aktive Beteiligung an betrieblichen Prozessen: Der aktive Konsument wird dadurch zunehmend explizit als Quelle ökonomischer Wertschöpfung beschrieben. Damit stehen betriebswirtschaftliche Ansätze gewissermaßen komplementär zu den Forschungsergebnissen auf der gesellschaftlichen Ebene: Werden hier die Gefahren der industriell-bürokratischen Überformung und der ökonomischen Ausbeutung von Konsumenten skizziert, so werden dort Strategien für eine gezielte betriebliche Kontrolle des Kundenhandelns und dessen ökonomische Nutzung entwickelt.

---

143 Gouthier 2003.

144 Vgl. Gouthier 2003, S. 11.

3.3 Aktiver Konsum, Interaktion und Kundenrolle im Blick der Forschung

Im vorangegangenen Kapitel ging es in erster Linie um betriebswirtschaftliche Modelle, die erstmalig den Nutzen des Konsumenten erkannt haben. Im Folgenden werden Modelle vorgestellt, die diese Nutzbarmachung nun im Detail betrachten. Sie bearbeiten die Frage, wie sich die Verhaltenserwartungen an Kunden sowie die Interaktion zwischen Kunden und Mitarbeitenden verändern, wenn Kunden aktiv an der Leistungserbringung mitwirken. Es geht dabei auch darum, inwieweit Kundinnen und Kunden überhaupt bereit und in der Lage sind, veränderten Verhaltenserwartungen im Rahmen des aktiven Konsums zu entsprechen. Der Fokus der in diesem Kapitel vorgestellten Modelle liegt damit auf der Interaktion der Konsumenten mit Mitarbeitern sowie auf den Rollen, die Konsumenten im Prozess der Leistungserbringung einnehmen.

Die Interaktion zwischen Mitarbeitern und Kunden wurde durch die Medizinsoziologie schon relativ früh, ab den 50er Jahren, thematisiert (siehe Kasten). Dabei ging es um die Mitwirkung von Patientinnen und Patienten an ihrer gesundheitlichen Versorgung. Diese wurde als systematisch notwendig angesehen, damit das angestrebte Arbeitsergebnis überhaupt entstehen kann. Dabei boten die in der klassischen Patientenrolle angelegten geringen Mitentscheidungsmöglichkeiten vor allem ab den 70er Jahren Anlass für die Entstehung einer breiten professionenkritischen Forschung.[145]

Untersuchungen zum aktiven Konsum wurden dann etwa ab Mitte der 80er Jahre auch auf andere Leistungen ausgedehnt. Ein Beispiel hierfür ist der betriebswirtschaftlich geprägte Ansatz zur Analyse des so genannten *Service Encounters*.[146] Dieser hatte zum Ziel, zu ermitteln, unter welchen Voraussetzungen Kundenzufriedenheit mit dem Service erreicht werden kann. Dies wurde für unterschiedliche Dienstleistungen untersucht, zum Beispiel bei Fluglinien,

145 Vgl. auch Kap. 3.1.

146 Vgl. Solomon/Suprenant/Czepiel/Gutman 1985, bei wiederkehrenden Begegnungen der gleichen Personen spricht man auch von Service Relationships, zum Beispiel Czepiel 1990.

Patientenrolle und Ko-Produktion – Erwartungen an die Konsumentin und den Konsumenten

Parallel zur Entwicklung zur Dienstleistungsgesellschaft entstand nach und nach eine arbeitsbezogene Forschung, die die Charakteristika von Dienstleistungsarbeit genauer in den Blick nahm. Ein zentrales Merkmal vieler Dienstleistungstätigkeiten ist die Notwendigkeit der *Interaktion zwischen Dienstleistungsgeber und Dienstleistungsnehmer*.

In der Soziologie findet sich eine frühe Thematisierung von Dienstleistungsinteraktion in den Arbeiten von Talcott Parsons. Am Beispiel der Arzt-Patient-Beziehung entwickelte er zentrale Merkmale seiner für die Soziologie in der Zeit nach dem Zweiten Weltkrieg zentralen strukturfunktionalistischen Rollentheorie. Die Rollen von Arzt und Patient beschrieb er als geprägt von komplementären Rechten und Pflichten: Vom Arzt werden eine hohe und spezialisierte Kompetenz für die professionelle Behandlung der Patienten und eine affektiv neutrale Handlungsorientierung erwartet. Leitend für die ärztliche Tätigkeit dürfe nicht primär Gewinnstreben sein, sondern die Gesundheit des Patienten und damit auch das Gemeinwohl. Diese Pflichten des Arztes ermöglichen Vertrauen auf Seiten des Patienten und bieten die Grundlage für besondere Rechte des Arztes. Der Arzt erhält Zugang zu tabuisierten Bereichen (zum Beispiel Zugriff auf den Körper des Patienten). Die *Krankenrolle* kennzeichnete Talcott Parsons demgegenüber durch die Befreiung von Pflichten, denen erwachsene Personen in unserer Gesellschaft üblicherweise unterliegen, etwa der, für den eigenen Lebensunterhalt zu arbeiten. Krankheit erlaubt dementsprechend Schonung, allerdings verbunden mit der Pflicht, alles Nötige zur Wiederherstellung der eigenen Gesundheit beizutragen. Dies beinhaltet, dass der Patient kompetente Hilfe sucht, den Anweisungen des Arztes Folge leistet und mit ihm kooperiert.

Diese Überlegungen zur Patientenrolle waren wichtige Vorarbeiten für die These der Ko-Produktion. Sie besagte, dass der Patient in der medizinischen Versorgung die Leistung, die er erhalte, immer mit produziere. Ohne die Mitwirkung des Patienten seien personenbezogene Dienstleistungen nicht erbringbar. Aus der Notwendigkeit der Ko-Produktion würden sich charakteristische Anforderungen und Belastungen für Beschäftigte im Dienstleistungsbereich ergeben und zugleich spezifische Erwartungen an diejenigen, die Leistungen in Anspruch nehmen.

(Parsons, 1951, 1958, siehe auch die weiterführende Literatur)

in Hotels oder im Restaurant. Gegenstand der Untersuchung war dabei, anders als bei gängigen Studien dieser Art, nicht allein das Handeln der Dienstleister.[147] Es wurde auch versucht, die Rolle eines

147 Vgl. hierzu etwa Bitner/Booms/Tetreault 1990.

aktiven Kunden zu beschreiben, der Informationen zur Verfügung stellt, mit technischen Geräten des Dienstleisters umgeht, Anleitungen zur Kenntnis nimmt, Wartezeiten erduldet und dem Dienstleister ein Feedback über die erbrachte Leistung gibt.[148] Dabei ging es auch um Probleme der Mitwirkung. So lehnten Kunden diese nicht selten ab.[149] Auch seien Kunden nicht immer ausreichend kompetent für die zu erbringende Leistung, so dass ein Mehr an Mitwirkung der Konsumenten nicht zwingend eine Entlastung für die Dienstleister bedeute.[150] Und schließlich sei die Herstellung eines wechselseitigen Verständnisses nicht immer einfach, setze es doch nicht nur auf Seiten der Dienstleister, sondern auch auf Seiten der Konsumenten die Fähigkeit der Perspektivübernahme voraus.[151]

Das Modell *Service Encounter* übertragt also bestimmte Erwartungen, die bislang die Mitarbeiterrolle gekennzeichnet hatten, auf die Kundenrolle. Eine hohe Qualität der Leistung würde dementsprechend voraussetzen, dass nicht nur der Mitarbeiter seine Rolle gut ausfüllt, sondern auch der aktive Kunde. Es lag daher nahe, zu untersuchen, wie man Konsumenten dazu bewegen kann, das selbst zu tun, was die Dienstleister ihnen bisher abgenommen hatten. Dies war entsprechend ab Mitte der 80er Jahre ein Forschungsthema.[152] Die Ergebnisse experimenteller Untersuchungen verwiesen darauf, dass Konsumenten vor allem deshalb zur Eigenaktivität bereit sind, weil sie hoffen, Zeit zu sparen und mehr Kontrolle über die Leistungserbringung zu gewinnen.[153] Diese Hoffnung veranlasste nicht wenige Kunden dazu, Eigenleistungen auch ohne Preisreduktionen oder andere Vorteile zu erbringen. In neueren Studien wurden speziell auch technisch basierte Selbstbedienungsmöglichkeiten analysiert, etwa am Beispiel eines Fast-Food-Szenarios.[154] Es wurde eine Reihe von Dimensionen untersucht, die für die erlebte Dienstleistungsqua-

---

148 Vgl. Czepiel/Solomon/Suprenant 1985; Czepiel 1990.

149 Vgl. Schlissel 1985.

150 Vgl. Lachmann 2000; Bitner/Faranda/Hubbert/Zeithaml 1997.

151 Vgl. Mohr/Bitner 1991.

152 Bateson 1985.

153 Vgl. auch Voswinkel 2000.

154 Dabholkar 1996.

lität bedeutsam sind.[155] Auch hier erwies sich die erwartete Eigenkontrolle der Abläufe als wesentlich für eine positive Wahrnehmung der Qualität der Selbstbedienungsmöglichkeit. Darüber hinaus scheint der erwartete »Spaß« beim Umgang mit der Technik für nicht wenige Kundinnen und Kunden sehr wichtig zu sein.

Konzentrierten sich die bisher genannten Studien überwiegend auf aktive Leistungen im Rahmen der Kundenrolle, so gehen die im Folgenden vorgestellten Arbeiten einen wichtigen Schritt weiter: Der Kunde wird hier nun explizit als *Quasi-Mitarbeiter (»partial employee«)* oder auch als *unbezahlter Mitarbeiter*[156] gesehen. Ein erstes Beispiel für eine solche Sichtweise findet sich bereits in einen betriebswirtschaftlichen Text aus den 40er Jahren. Dort wurde das Verhältnis zwischen Organisation und Kunde mit dem Verhältnis zwischen Arbeitgeber und Arbeitnehmer verglichen.[157] So müssten beispielsweise Kunden überwacht und kontrolliert werden, sie müssten ausgebildet werden und ihre »Moral« (also die Motivation zur Mitwirkung an der Leistungserbringung) müsse aufrechterhalten werden (zum Beispiel über finanzielle ›Incentives‹ und gute Arbeitsbedingungen). Diese Überlegungen griffen ihrer Zeit weit voraus. Besonders in rollentheoretisch orientierten Arbeiten wurde die These der weitgehenden Gleichsetzung des Verhältnisses des Betriebes zu Mitarbeitern und zu Kunden in der Folge jedoch immer wieder aufgegriffen.[158] Fast ein halbes Jahrhundert später ging man schließlich so weit, den Kunden pointiert als *Partial Employee* zu beschreiben.[159] Der Einbezug motivierter Kunden als Partial Employees in Prozesse des Unternehmens wurde dabei als wichtige und bisher zu wenig berücksichtigte Chance gese-

155 Eine ähnliche Untersuchung haben Meuter/Ostrom/Roundtree/Bitner 2000 auf der Grundlage der Critical Incident Technique durchgeführt und dabei typische Kategorien positiv bzw. negativ erlebter Ereignisse bei technologiebasierter Selbstbedienung ermittelt.

156 Vgl. Nerdinger 1994, S. 243.

157 Vgl. Barnard 1940. Bei diesem Text handelt es sich um eine Replik zu einer Kritik an einem Buch von Banard, welches 1938 veröffentlicht worden war. In diesem hatte er bereits das Verhältnis des Betriebes zu Mitarbeitern mit dem zu Kunden weitgehend verglichen.

158 Vgl. Parsons 1956; 1970; Mills/Morris 1986; Mills/Chase/Margulies 1983; Mills 1986; Kelley/Donelley/Skinner 1990.

159 Mills/Chase/Margulies 1983.

hen, die Produktivität zu verbessern.[160] In späteren Arbeiten wurde die These vom Kunden als Partial Employee weiter entfaltet. Dabei ging es beispielsweise um die Frage, wie unterschiedliche Arten von Dienstleistungsorganisationen ihre Kunden als Partial Employees einzusetzen könnten. Es wurde argumentiert, dass der Einsatz von Kunden als Partial Employees besonders unkompliziert sei in Organisationen mit relativ einfachen vorhersehbaren Abläufen. Bei komplexeren Abläufen sei es wichtig, ausreichende Handlungsspielräume sowohl für Mitarbeitende als auch für Kundinnen und Kunden bereit zu stellen. Ein weiteres Thema war die Gestaltung des Prozesses der Übernahme der Rolle des Partial Employees durch den Kunden, hierzu wurde ein *Phasenmodell* entwickelt:[161] Auch die Eignung von Kunden, zur Mitwirkung als Partial Employees wurde thematisiert – so sei nicht jeder Kunde ein ›guter‹ Partial Employee. Auch bestehe die Notwendigkeit, den Kunden für die Leistungserbringung im Unternehmen zu sozialisieren.[162] Zudem müsse sein Handeln, analog zu dem der Beschäftigten, kontrolliert werden.[163]

Die Annahmen zum Wandel der Kundenrolle wurden mitunter sogar noch weiter getrieben. So erschien wenige Jahre nach den Veröffentlichungen zum Partial Employee ein Text, in dem vorgeschlagen wurde, die Rollen von Kunden und Mitarbeitern zu vertauschen, der Titel lautete programmatisch: »Employees as customers, customers as employees«.[164] Ziel dieser Überlegungen war die Entwicklung einer Managementstrategie, die eine Verbesserung der Qualität der Dienstleistungsinteraktion ermöglichen soll. Hierzu wurde einerseits vorgeschlagen, übliche Marketingstrategien nun auf Beschäftigte mit direktem Kundenkontakt anzuwenden. So sollten neue Mitarbeiter als so genannte »mystery customers« zu Konkurrenzunternehmen gesandt werden. Anschließend sollten sie einen Fragebogen mit einer

---

160 Vgl. auch Bowen 1986, dort wird vorgeschlagen, klassische Determinanten des Mitarbeiterverhaltens auf Kunden zu beziehen: Rollenklarheit, Fähigkeiten und Motivation seien entscheidend für eine Mitwirkung von Kunden an der Leistungserbringung im Sinne des Unternehmens.

161 Vgl. Mills/Morris 1986.

162 Mills 1986, S. 139ff.

163 Mills 1986, S. 120ff.

164 Bowers/Martin/Luker 1990.

Einschätzung der Leistung ausfüllen und diesen diskutieren. Das heißt, der Mitarbeiter agiert gewissermaßen als Kunde, um sich später besser in seine Kunden einfühlen zu können. Analog zu Kundenbefragungen wurden Mitarbeiterbefragungen empfohlen, mit denen die Wahrnehmung des Unternehmens durch die Beschäftigten ermöglicht werden sollte – und damit die Voraussetzungen für die Erbringung von Dienstleistungsqualität. Darüber hinaus wurden gängige Managementstrategien zum Umgang mit den Beschäftigten nun auf die Kunden angewandt. So wurde empfohlen, für Kunden Aufgabendefinitionen zu entwerfen, Trainingskonzepte zu entwickeln sowie gezielt exzellente Kunden (also besonders effizient arbeitende Kunden) zu belohnen. Dieses Vorgehen wurde übrigens nicht allein für preiswerte Dienstleistungen empfohlen, sondern durchaus auch für obere Preissegmente.[165] Der Rollentausch von Beschäftigten und Kunden ermögliche, so die These, eine Optimierung des Handelns beider Seiten: desjenigen von Mitarbeitern (jetzt ›Kunden‹) und desjenigen von Kunden (jetzt: ›Mitarbeiter‹). Mit diesen Überlegungen wurde die klassische Kundenrolle (der Kunde als passiver Käufer, der König Kunde etc.) massiv in Frage gestellt.

Manche Leserin und mancher Leser wird sich vielleicht fragen, ob diejenigen theoretischen Modelle, in denen sich die Rolle des Kunden so dramatisch wandelt und sich der des Mitarbeiters annähert, nicht eher Ausnahmen sind. Hiergegen spricht jedoch, dass bereits in der um das Jahr 2000 erschienenen Managementliteratur diese Annahme durchaus verbreitet ist. So wurde das Heraustreten des Kunden aus traditionellen Rollen[166] und das Aufkommen des aktiven Kunden in verschiedenen Texten konstatiert.[167] Vielfach wird die Bedeutung digitaler Technik, die eine neue Form der Selbstbedienung erlaube, für diese Entwicklung erwähnt. Ein Beispiel aus der Soziologie sind

---

165 So wird auf das Beispiel Fuddruckers (ein Gourmet Hamburger Restaurant) verwiesen, dem es offenbar gelungen ist, den Kunden zu vermitteln, dass es Spaß machen kann, die Hamburger an einer Selbstbedienungstheke eigenständig zusammenzustellen.

166 Vgl. Prahalad/Ramaswamy 2000.

167 Slywotzky und Morrison sprechen von »the rise of the active customer« (2001, S. 22).

die Überlegungen zu den *Prosumenten neuen Typs.*[168] Diese gehen zurück auf eine Untersuchung zu Dienstleistungen von Mobilfunk-Anbietern. Gegenstand der Untersuchung war die Frage, wie die immer komplexeren Angebote der verschiedenen Anbieter, wie beispielsweise individuell wählbare Klingeltöne und weitere personalisierte Leistungen, das Handeln der Kundinnen und Kunden verändern. Man kam zu dem Ergebnis, dass die komplexeren Angebote nicht, wie das in der Vergangenheit der Fall war, zu einem intensiveren Kontakt zwischen Beschäftigten und Kunden führten. Vielmehr erfolgt ein großer Teil der Leistungserbringung in Selbstbedienung computervermittelt über das Internet: Es entsteht ein *neuer Service-Modus.* Die Mitwirkung bei der Leistungserbringung erfordert dabei auf Seiten des Konsumenten nahezu professionelle Kompetenzen – ähnlich denen, die bislang von Beschäftigten in diesem Bereich erwartet wurden. Damit ist die erreichbare Dienstleistungsqualität in hohem Maße von der Kompetenz der Konsumenten abhängig.[169] Es wurde daher die These formuliert, »dass Tätigkeiten und Kompetenzen des ›Prosumenten neuen Typs‹ in vielem informatisierter beruflicher Arbeit ähneln«.[170] Blieben die Überlegungen zum Partial Employee noch recht abstrakt, so wird in dieser Studie nun greifbar, wie moderne technisch vermittelte Dienstleistungen den Konsum verändern. Die Rolle des Prosumenten neuen Typs nähert sich deutlich der Erwerbsrolle an.

Dabei darf nicht vergessen werden, dass Konsumenten oftmals Voraussetzungen, wie sie von Mitarbeitenden selbstverständlich erwartet werden können, nicht mitbringen. Dies zeigt eine kürzlich erschienene Studie zur interaktiven Dienstleistungsarbeit (siehe Kasten).

---

168 Hanekop/Tasch/Wittke 2001.

169 Vgl. hierzu auch Prahalad/Ramaswamy 2000. Sie gehen davon aus, dass Unternehmen durch kompetente Kunden einen erheblichen Wettbewerbsvorteil erreichen können.

170 Hanekop/Tasch/Wittke 2001, S. 91.

Dienstleistung als Interaktion – Eine Feldstudie zum aktiven Konsum

Die Notwendigkeit der Mitwirkung von Konsumentinnen und Konsumenten wird in der Literatur zwar immer wieder postuliert, es gibt aber kaum umfassende empirische Untersuchungen hierzu. Im DFG-Forschungsprojekt »Dienstleistung als Interaktion« wurden Feldstudien zur Dienstleistungsarbeit in drei Bereichen vorgenommen, im Call Center einer Direktbank, im Zugbegleitdienst der Bahn AG und in der Tätigkeit von Pflegekräften in der stationären Altenpflege. Dabei wurde nicht nur das Handeln der Dienstleistungsgeber sondern auch das der Dienstleistungsnehmer untersucht. Beide Seiten wurden zudem zu ihrem Erleben des Interaktionsprozesses befragt. Es wurden Erhebungen mittels unterschiedlicher Methoden durchgeführt, darunter insgesamt 95 qualitative Interviews und 51 Beobachtungen von Interaktionssequenzen. Die Studie zeigte, dass der aktive Konsum nicht nur ein theoretisches Konstrukt oder das Wunschdenken von Unternehmen ist, sondern bereits heute von zentraler Bedeutung in unterschiedlichen Feldern von Dienstleistungsarbeit ist. Es wurde deutlich, dass das Gelingen der koproduktiven Leistungserbringung nicht selten hohe Anforderungen nicht nur an die Dienstleister sondern auch an die Konsumenten stellt. Für die Unternehmen bedeutete dies, dass sie nicht nur die Tätigkeit ihrer Mitarbeitenden sondern auch die ihrer Kundschaft ›managen‹ müssen. Dabei waren Strategien der Organisationen typischerweise geprägt durch die widersprüchlichen Ziele der Kundenorientierung einerseits und der Kundenkontrolle andererseits.

(Dunkel/Voß 2004, siehe auch die weiterführende Literatur)

Die Voraussetzungen für eine gelingende Mitwirkung des Kunden an der Leistungserbringung standen im Mittelpunkt eine Teilstudie im Call Center einer Direktbank. Die Analyse der Dienstleistungsinteraktionen zeigte dabei, dass nicht wenigen Kunden die von der Bank erwarteten Voraussetzungen für die Leistungserbringung fehlten.[171] Beispielsweise war die Verwaltung der unterschiedlichen Geheimzahlen, die für ein Online-Konto benötigt werden, für manchen Kunden eine deutliche Überforderung. Dies führte teilweise zu massiven negativen Konsequenzen sowohl für Kunden (Sperrung des Kontos) als auch für die Bank (Kündigung des Kontos). Die Unternehmen erwarteten von den Konsumenten die Bereitschaft, sich technischen Herausforderungen wie etwa dem Sprachcomputer zu

171 Rieder/Matuschek/Anderson 2002; Rieder/Matuschek 2003.

stellen. Auch diese Bereitschaft war keinesfalls immer gegeben. Dabei muss bedacht werden, dass ungünstige Handlungsbedingungen im Unternehmen die Mitwirkung von Kunden unnötig erschweren können. So gab es immer wieder technische Probleme bei der Verwendung des Sprachcomputers, was die Bereitschaft, diesen zu nutzen, erheblich beeinträchtigte.

Eine Konsequenz aus diesen Befunden war die Forderung, die Bedingungen für die aktive Mitwirkung von Konsumenten an der Leistungserbringung gezielt zu gestalten. Angesichts der zunehmenden aktiven Mitwirkung von Kunden an der Dienstleistungsarbeit, müsste es auch darum gehen, für sie gute ›Arbeitsbedingungen‹ zu schaffen. Hierzu könnten Konzepte menschengerechter Arbeit auf die Tätigkeit von Kundinnen und Kunden im Rahmen der Ko-Produktion übertragen werden.[172]

Betrachtet man die theoretischen Arbeiten zum Handeln aktiver Konsumenten über die Zeit, so lässt sich zusammenfassend festhalten: Auch wenn die Entwicklung mitunter Sprünge aufweist bzw. manche Ansätze weit vorgreifen, ist erkennbar, dass die ursprüngliche Vorstellung von einer Komplementarität der Rollen von Mitarbeitern und Konsumenten zunehmend der Auffassung weicht, dass sich die Rollen der Konsumenten und die der Mitarbeiter annähern. Wird die Rolle des Patienten bei Parsons noch als Gegenstück zu der des Arztes beschrieben, so wird die Sicht auf die Rolle von Konsumenten im Folgenden systematisch erweitert. Es werden Erwartungen an Konsumenten definiert, die zuvor auf Mitarbeiter beschränkt waren, die Rolle des Kunden wird als die eines »partial employee« oder sogar »employee« beschrieben. Auch zeigen Studien, dass das Handeln der Konsumenten sich zunehmend an das der Mitarbeiter annähert und dass Unternehmen inzwischen hohe und manchmal zu hohe Anforderungen an ihre Kunden stellen.

---

172 Vgl. Rieder/Matuschek/Anderson 2002; Rieder/Matuschek 2003; Kleemann/Matuschek/Rieder 2004, für die Krankenpflege wird derzeit ein entsprechendes Verfahren entwickelt, vgl. Rieder 2005.

3.4 Fazit

Der Überblick über die Vielfalt der Forschung, die sich in der einen oder anderen Form auf die aktive Leistungserbringung von Konsumentinnen und Konsumenten bezieht, lässt eine schrittweise Entdeckung der produktiven Potenziale von Konsumentinnen und Konsumenten erkennen. Diese fand parallel in unterschiedlichen Disziplinen statt (oft unabhängig und ohne Bezug aufeinander) und lässt sich vereinfacht mittels dreier Stufen beschreiben:

- Die Tätigkeit von Konsumenten wurde in frühen theoretischen Ansätzen bis in die 70er Jahren in erster Linie als sachliche Notwendigkeit thematisiert. Anlass hierfür war insbesondere die Entwicklung der Dienstleistungsgesellschaft und die Ausweitung von personenbezogener Dienstleistungsarbeit. Als Besonderheit von personenbezogener Dienstleistungsarbeit wurde der Einbezug des externen Faktors Konsument benannt. Ausgehend davon wurde aus verschiedenen Perspektiven diskutiert, welche Konsequenzen diese Notwendigkeit habe. Aus sozialwissenschaftlicher Perspektive wurden Hoffnungen auf gesellschaftlichen Wandel im Sinne der Emanzipation von Konsumenten formuliert. Aus betriebswirtschaftlicher Sicht stellte sich die Mitwirkung von Konsumenten an betrieblichen Prozessen zunächst vor allem als Risiko dar, für das die Betriebe neue Strategien entwickeln sollten. Forschungsansätze, die sich auf die Ebene des Handelns und die Rolle der Konsumenten konzentrierten, betonten, dass die Leistungserbringung nur gelingen könne, wenn der Konsument mitwirke, allerdings im Sinne eines Handelns welches komplementär zu dem des Dienstleisters angelegt ist.
- Die folgende Entwicklung in den 80er und 90er Jahren war gekennzeichnet durch die Wahrnehmung der Aktivität von Konsumenten als Option. Dabei wurde über die zwingend erforderlichen Leistungen von Konsumenten hinaus gedacht. Aus je unterschiedlichen Perspektiven wurden Möglichkeiten erweiterter Mitwirkung von Konsumenten eruiert, auf gesellschaftlicher Ebene beispielsweise in der Forschung zu Eigenarbeit und Ehrenamt Chancen der Auslagerung von Arbeiten aus dem Erwerbsbereich thematisiert. Auf der Ebene der Betriebe ging es um Möglichkei-

ten, Kunden stärker über die klassische Co-Produktion hinaus einzubinden. So wurden Konzepte für die Mitwirkung von Kunden auch in der Produktion entwickelt, etwa im Konzept des virtuellen Unternehmens. Auf der Ebene des Handelns wurde die Ausweitung der Konsumentenrolle erforscht; dabei ging es um Möglichkeiten, Teile der Mitarbeitendenrolle in die Konsumentenrolle zu integrieren.

- In der neueren Forschung etwa ab dem Jahr 2000 wurde die Aktivität von Konsumenten dann vielfach als betrieblich gestaltetes Erfordernis eingeordnet. Dabei wurde die Arbeitskraft von Konsumenten als Gegenstand der Nutzung und Kontrolle durch Betriebe und andere Organisationen beschrieben. Erste Ansätze zu dieser Sichtweise fanden sich bereits in den 80er Jahren auf gesellschaftlicher Ebene in den Überlegungen zur Konsumarbeit sowie zur McDonaldisierung. McDonaldisierung wurde in der Folge breit diskutiert und ist auch derzeit ein wichtiges Forschungsthema. Auf der Ebene der Betriebe wurden systematische Überlegungen zur gezielten Gestaltung, Kontrolle und Entwicklung der Mitwirkung von Kunden vor allem in den letzten fünf Jahren veröffentlicht. Hierzu gehören etwa die Arbeiten zum Outsourcing auf den Kunden und zur Kundenentwicklung. Die Auslagerung von Tätigkeiten an Konsumenten erschien jetzt weniger als akzidentielles Ereignis und zunehmend als Ergebnis einer umfassend geplanten Strategie. Auf der Ebene des Handelns finden sich in den letzen Jahren empirische Studien, die zeigen, dass sich die Konsumentenrolle tatsächlich erheblich verändert und der Erwerbsrolle annähert. Als Beispiele seien die Arbeiten zu den Prosumenten neuen Typs sowie zur Dienstleistungsinteraktion genannt, welche etwa die Anforderungen an die Kompetenz der aktiven Konsumenten aufzeigten.

Aktiver Konsum, so lässt sich das Resultat aus unserer Auseinandersetzung mit der vorliegenden Literatur formulieren, scheint zunehmend als betrieblich gezielt gestalteter Lebensbereich betrachtet zu werden. In der Forschung wird zunehmend erkannt, dass hier im Privatbereich Strukturen entstehen, die vieles mit dem Erwerbsbereich gemeinsam haben. Bemerkenswert ist, dass die Entwicklung der Forschung auf gesellschaftlicher Ebene (Kapitel 3.1), auf betrieblicher Ebene (Kapitel 3.2) und auf der Ebene des Handelns und der Interaktion (Kapitel 3.3), obwohl weitgehend unabhängig voneinander, jeweils einen vergleichbaren Trend aufweist. Dies kann als Hinweis darauf interpretiert werden, dass aktiver Konsum sich derzeit tatsächlich grundlegend verändert. Im Folgenden wollen wir diesen Wandel und seine Konsequenzen genauer in den Blick nehmen.

4. Der Arbeitende Kunde – Theoretische Annäherungen

Die Rückschau auf die historische Entdeckung der aktiven Leistungen von Kunden in den bisherigen Kapiteln zeigte eine interessante Parallelentwicklung:

Sowohl in der wirtschaftlichen Praxis als auch in der darauf bezogenen Wissenschaft wurden die produktiven ökonomischen Potenziale des individuellen Konsums lange Zeit kaum thematisiert. Erst ab den 1970er bis 1980er Jahren werden sie schrittweise entdeckt und für eine betriebliche Verwertung genutzt.

Diese Entwicklung erlebt derzeit eine neue Dynamik. Folge könnte sein, so noch einmal unsere *These*, dass sich der individuelle Konsum und damit der typische Konsument in unserer Gesellschaft grundlegend verändern werden. War der Konsument bisher primär passiver Käufer und Verbraucher nicht selbst produzierter Waren, könnte er in Zukunft zum systematisch und manifest (und nicht nur, wie bisher, akzidentiell und latent) mit aktiven Leistungen und damit direkt produktiv am Wirtschaftsprozess Beteiligten werden. Auf diese Weise wäre die Grenze zwischen Betrieb und individuellem Leben auf nachhaltige Weise verschoben.

In den folgenden Abschnitten wollen wir diesen Übergang mit ersten theoretischen Schritten aus unterschiedlicher Perspektive näher bestimmen:

- Zuerst betrachten wird mit Bezug auf die vorangegangenen Beispiele die *betriebliche Dynamik* des Wandels (betriebstheoretische Perspektive). Die Frage hierzu lautet: Was machen Betriebe, wenn sie verstärkt auf Aktivitäten ihrer Kunden zugreifen, und warum tun sie das?
- Anschließend gehen wir auf die Seite der Konsumenten und damit auf den postulierten neuen Typus des *Arbeitenden Kunden* ein

(subjekttheoretische Perspektive). Die Frage hierzu lautet: Zeigt sich mit den Veränderungen im Verhältnis von Betrieben und ihren Kunden eine neue Qualität individueller Konsumtion und damit eine neue Qualität von Lebensführung in der Gesellschaft?

- Diesen Gedanken ordnen wir dann mit Blick auf unterschiedliche Aspekte in einen übergreifenden *gesellschaftlichen Zusammenhang* ein (gesellschaftstheoretische Perspektive). Die Frage hierzu lautet: Wie verhält sich eine neue Logik des Konsums zum derzeitigen Strukturwandel der Nutzung von Arbeitskraft? Thema ist aber auch, inwieweit sich dabei Verschiebungen im gesellschaftlichen Verhältnis von Markt und Betrieb beziehungsweise Öffentlichkeit und Privatheit ergeben.
- Den Abschluss bildet eine *geschichtliche* Einordnung (historische Perspektive). Die Frage hierzu lautet: Wie verhält sich ein möglicher neuer Typus des Konsumenten zu früheren Formen des Konsums in der Gesellschaft?

4.1 Nützliche Ko-Produzenten – Die Auslagerung betrieblicher Kosten und Funktionen auf die Kunden

Wie oben anhand der *praktischen Beispielfelder* gezeigt wurde (Kap. 2), vollziehen sich im Kontakt von Produktions- oder Dienstleistungsbetrieben und ihren Kunden Veränderungen, die eine zunehmende Beachtung des Konsumenten als ökonomisch nutzbares Potenzial bedeuten. Trotz der Unterschiede im Einzelnen zeigen sich erstaunliche Parallelen, die darauf hinweisen, dass es sich hier nicht um zufällige und völlig disparate Phänomene handelt.

In so verschiedenartigen Bereichen wie Finanz- und Bankdienstleistungen, Bahn und Luftverkehr, Informations- und Kommunikationsindustrie, Handel mit Konsumgütern, Gesundheits- und Sozialsektor, Arbeitsmarkt- und Sozialverwaltung sowie Bildungs- und Erziehungswesen werden immer häufiger die Potenziale der Kunden, Passagiere, Klienten, Patienten, Bürger usw. zur aktiven Mitwirkung an der Leistungserbringung und deren Nutzbarkeit für Organisationen erkannt. Zwar sind hier besonders privatwirtschaftliche Unternehmen aktiv, aber im Zuge der Übertragung betriebswirtschaftlicher beziehungsweise marktlicher Prinzipien entdecken auch staatliche Einrichtungen und Non-Profit-Organisationen[173] das bisher betrieblich ungenutzte Potenzial ihrer ›Kunden‹.

Der Überblick über die *wissenschaftliche Forschung und Literatur zum Thema* (Kap. 3) zeigte darüber hinaus, dass nicht allein wir dies Beobachtung machen. Insbesondere in der Diskussion um die Dienstleistungsgesellschaft lassen sich Überlegungen finden, die (zum Teil schon früh) in eine solche Richtung deuten. Noch interessanter ist jedoch, dass der Kunde oder Konsument (bisher betriebspraktisch und betriebswissenschaftlich nahezu ein blinder Fleck) in einigen aktuellen *Managementkonzepten* als betriebs-*intern* bedeutsamer Faktor wahrgenommen und immer häufiger als im engeren Sinne ökonomisch *wertvolle* Größe diskutiert wird.

Vieles davon wird durch *neue technische Möglichkeiten* begünstigt (Call- und Communication-Center, leistungsfähigere Automaten für die Bedienung von Kunden, automatisierte Bestell- und Buchungssysteme, kundenbezogene Internetportale und dort einsetzbare komplexe Software-Tools). Diese erlauben es, sich anders auf die Kunden zu beziehen. Oft wird auch das Bemühen um *besseren Kundenkontakt* (»Kundenorientierung«) oder gesteigerte *Produkt- oder Leistungsqualität* (»Dienstleistungsqualität«) als Auslöser genannt. Das alles spielt, in unterschiedlicher Weise, durchaus eine Rolle.

Wir wollen aber genauer nachfragen, um die strukturellen Ursachen eines erweiterten Zugriffs von Betrieben auf ihre Kunden angemessen zu verstehen. Es geht dabei zunächst um *betriebliche Interessen und Strategien.* Anschließend wird ein Blick in die Zukunft geworfen und gefragt, wie die beschriebene Entwicklung weiter gehen könnte.

173 Vgl. u.a. Wex 2004.

4.1.1 Betriebliche Interessen und Strategien – Kostenreduktion und Erschließung neuer ökonomischer Potenziale

Zwei Aspekte lassen sich im Hinblick auf die Veränderung des Verhältnisses der Betriebe zu den Kunden und Konsumenten unterscheiden: Die Betriebe möchten zum einen durch erweiterte Rationalisierung Kosten sparen und zum anderen neue Quellen der Wertschöpfung erschließen.

4.1.1.1 Erweiterte betriebliche Rationalisierung

Ganz offensichtlich geht es Betrieben mit den geschilderten Veränderungen um *Rationalisierung.* Man versucht *Kosten zu reduzieren*, indem man kundenbezogene Prozesse organisatorisch strafft und wenn möglich automatisiert, den Personaleinsatz an der Schnittstelle zum Käufer begrenzt, Leistungen einschränkt und/oder standardisiert, das Kundenpotenzial mit Marketingstrategien strukturiert und selegiert usw. – aber auch, indem bisher vom Betrieb getragene *Funktionen gezielt den Kunden zugewiesen werden.*

Dieser letzte Schritt enthält, im Vergleich mit anderen Rationalisierungsstrategien an der Schnittstelle zum Kunden, eine bemerkenswerte neue Qualität. Man rationalisiert nicht durch Eingriffe in die betriebsinternen Strukturen, sondern durch einen Zugriff auf die Aktivitäten der *Kunden* und geht damit *über den Betrieb hinaus.* Schauen wir uns dies genauer an:

Wie die oben beschriebene neuere Managementliteratur, etwa zum »Prosuming«, zeigt, geht es dabei meist um mehr als schlichtes Reduzieren von kostenträchtigem Betriebsaufwand. Bindet man den Kunden in die betriebliche Erbringung von Leistungen mit ein, kann man hoffen, die *Leistungsqualität* des Unternehmens und damit die *Kundenzufriedenheit* zu erhöhen (der Kunde als »Qualitätspeitsche«). Dies kann zudem Möglichkeiten für eine erweiterte *Bindung der Kunden* und Nutzung von *Kundeninformationen* beinhalten, die ein offensiveres *Marketing* erlauben. Verfahren des Customer Relationship Management bieten hierzu inzwischen in vielen Bereichen bewährte Möglichkeiten[174]. Zum Teil ist das Ziel der Betriebe auch eine Steigerung der *Leistungsflexibilität*, etwa durch Leistungen »on demand« (zum Beispiel »Print on Demand«) oder eine erhöhte kundengruppenspezifische oder sogar individualisierte Konfigurierung von Angeboten (perfekt umgesetzt zum Beispiel beim Computerversender DELL). Und gelegentlich geht es sogar um neue *Innovationspotenziale*, etwa wenn versucht wird, über die Einbindung von Kunden bei diesen Ideen für neue Produkte oder Produktverbesserungen (der Kunde als »Produkt-Tester«, »Co-Designer«, »Produkt-Innovator« usw.) abzuschöpfen.

All diese Beispiele überschreiten deutlich das Feld einer konventionell produktions- oder vertriebsbezogenen Kosteneinsparung, da hier gezielt das Verhalten des Kunden und damit ein betrieblich *»externer« Faktor* zum Objekt des Rationalisierungszugriffs wird. Rationalisiert wird nicht mehr nur im eigenen Terrain, sondern jetzt auch auf der ›Außenseite‹ der Betriebe.

Versuche der Rationalisierung durch gezielten Zugriff auf die organisatorische Umwelt gibt es schon länger und werden seit einiger Zeit intensiv industriesoziologisch unter dem Stichwort *»Systemische Rationalisierung«* diskutiert (siehe Kasten). Also nichts Neues? Doch, denn die betriebliche »Umwelt« und damit das Ziel einer die Betriebsgrenzen überschreitenden Rationalisierung ist bei den geschilderten Beispielen nicht ein anderes Unternehmen, sondern der »Kunde« im engeren Sinne des Begriffs. Die Außenwelt, auf die sich eine systemische Rationalisierung hier bezieht, ist kein Business-Kunde (»business to business«), kein betrieblicher Zulieferer, Weiterverarbeiter oder Weiterverkäufer, sondern der wirkliche End-Käufer und End-Verbraucher der produzierten Güter oder Dienstleistungen. Es geht also um den ganz alltagspraktisch gebrauchswert-nutzenden und güter-verbrauchenden *personalisierten Konsumenten*.

174 Vgl. ausführlicher Kapitel 2.1.4.

Systemische Rationalisierung – Eine neue Logik der Gestaltung betrieblicher Prozesse

Seit Mitte der 1980er Jahre wird in der Arbeits- und Industriesoziologie aufmerksam beobachtet, dass Betriebe nicht mehr nur »punktuell« Arbeit und Organisation rationalisieren, sondern zu einer neuen, wesentlich weiterreichenden Logik der rationalen Gestaltung von Strukturen und Abläufen übergehen. Der dazu verwendete Begriff »Systemische Rationalisierung« wird doppelt benutzt: einmal für innerbetriebliche, die gesamte Organisation systematisch übergreifende Rationalisierungsformen, etwa auf Basis von Produktionsplanungssystemen (PPS) oder mittels Computer Integrated Manufacturing (CIM) (vgl. insbesondere Baethge/Oberbeck 1986); zum anderen für eine Rationalisierungsstrategie, die systematisch die Betriebsgrenzen überschreitet (Stichworte: »Verringerung der Fertigungstiefe«, »Make or Buy?«, »Out Sourcing«, »Just in Time«) und auf Zulieferer wie Weiterverarbeiter bzw. auf den Handel zugreift und diese in Planungen und Kalkulationen einbezieht (vgl. zuerst Altmann u.a. 1986) auf letzteres wird hier Bezug genommen.

(Siehe auch die weiterführende Literatur)

Der erweiterte Zugriff von Betrieben auf ihre Kundinnen und Kunden ist zwar in jeder Hinsicht mit der Idee der systemischen Rationalisierung konsistent, geht aber an entscheidender Stelle darüber hinaus. Um das zu verstehen, müssen wir einen analytischen Schritt weitergehen. Ein erneuter Blick auf unsere Beispielsfelder hilft dabei.

4.1.1.2 Erweiterte betriebliche Produktivität und Wertschöpfung

Bei genauerem Hinsehen zeigt sich, dass Betriebe zunehmend die privaten, häuslichen oder außerhäuslichen Aktivitäten ihrer Kunden bewusst als produktionspraktisch nutzbare Größen wahrnehmen und gezielt zu beeinflussen suchen. Der hier erkennbare erweiterte Zugriff auf den Kunden ist mehr als nur die Nutzung kostenbezogener Rationalisierungsmöglichkeiten. Es ist vielmehr der explizite Zugriff auf ein bislang noch weitgehend ungenutztes *Produktivitäts-Potenzial* – und das ist theoretisch wie praktisch etwas ganz anderes: Die Kunden werden dabei mit ihren aktiv produktiven Leistungen und Kompetenzen nicht nur (um auf sie partiell Kosten zu verlagern) organisatorisch angebunden, sondern produktionsbezogen *betrieblich eingebunden.*

Damit werden sie nicht mehr nur in ihrer Käufer- und Verbrauchereigenschaft (also als Marktgröße) wahrgenommen und beeinflusst, sondern als potenzielle *Arbeitskräfte* oder, wie es bei einer Autorengruppe vielsagend heißt, als *»partial employees«*.[175] Völlig konsequent spricht man inzwischen schon vom *»Outsourcing zum Kunden«*, durch das dieser zum *»Dienstleister für den Betrieb«* werde, der *»unternehmensorientierte Kundenleistungen«* (im Unterschied zu »kundenorientierten Dienstleistungen« des Unternehmens) erbringen müsse.[176] Damit deutet sich an, dass das bisher allein innerbetrieblich gesehene Problem der Sicherung und Steuerung der Leistungsverausgabung von arbeitenden Organisationsmitgliedern nun auch außerhalb des engeren betrieblichen Geschehens, nämlich auf der Seite der *Kunden*aktivitäten, als relevant erkannt und gezielt angegangen wird – was theoretisch wie praktisch von kaum zu überschätzender Bedeutung ist:

Der Kunde wird als Arbeitskraft gezielt gesteuert, damit seine produktiven Potenziale unmittelbar ökonomisch genutzt werden können.

Der in diesem erweiterten Zugriff auf die Konsumenten angelegte Versuch einer vertieften *Kunden-Bindung* ist vergleichbar mit bekannten Strategien der *Mitarbeiter-Bindung*. Preisabschläge für treue und damit kompetent mitarbeitende Kunden und die Bindung von Konsumenten durch Gewöhnung an komplexe Nutzungspraktiken (drastisch etwa bei aufwändigen Softwareprodukten) sind dann nichts anderes als betriebsspezifische Qualifizierungen oder von Beschäftigten akkumulierte betriebliche Erfahrungspotenziale, die zu senioritätsbezogenen Entlohnungszuschlägen (oder anderen Vergünstigungen) führen können und Betriebswechsel erschweren sollen – hier jedoch mit dem feinen Unterschied, dass sie sich nun auf die den Betrieben zuarbeitenden Konsumenten richten.

Wenn man die Überlegung in diesem Sinne weitertreibt, tritt Überraschendes zutage: Der Konsument, als der im Marxschen Sinne ›lebendige‹ Warenkäufer und Warennutzer, wird erstmalig als mögliche Quelle für eine auf der Nutzung von Arbeitskraft beruhende Produktion (und dann betriebliche Abschöpfung) von ökonomischem *Wert* erkennbar. Der Kunde wird als potenzieller *Teil der Wert-*

175 Vgl. Mills/Morris 1996; Bowers/Martin/Luker 1990 (ausführlich dazu Kap. 3).
176 Vgl. Grün/Brunner 2002; Gouthier 2003 (ausführlich dazu Kap. 3).

schöpfungskette eines Betriebs wahrgenommen und entsprechend zu steuern versucht.[177] Spätestens dieser Schritt ist völlig neuartig im Verhältnis von Betrieb und Kunde beziehungsweise, soziologisch allgemeiner gesehen, von Produktion und Konsumtion.

Wir werden auf diese Themen zurückkommen, wenn es um die Bestimmung des neuen Konsumententypus aus subjektorientierter Sicht geht.

4.1.2 Wohin führt der Weg? Mehr als nur Zukunftsphantasien

Die Veränderungen im Verhältnis von Betrieben und Konsumenten werden noch deutlicher, wenn man sich die darin angelegten weiteren Entwicklungsmöglichkeiten vergegenwärtigt:

Betriebe, die ihre Kunden als partielle Arbeitskräfte nutzen wollen, werden versuchen, ihre Kunden unter dem Gesichtspunkt zu *differenzieren* und zu *selegieren*, wie wertvoll sie nicht nur als Käufer sind (das ist inzwischen gängige Praxis), sondern auch wie nutzbringend beziehungsweise kostenträchtig sie als partielle *Produzenten* sind. Produktive Kundenleistungen würden dann gezielt *belohnt* (und deren Fehlen *bestraft*) mit der Gewährung (dem Entzug) von Rabatten, Prämien, Geschenken, privilegiertem Service und vielem anderen mehr. Vorstellbar ist schließlich sogar, dass Kunden Entgelte für von ihnen erbrachte produktive Leistungen erhalten – und mit Zuschlägen, Gebühren, Leistungseinbußen, ja sogar mit dem Ausschluss von Geschäftsbeziehungen usw. bestraft werden, wenn Leistungen nicht erbracht werden oder mangelhaft sind.

Über kurz oder lang werden Betriebe, die eine solche Strategie einschlagen, dafür sorgen müssen, dass die produktiv einzusetzenden Kunden auch über ausreichende *Qualifikationen* verfügen. Folge werden systematische Versuche einer *Kundenausbildung* und schließlich einer strategischen *Kundenentwicklung* sein, die in Analogie zur »Personalentwicklung« angelegt sein könnte. Konsumenten mit funktionalen Qualifikationen erhielten dann entsprechende *Zertifizierungen* (und

177 Vgl. mit interessanten Ideen in eine solche Richtung u.a. Reichwald/Piller 2002, ausführlich 2006.

müssten sie nachweisen, wenn sie tätig werden wollen), die mit allen Arten von *Gratifizierung* verbunden sein können.[178]

Das alles ist aber vermutlich nur eine Vorstufe dazu, Kunden systematisch als ko-produktiven *Teil des Betriebes* anzusehen und zu diesem Zweck organisatorisch förmlich einzubinden, um ihr Handeln zu steuern. Kunden wären dann endgültig nicht mehr nur wie bisher über Märkte vermittelt im organisatorischen Außen, sondern *integrales Moment des Betriebes*. Sie wären praktisch wie Arbeitskräfte, aber formal (zum Beispiel rechtlich) ganz anders, *verbetrieblicht*.

Dass solche und andere denkbare Weiterungen keineswegs nur Phantasie sind, zeigt schon die erwähnte betriebswirtschaftliche Literatur. Für all diese Schritte gibt es darüber hinaus, wie wir in Kapitel 2 gezeigt haben, inzwischen markante Beispiele. Um zu zeigen, wohin die Reise gehen könnte, einige weitere Hinweise auf aktuelle Entwicklungen:

Nicht wenige Finanzdienstleister betreiben inzwischen eine gezielte *Auswahl ihrer Kundinnen und Kunden* nicht nur unter dem Gesichtspunkt, wieviel Vermögen sie anlegen, sondern auch danach, welche Kosten sie verursachen. Folge ist eine Staffelung von Preisen, Gebühren und auch Service dahingehend, wie viel produktive (Dienst-)Leistungen der Kunde von der Bank braucht – und das heißt: wie wenig er selbst leisten will oder kann. Konsequenz ist die bei vielen Instituten angewendete Strategie, ›normale‹, das heißt auf persönliche Beratung angewiesene, Privatkunden (selbst bei nennenswerten Einlagen) möglichst vom personenbezogenen Service (wenn nicht gar überhaupt) abzuschrecken, weil die entstehenden Kosten anscheinend keine ausreichende Wertschöpfung erlauben. Privatkunden sind oft nur noch dann interessant, wenn sie bereit und in der Lage sind, ihre Geschäfte internetbasiert im Home-Banking

178 Gouthier 2003 entwickelt, wie oben (Kap. 3) schon beschrieben, unter expliziter Verwendung des Ausdrucks »Kundenentwicklung« Überlegungen in eine solche Richtung. Er spricht von »unternehmensbezogenen Kundenleistungen«, die die »kundenorientierten Dienstleistungen« der Unternehmen ergänzten, und die zunehmend ein »Kundenlernen« bzw. eine »Qualifizierung der Dienstleistungskunden« erforderten, damit die notwendige »customer performance« stimme. Siehe auch den von Honebein schon 1963 vorgestellten Begriff der »customer education«, der aber primär auf die Fähigkeiten von Kunden zur sachgerechten Nutzung von Produkten abzielt.

selbst abzuwickeln. Bei der Internetbuchung von Flugtickets sind *Rabatte* für die von den Kunden übernommene Arbeit inzwischen gängige Praxis, und auch die Bahn AG gewährt für einzelne Fahrkartentypen Abschläge, wenn sie am Automaten gekauft werden, beziehungsweise verlangt einen Aufschlag für den personalintensiven Kauf am Schalter.

Es gibt inzwischen veritable *»Akademien« für die Kunden*, die nicht nur über das Internet, sondern auch mit Präsenzveranstaltungen Kenntnisse über die jeweiligen Betriebsgegenstände (bei Finanzdienstleistern etwa über Geld- und Finanzwesen, Börse und Anlagen, Steuern usw.) vermitteln und zertifizieren. Wenn das schon mehrfach erwähnte Internetauktionshaus eine »Mitglieder University« und »Trainingskurse« für »Powerseller« anbietet, die Direktbank ihre »Activexperts« gezielt »ausbilden« will und der beschriebene Internetprovider seine »Profiseller«, bevor er sie einsetzt, »sorgfältig qualifizieren« möchte, dann ist es genau das: eine systematische Qualifizierung der Kunden – noch in *statu nascendi*, aber schon klar in ihrer Logik erkennbar.

Manche Hersteller (oft im Life-Style-Bereich) versuchen Kunden nicht nur emotional und sozial an den Betrieb zu binden, sondern gezielt auch *untereinander* zu vernetzen. Ziel ist nicht allein, dass sich die Käufer wechselseitig zum Kauf (und dann möglichst zur dauerhaften Betriebsbindung) ermuntern, sondern immer häufiger auch, dass sie sich systematisch beraten, praktisch unterstützen und gemeinsam dem Betrieb Rückmeldungen geben, etwa zur Produktqualität oder zu Produktwünschen. Damit werden Beziehungen zwischen produktiven Kundinnen und Kunden geknüpft, um sie systematisch *kooperieren* zu lassen. Unternehmen entwickeln dazu gelegentlich regelrechte *Arbeitsteilungsstrukturen,* ja sogar *Hierarchien* der Kunden untereinander (Profikunden versus Neukunden) und im Verhältnis zur Organisation (Kunden-Mitarbeiter versus formelle Mitarbeiter). Die Kundenseite eines Unternehmens wird auf diese Weise wie ein Betriebsteil formell organisatorisch angelegt und geführt. Der Begriff *»Kunden-Organisation«*, als betriebliche Organisation der Vermittlung von Kundenkooperationen, existiert schon. »Families«, »Communities«, »Gemeinschaften« und »Netzwerke« von Kunden sind nichts anderes als eine solche an den Betrieb angeschlossene Kundenorganisation. Besonders markante

Beispiele für solche Kooperationsnetze der Kunden sind bei großen Direct-Merchants, bei weltweit operierenden Großmarken (Nike, Adidas, McDonald's, Microsoft usw.) zu finden und in Vollendung bei eBay und den sich ausbreitenden Nachahmern zu studieren. Im Internet werden dazu Chat-Rooms eingerichtet, Work-Groups geschaffen, kooperationsunterstützende Software-Tools angeboten (die etwa ein kollektives Ausprobieren und Einkaufen im Warensortiment ermöglichen oder die aktive Unterstützung der Serviceplattform des Betriebes durch die Kunden zum Ziel haben). Bei Lycos iQ beantworten Kunden die Fragen anderer Kunden. Dafür erhalten sie einen Lycos iQ-Expertenstatus sowie Bonuspunkte (http://iq.lycos.de/). Bei eBay gehen die Kunden aufwändig betrieblich unterstützt Kooperationsbeziehungen ein, mit denen die Auktionsteilnehmer real »Hand in Hand« arbeiten (hier: keyboard to keyboard), fast so, wie es die frühe Industriesoziologie für die Kooperation von Industriearbeitern beschrieben hat.[179] Nicht viel anders ist es bei der weltweiten Linux-Community, die inzwischen nicht mehr nur aus privaten Usern besteht. Unter Beteiligung der Nutzer werden kontinuierlich kooperativ Produkte erstellt oder verbessert, die in unterschiedlicher Weise dann von Betrieben vermarktet werden. Bei Amazon schreiben Kunden Buchbesprechungen und geben sich wechselseitig Tipps und Anregungen; ja sie können betrieblich unterstützt direkt miteinander Handel treiben (mit gebrauchten Büchern und CDs), womit gezielt Kundenbindung betrieben wird und wertvolle Kundeninformationen gewonnen werden. Gelegentlich finden sich bei Betrieben sogar Angebote an die Kunden, zusammen mit den formellen Mitarbeitern Freizeitevents zu erleben, ja sogar gemeinsam in Urlaub zu fahren. So, wie ein bekannter Bremer Teeversender schon seit Jahren den Kunden »Tee-Reisen« mit betrieblichen Experten anbietet, so werden vielleicht bald auch Autokonzerne, Banken, Modekonzerne und Internetprovider vorschlagen, mit ihren Mitarbeitern ein Stück Freizeit zu verbringen. Wer einmal die »Autostadt« in Wolfsburg[180] besucht hat, mag ahnen, wohin das führen kann.

---

179 Vgl. etwa Popitz u.a. 1957.

180 Die »Autostadt« in Wolfsburg ist eine große bauliche Einrichtung der Volkswagen AG in der Nähe des Stammwerks, in der aufwändige Werbung für den Konzern und seine Produkte mit Kultur, Freizeit und schließlich auch mit intensivem Kundenservice verbunden wird (www.autostadt.de).

Auch außerhalb des engeren kommerziellen Bereichs finden sich, wie wir gezeigt haben, Beispiele für solche Entwicklungen: Wenn etwa mit den derzeitigen Reformen der *Gesundheits- und Sozialsysteme* die Patienten und Klienten, beziehungsweise ihr soziales Umfeld, verstärkt in die *»Selbst-Verantwortung«* genommen werden, dann geht es dabei nicht nur um Kostenbeteiligung, sondern immer mehr um praktische Leistungen, um handfeste Gesundheitsarbeit. Langfristig muss diese Arbeit auch qualifiziert durchgeführt werden können, mit der Folge, dass Betroffene dafür *ausgebildet* und ihre *Qualifikationen überprüft* werden müssen. Jeder möchte, dass Oma und Opa professionell betreut und gepflegt werden, und wenn das die Verwandten übernehmen, dann wird unvermeidliche Konsequenz sein, sie auch zu *professionalisieren* – und sei es nur, damit sie qualifiziert mit beruflichen Pflegekräften zusammenarbeiten können. Die Pflegeversicherung sieht jetzt schon vor, dass Anverwandte für die Versorgung von Pflegebedürftigen partiell entschädigt, das heißt faktisch für ihre Arbeit entlohnt werden können – bis zur Forderung einer angemessenen Qualifizierung ist es dann nicht mehr weit.

Es ist absehbar, dass im Zuge der Reform des Gesundheitssystems demnächst auf Erkrankte von ihnen aktiv zu steuernde *Fern- und Selbstdiagnosen* (über Internet oder Call-Center) und im nächsten Schritt die Umsetzung von Behandlungsanweisungen zur zumindest partiellen *Selbsttherapie* zukommen werden. Der elektronische *Internet-Hausarzt* der Krankenkasse, als kostensparende therapeutische Erst- und Selektionsinstanz, ist dann nicht mehr fern. Die schon weit verbreiteten, von mehr oder weniger verantwortungsvollen Institutionen betriebenen Gesundheitsportale und medizinischen Beratungsseiten im Internet werden eine immer größere Rolle spielen und zunehmend den Erscheinungen im Bank-, Verkehrs- und Handelsbereich entsprechen. Der Medikamentenhandel, bisher noch Domäne eines lokalen, freiberuflich beziehungsweise kleingewerblich angelegten Apothekenwesens, wird den Weg der anderen Handelsfelder gehen und großbetriebliche Strukturen annehmen, gepaart mit dem Versuch, den Kunden Kosten und Funktionen zuzuweisen. Der *Internetvertrieb von Medikamenten* ist schon Realität und wird aller Voraussicht nach demnächst auch politische Förderung bekommen, auch wenn die Pharmazeuten dagegen Sturm laufen.

Damit aber genug des Blicks auf die Betriebe, auf ihre Interessen und Strategien beim Zugriff auf die Kunden. Wenden wir uns nun den Kunden selbst und damit den Konsumenten von betrieblichen Produkten und Leistungen zu. Über sie wurde zwar schon viel gesprochen, sie standen aber bisher nicht wirklich im Zentrum der Überlegungen. Wir wechseln jetzt also die Blickrichtung und fragen nach den lebendigen *Subjekten* im hier interessierenden Geschehen. Und subjektorientiert sieht das Ganze noch einmal anders aus. Vor allem aber zeigt dieser Blick eine Entwicklung von gesellschaftlicher und nicht nur ökonomischer Tragweite.

4.2 Der Arbeitende Kunde – Typologische Bestimmungen einer neuen gesellschaftlichen Grundform individueller Konsumtion und Reproduktion

Die diskutierten Beispiele und die daran angeschlossene betriebstheoretische Argumentation haben gezeigt, dass die von uns ins Auge gefasste Entwicklung mehr sein könnte, als nur die Fortsetzung eines langfristigen Prozesses zur schrittweisen, kostenorientierten Auslagerung einzelner organisatorischer Funktionen von Betrieben auf die Kunden. Gerade die neuesten betrieblichen Versuche, die Kunden nicht nur in ihrem kaufenden, sondern auch in ihrem daran anschließenden konsumtiven Handeln zu steuern, um explizit die darin liegenden produktiven Potenziale betrieblich zu nutzen, verweisen auf ein neuartiges Verhältnis beider Seiten zueinander.

Noch deutlicher wird dieser Übergang, wenn man fragt, was diese Entwicklung für die *Konsumenten* bedeutet. Mit Fokus auf die handelnden *Subjekte* als Betroffene der betrieblichen Strategien wollen wir daher nun systematischer als bisher der Vermutung nachgehen, dass sich mit den geschilderten Veränderungen langfristig eine historisch *neue Qualität der Form und Funktion des individuellen Konsumtionspotenzials und der Konsumtionspraxis* in der Gesellschaft ausbildet.

Wie wir eingangs schon betont haben, ist die Entwicklung im Moment auf einige wirtschaftliche Bereiche und in der Folge nur auf begrenzte Gruppen von Konsumenten beschränkt, und sie betrifft davon berührte Konsumentengruppen nur in einzelnen ihrer Betriebskontakte. Von einer sozialstrukturell wirklich bedeutsamen Verbreitung eines neuen Typus des Konsumenten zum *derzeitigen* Zeitpunkt kann und soll daher also nicht gesprochen werden. Gleichwohl sind die strukturelle Qualität der Veränderungen und vor allem die darin erkennbaren langfristigen Entwicklungspotenziale (zum Beispiel die betrieblichen Rationalisierungsmöglichkeiten) so weit reichend, dass es sich lohnt, zu fragen, wohin all dies führen könnte.

Trotz der genannten Einschränkungen soll dazu heuristisch die *These* eines sich abzeichnenden neuen gesellschaftlichen Konsumententypus gewagt werden. Diesen neuen Typus bezeichnen wir als *Arbeitenden Kunden*. Seine Merkmale werden im Folgenden *subjektorientiert*, das heißt mit strukturellem Blick auf personale Charakteristiken und Funktionen entwickelt.

Dieses Vorgehen hat sich bei der Analyse des Wandels von *Arbeitskraft* bewährt. Vor allem aber werden dadurch faszinierende *Zusammenhänge zwischen beiden Entwicklungen* erkennbar: Der »Arbeitskraftunternehmer« und der »Arbeitende Kunde« markieren zwei Seiten des gleichen Prozesses. Die Argumentation folgt also bewusst der Analytik und dem konzeptionellen Instrumentarium der Arbeitskraftunternehmerthese. Bei dieser wurden drei *theoretische Dimensionen* unterschieden (siehe Kasten), die im Folgenden auf die Überlegungen zum Wandel des Konsums bezogen werden.[181]

Gebrauchswert, Tauschwert, Lebenswert – Drei Dimensionen der Analyse von Arbeitskraft

In der Arbeitskraftunternehmerthese (siehe Einleitung) werden drei Ebenen unterschieden, die sich auf die praktische Arbeit im Betrieb, die ökonomische Bedeutung von Arbeitskraft und die Einbindung von Arbeitskraft in die alltägliche Lebensführung und den Lebensverlauf beziehen und drei allgemeine Dimensionen der Analyse von Arbeitskraft bilden:

- Die Logik der praktischen Handlungs- und damit Arbeits-Potenziale von Personen sowie deren praktischen Nutzung und gesellschaftlichen Beherrschung (bei der Arbeitskraftunternehmer-These: der »Kontrolle« der Verausgabe von Arbeitskraft in der konkreten Arbeit im Betrieb). Dies nimmt also

181 Vgl. insbesondere Voß/Pongratz 1998 (siehe den Kasten in der Einleitung, o. S. 17).

den *konkreten Nutzen* oder den so genannten *Gebrauchs-Wert* menschlicher Möglichkeiten und der darauf beruhenden Tätigkeiten ins Auge (»*Praxis*«).

- Die Logik der Ausbildung und Verwertung der Potenziale und Tätigkeiten von Personen, insbesondere ihrer ökonomisch verwertbaren Fähigkeiten, aber auch ihres Besitzes bzw. ihres »Vermögens« i.w.S., für unmittelbar ökonomische Zwecke (bei der Arbeitskraftunternehmer-These: der »Produktion« und »Vermarktung« von »Arbeits-Kraft« bzw. des »Arbeits-Vermögens«). Dies bezieht sich auf den im engeren Sinne *abstrakt wirtschaftlichen Nutzen* oder den so genannten *Tausch-Wert* menschlicher Fähigkeiten und diesbezüglicher Aktivitäten (»*Ökonomie*«).
- Die Logik der unmittelbar lebenspraktischen Funktion der Potenziale und Tätigkeiten von Personen sowie deren dazu erforderlichen Einbindung in den jeweiligen individuellen, synchronen und diachronen Lebenszusammenhang (bei der Arbeitskraftunternehmer-These: der Rationalisierung und Verbetrieblichung von »Lebensführung« und »Lebensverlauf«). Dies fokussiert einen Aspekt, der als *existenzieller* oder *›lebendiger‹* Nutzen oder auch als *Lebens-Wert* menschlicher Fähigkeiten und darauf bezogener Tätigkeiten bezeichnet werden kann (»*Existenzialität*«).

Das Ausdruckspaar »Gebrauchs-« und »Tauschwert« wird meist in Bezug auf Karl Marx diskutiert (1985, 1939, 1969, 1971), ist jedoch keineswegs seine Erfindung, sondern findet sich schon bei Adam Smith (1973, S. 28ff.). Marx selber verweist nicht auf Smith, sondern (u.W. nur in der »Kritik der Politischen Ökonomie«) auf Aristoteles (Marx 1971, S. 15, FN), der tatsächlich eine ähnliche Unterscheidung vornimmt. Die komplementären Ausdrücke »konkrete« und »abstrakte« Arbeit finden sich auch bei Marx; auch hier sollte man jedoch beachten, dass schon Hegel (zum Beispiel 1970/§ 198, S. 352f.) von einer zunehmenden »Abstraktion« der Arbeit infolge zunehmender »Teilung« der Arbeit spricht.

Die Bezeichnung »Lebenswert« wurde von uns eingeführt (erstmals in Voß 2001). In der Philosophie gibt es jedoch vielfältige Bezüge auf das »Leben« (etwa in der »Lebensphilosophie, vgl. Fellmann 1993). Auch der Soziologie ist (teilweise darauf aufbauend) ein Denken mit diesem Begriff nicht fremd, etwa bei der von Husserl entlehnten Kategorie »Lebenswelt« im Werk von Habermas (vgl. 1981), bei der Bezeichnung »Lebensstil« (vgl. als Überblick Hartmann 1999) oder auch bei dem von uns in Anlehnung an Max Weber verwendeten Konzept »Lebensführung« (vgl. u.a. Voß 1991). Selbst in direkter oder indirekter Verbindung mit den beiden anderen hier verwendeten Begriffen ist das »Lebendige« eine wichtige Bezugsgröße, u.a. schon bei Marx, dort v.a mit der Idee der »lebendigen Arbeit« bzw. des »lebendigen Arbeitsvermögens«, das das Kapital als »befruchtende Lebendigkeit« (Marx 1939, S. 219) oder »Lebensluft« (ebd. S. 576) benötige; aktuell etwa bei Negt, der auf die Kategorie der »Lebendigen Arbeit« systematisch Bezug nimmt (u.a. in 1985, 2001 sowie schon in Negt/Kluge 1981).

Entsprechend dieser Analytik soll der zu bestimmende neue Typus des Kunden mit Blick auf die Dimensionen *Praxis, Ökonomie* und *Existenzialität* betrachtet werden. Dabei unterscheiden wir jeweils *zwei Ebenen*: Zum einen die Auswirkungen des sich wandelnden *Verhältnisses von Betrieben zu den Konsumenten* auf die Betroffenen, womit an die betriebstheoretische Sicht nun mit deutlicherem Blick auf die Subjekte angeschlossen wird, zum anderen der sich daraus ergebende Wandel des *Verhältnisses des Konsumenten zu sich selbst.*

4.2.1 Der Kunde als gebrauchswertschaffende Arbeitskraft – Die praktische Tätigkeit der Konsumenten unter betrieblichem Vernutzungsdruck

Reproduktion und Konsum sind (und waren) systematisch immer *aktiv* und dabei immer auch *produktiv*. Konsum ist niemals nur passives Aufnehmen oder Vernutzen von gekauften oder auf sonstige Weise erworbenen Gebrauchsgütern, sondern enthält immer auch substantielle Momente des tätigen (Um-)Gestaltens, Formens, Bearbeitens, des Zu- und Herrichtens und vieles andere mehr. Fast jedes Konsumgut muss für die Endnutzung noch einmal bearbeitet, zumindest jedoch aktiv besorgt, meist irgendwie aufbewahrt, zur Vernutzung bereitgehalten und aufbereitet, nicht selten auch gepflegt, gewartet, erhalten oder kontinuierlich wieder hergerichtet werden. Trotzdem kann davon gesprochen werden, dass in modernen Gesellschaften der Anteil an derartigen aktiven und dann sogar produktiven Tätigkeiten im Rahmen der privaten Reproduktion systematisch zurückgegangen ist. Grund dafür ist nicht nur die gewachsene Verfügbarkeit von industriell vorgefertigten Gebrauchsgütern, sondern unter anderem auch das steigende Bedürfnis nach einer Freizeit im engeren Sinne sowie die zunehmende Erwerbstätigkeit von Frauen, die den zeitlichen Spielraum für produktive Arbeiten im Haushalt einschränkt.

Diese Entwicklung zur drastischen Reduzierung der konsumtiven Produktivität im Verlauf der neueren Geschichte könnte nun mit den geschilderten betrieblichen Entwicklungen überraschenderweise an eine *Grenze* stoßen – möglicherweise entsteht sogar eine völlig *neuartige Konstellation.*

4.2.1.1 Der Konsument als betriebliche Arbeitskraft

Der Blick auf die betrieblichen Interessen und Strategien hat gezeigt, dass (in den betroffenen Bereichen) der individuelle Konsum in ganz neuer Qualität wieder *aktive* und schließlich auch systematisch *produktive* Anteile umfasst. Konsumtive Tätigkeiten erhalten nicht selten sogar Charakteristiken einer im engeren Sinne gebrauchswertschaffenden *Arbeit.* Der uns interessierende neue Charakter des Konsums ist jedoch nicht die schlichte Zunahme an Produktivität. Entscheidend ist vielmehr, dass es um eine *Zunahme praktisch nutzwerter Leistungen* geht, die der Konsument im *Interesse* und unter organisatorischer *Steuerung* der Güter oder Dienstleistungen verkaufenden *Betriebe* erbringt – auch wenn er daran partiell selbst ein Interesse oder einen begrenzten Nutzen daraus haben sollte. Es geht also um eine produktiv arbeitende Tätigkeit im Kontext der individuellen Reproduktion, jedoch im Bezug auf und im Nutzen für ein für den Konsumenten ›fremdes‹ Unternehmen – und das gilt unabhängig davon, ob dieses kapitalistisch, staatlich oder als Non-Profit-Organisation formiert ist, wenn dort analoge Strategien angewendet werden.

Dies geschieht zwar auf einer ersten Stufe immer noch in weitgehender *Selbst-Steuerung* der Betroffenen und zudem (erst einmal noch) im Rahmen ihrer privaten Lebensführung. Die Tätigkeiten unterliegen aber einer zum Teil schon sehr weitgehenden betrieblichen Anbindung und immer häufiger auch einer gezielten betrieblichen *Fremd-Steuerung.* Der Konsument wird damit der Tendenz nach zumindest faktisch zur *externen Arbeits- und Produktionseinheit eines Unternehmens.* Er wird zur *betrieblich funktionalen Arbeitskraft* oder zu einer ihr ähnlichen, neuartigen Figur – jedoch ohne den formellen Status als lohnabhängig Beschäftigter und vor allem ohne (zumindest explizite) Bezahlung im Sinne eines arbeitsrechtlich definierten Entgeltes.[182]

---

182 Die Gewährung von »Rabatten« oder anderen Vergünstigungen für kooperative Kunden kann jedoch sicherlich als eine zumindest lohn-ähnliche Vergütung angesehen werden.

Damit wird deutlich, dass in bemerkenswerter Parallele zur Nutzung von formeller Arbeitskraft über den Mechanismus der Lohnarbeit im Rahmen betrieblich verfasster Produktionskontexte nun auch über die Schiene der *Kundenbeziehungen* im Rahmen der *privaten Konsumtionssphäre* die gebrauchswertschaffende Fähigkeit individueller Arbeitskraft betrieblich genutzt werden soll. Auch der Konsument wird dadurch nun zur systematisch (und nicht nur zufällig oder beiläufig) nutzwerten betrieblichen Größe. Seine Potenziale sollen ganz im Sinne des industriesoziologischen Transformationstheorems per organisatorisch-technischer »*Kontrolle*«[183] in manifeste, betrieblich verwertbare praktische Leistungen »*transformiert*« werden (siehe Kasten).

Kontrolle und Transformation von Arbeitskraft – Ein betriebliches Grundproblem

Das »Kontroll-« oder »Transformations«-Theorem der Arbeits- und Industriesoziologie geht auf den amerikanischen Gewerkschafter und Publizisten Harry Braverman (1980) zurück, der in seinem viel beachteten (und heftig kritisierten) Buch die wichtige Marxsche Idee markant herausgestellt, dass Betriebe bei der arbeitsvertraglichen Anstellung von lohnabhängigen Mitarbeitern aufgrund des unvermeidlich »unvollständigen Arbeitsvertrages« (der i.d.R. keine konkreten Arbeitsleistungen definiert) nur deren Arbeits-Vermögen zur zeitweiligen Nutzung erwerben, damit aber noch nicht sicherstellen, dass dann auch die jeweils betrieblich erforderliche konkrete Arbeits-Leistung entsteht (Problem der »Transformation« von latenter Arbeitskraft in manifeste Arbeit). Dies müsse betrieblich durch organisatorisch-technische »Kontrolle« (im Sinne des englischen »to control«, also von herrschaftlicher Steuerung und Überwachung von Arbeit und Arbeitskraft) des konkreten Arbeitsprozesses sichergestellt werden. Das führte in der Industriesoziologie zu einer bis heute anhaltenden kontroversen Diskussion über die genaue Logik, die Verschiedenartigkeit der Erscheinungen und nicht zuletzt über die historische Entwicklung der betrieblichen Steuerung und Nutzung von Arbeitskraft in diesem Sinne (»labour process debate«). Ähnliche Fragen verfolgt, mit anderen theoretischen Konzepten und Folgerungen, auch die neuere ökonomische Theorie, etwa unter dem Stichwort »Principal Agent« – Problem

(Vgl. zum Einstieg zum Beispiel Hildebrandt/Seltz 1987, aus betriebswirtschaftlicher Sicht Lang/Alt 2003; siehe auch die weiterführende Literatur).

183 Man kann auch von »Kunden-Kontrolle« sprechen, vgl. Rieder/Voß 2003.

4.2.1.2 Konsumtätigkeit als formelle Produktionsarbeit – Ein neues Selbstverhältnis der Konsumenten

Der erweiterte betriebliche Zugriff auf den Konsumenten verändert objektiv sein Verhältnis zu sich selbst. Er wird erfahren, dass er als private Person nicht mehr nur Käufer und Verbraucher ist, sondern immer häufiger auch eine Arbeitskraft neuer Art. Wie sich das im subjektiven Erleben niederschlägt, ist eine offene, nur empirisch zu klärende Frage. Es kann jedoch vermutet werden, dass sich der Konsument langfristig seiner neuen Funktion bewusst werden muss, um den daraus resultierenden Anforderungen zu entsprechen und mit den Folgen umzugehen.

Insbesondere dann, wenn die privaten produktiven Leistungen der Konsumenten nicht mehr nur die Anpassung oder Endproduktion eines für sie selbst bestimmten Gutes zum Ziel haben, sondern deren Ergebnisse (wie rudimentär und in welcher Form auch immer) als *Gebrauchswerte* in die Produktion des Betriebs *zurückfließen*, oder wenn die produktiv konsumtive Tätigkeit sogar in einen außerprivaten *Kooperations- und Verwendungszusammenhang mit anderen Konsumenten* oder mit den *formellen Mitarbeitern* des Betriebes zum Vorteil des Unternehmens *eingebunden* wird, spätestens dann wird der Konsument bei seinen produktiven Tätigkeiten ganz praktisch der häuslichen Intimität und Selbstbestimmtheit entrissen. Und dies wird nicht ohne Folgen für das Erleben seiner Privatheit bleiben. Der Konsument wird nicht umhinkommen, *praktisch zu erfahren,* dass er *Teil eines übergeordneten und von ihm nur bedingt beeinflussbaren Arbeits- und Kooperationszusammenhangs ist.* Entsprechend wird er seine private Tätigkeit und deren produktive Potenziale als nicht mehr nur persönlich beliebigen, sondern als *formell eingeforderten* und gegebenenfalls sogar handfest *sanktionierten* Funktionsbeitrag zu einer ihm fremden Einrichtung erleben. Hierauf wird er sich in seinem Handeln und wohl auch in seinem Denken und Fühlen einstellen müssen.

Das kann ihm ein erweitertes positives Selbstbewusstsein und durchaus den einen oder andern Vorteil verschaffen. Es wird ihn aber auch dem überprivaten Nutzungs- und Funktionsdruck und damit auch ganz neuartigen Entfremdungserfahrungen aussetzen. Er kann dann eben nicht tun und lassen, was er möchte, sondern sieht sich auf definitive Verbindlichkeiten und unabweisbare Rücksichtnahmen verwiesen, die systematisch mehr und etwas ganz anderes sind, als diejenigen, die die private Häuslichkeit des Konsums und die intime familiale Sorge bis dahin bedeuteten. Jetzt geht es nicht mehr nur um die wählerische Kompetenz des Käufers, den guten Geschmack der Verbraucherin, die Verantwortlichkeit und das alltagspraktische Geschick des fürsorglichen Familien- und Haushaltsmitgliedes usw. Jetzt geht es um ein *explizit sachgerechtes*, also im formellen Sinne *qualifiziertes* Handeln in Bezug auf *überprivate Zusammenhänge* – um organisational eingebundene *Arbeit* eben und zwar im engeren Sinne einer zielgerichtet über den privaten unmittelbaren Verwendungszusammenhang hinausreichenden produktiven Leistung. Es ist keine persönliche Angelegenheit mehr, ob und wie man die Ausübung dieser Funktionen fachlich ausgestaltet, das heißt inwieweit man sie beherrscht, und ob, wie und wo man die dafür erforderlichen *Fachkompetenzen* erwirbt.

Die Tätigkeit des Arbeitenden Kunden ist schließlich auch deshalb eine veritable Arbeit, weil sie nicht nur zunehmend fachliche Qualifikationen verlangt, sondern auch gezielte *Organisierung*, *Disziplinierung* und *Motivierung*. Als arbeitender Kunde ist man nur noch bedingt freie Privatperson und mehr oder weniger schon Teil einer außerprivaten und insoweit ›fremden‹ Einrichtung, gegenüber der man sich nicht mehr beliebig verhalten kann.

Home-Banking beispielsweise erfordert, wie bisher vielleicht nur die Steuererklärung, Konzentration und Disziplin, Sachkenntnis und technische Kompetenzen, Termintreue und vieles andere mehr. Home-Banking ist kein Privatvergnügen, denn ein falscher Tastendruck genügt, und schon läuft die Überweisung falsch, was nicht nur lästig ist, sondern schnell teuer und ausgesprochen kompliziert werden kann. Wer nicht sehr genau die potenziellen Sicherheitsprobleme des Home-Banking kennt und strikt auf Vorkehrungen achtet, der setzt sich großen finanziellen Risiken aus. Im Zweifel findet man dann keinen verständnisvoll den Fehler korrigierenden Schalterbeamten mehr; man trägt selbst die Verantwortung. Es ist dann nicht weit bis zu dem Punkt, an dem man ernsthaft überlegen muss, ob man wirklich seine heimischen Bankarbeiten im Bademantel noch mal eben schnell vor dem Zubettgehen erledigen sollte. Sicherlich wird man dazu nicht die Krawatte umbinden, aber sich sehr wohl ordentlich an den Schreibtisch setzen, vielleicht die Türe schließen, alle Unterlagen sauber zurechtlegen und einen möglichst strukturierten Plan bereit haben – ganz so, als wäre man an einem betrieblichen Arbeitsplatz. Die in Kapitel 2 abgebildete Werbung einer Bank spricht daher völlig zu Recht vom heimischen Computer als »Filiale« der Bank (»Unsere kleinste Filiale«).

Ist man, um weitere Beispiele zu betrachten, Mitglied einer Community aktiver Software-User, eines Zirkels von Nutzern einer Musiktauschbörse oder der engagierte Dauerkunde eines Internethandelshauses, dann hat man sehr schnell sogar Verantwortung für fremde Personen: für Kooperationspartner, die nicht mehr die eigenen Lieben und Nächsten sind, welche im Zweifel ein Auge zudrücken, wenn man mal einen Fehler macht. Inzwischen gibt es erste Gerichtsurteile, in denen es eBay-Kunden untersagt wird, sich im Portal des Auktionshauses kritisch über andere Kunden zu äußern.[184] Kein Wunder auch, dass ein voll ausgerüstetes Home Office für viele Konsumenten inzwischen nicht nur eine Selbstverständlichkeit, sondern Notwendigkeit ist. Und bei manchen ist der häusliche Arbeitsplatz besser ausgestattet als das Büro im Betrieb.

Das sind höchst paradoxe Entwicklungen, die zu wichtigen *Fragen* Anlass geben. Nur ein Beispiel:

Der Kunde oder Konsument als Abnehmer und zahlender Käufer von Waren wird nun Teil der betrieblichen Produktion der Güter, die er erwirbt und für die er zahlt – und das Ganze erfolgt unter systematischer betrieblicher Steuerung. Insoweit kann man davon sprechen, dass, idealtypisch gesehen, die ehemals ausschließlich über den Markt geregelte Beziehung von Produktion und Konsum, beziehungsweise von Betrieb und Kunde, nun zunehmend *betrieblich vereinnahmt* wird. Bedeutet das, dass der Konsum dadurch der Tendenz nach von seiner bisherigen *Marktförmigkeit* (ökonomischer Kauf) und

184 Es ging um Transaktionen, bei denen Käufer einer Ware den Verkäufer beurteilten. Gerügt wurde etwa vom Amtsgericht Erlangen der Satz: »Also ich und ein Freund würden hier ganz bestimmt nichts mehr kaufen, sorry!« und vom Amtsgericht Koblenz die Äußerung »Nie wieder! So was habe ich bei 500 Punkten nicht erwartet!! Rate ab!!«. Begründung eines Gerichts: Es bestehe im Verhältnis zum Geschäftspartner eine »vertragliche Nebenpflicht«, nur sachliche, nachvollziehbare Kritik zu veröffentlichen. (Vgl. Lehmann 2004).

Privatheit (individuelle Ausgestaltung) gelöst wird? Was ist dann dieser Konsum, wenn nicht mehr nur Kaufen und Verbrauchen? Was ist dann dieser Konsument, wenn nicht mehr nur Käufer und Verbraucher? Wir werden darauf noch einmal eingehen.

4.2.2 Der Kunde als ökonomische Wertquelle – Die Produktionspotenziale der Konsumenten unter betrieblichem Verwertungsdruck

Auch *ökonomisch* im engeren Sinne, das heißt auf die systematische Herstellung und Realisierung tauschorientierter und zumindest potenziell in Geldeinheiten messbarer *Werte* bezogen, bedeutet der sich abzeichnende Übergang zu einem neuen Typus des Konsumenten eine neue Welt. Wie in der eben betrachteten Praxisdimension kann auch auf der abstrakt wirtschaftlichen Ebene zwischen einem neuen (ökonomischen) Verhältnis von Konsument und Betrieb und einem neuen (ökonomischen) Selbst-Verhältnis des Konsumenten unterschieden werden:

4.2.2.1 Betriebliche Ökonomisierung des Konsums

Eine veränderte ökonomische Qualität im Verhältnis von Betrieben und Konsumenten ergibt sich zunächst einmal dadurch, dass bisher betriebsintern erledigte Funktionen im Zuge erweiterter Kundenstrategien von Unternehmen an die Konsumenten delegiert werden. Der Betrieb reduziert dadurch explizit Kosten; oder anders gesagt: die Verlagerung auf die Kunden schafft, relativ gesehen, zum Teil erhebliche ökonomische Werte, die dem Betrieb wirtschaftlich zugute kommen.

Schaut man genauer hin, wird jedoch deutlich, dass diese Einsparung und damit die Bildung von ökonomischen Werten nicht durch Reduzierung irgendeines beliebigen Kostenfaktors entsteht, sondern durch die betriebliche Externalisierung des *Faktors Arbeit.* Durch die betriebliche Nutzung von *menschlichem Arbeitsvermögen* auf Seiten der Konsumenten können diese tendenziell zur organisatorisch eingebundenen Arbeitskraft werden. Der Kunde oder Konsument trägt damit nicht nur als gebrauchswertschaffende Instanz, sondern auch als *Instanz zur Schaffung abstrakter Werte* zumindest indirekt zur Wertschöpfung des Betriebes bei. Der Arbeitende Kunde ist nicht nur produktionspraktisch *nützlich*, sondern auch ökonomisch handfest *wertvoll* – und genau so wird er von immer mehr Unternehmen und von entsprechenden Managementkonzepten gesehen und behandelt.

Es lohnt sich, noch spezifischer zu werden: Die Auslagerung von Arbeit auf Konsumenten zielt nicht nur auf Kostenreduktion und damit indirekt auf Wertbildung. Es geht vielmehr auch darum, im engeren Sinne Arbeitskraft mit dem Ziel der Nutzung ihrer wertbildenden Potenz einzusetzen, also durch sie *unmittelbar ökonomischen Wert zu schaffen*. Es geht faktisch um eine, historisch wie strukturell gesehen, *neuartige Quelle der gezielten betrieblichen Produktion und Abschöpfung von Wert im engeren werttheoretischen Sinne.* Dies geschieht (wie bei der Nutzung der gebrauchswertschaffenden Eigenschaft) komplementär und weitgehend analog, wenn auch im Verfahren ganz anders, zur Wertschöpfung mittels traditioneller Lohnarbeit.

Damit stellt sich eine neue Qualität der ökonomischen ›*Ausbeutung*‹ von Arbeitsvermögen und Arbeitsleistungen in der Gesellschaft her: nämlich auf der Konsumtionsseite des gesellschaftlichen Reproduktionsprozesses. Der Konsument soll jetzt nicht nur wie bisher produzierte Werte *kaufen* und dafür *bezahlen* (das soll er weiterhin), sondern auch (als Konsument!) seine produktiven Potenziale zur Verfügung stellen, produktiv arbeiten und dadurch ökonomischen *Wert produzieren* – und er soll dafür (erst einmal) *nicht bezahlt* werden. Bestenfalls bekommt er einen finanziellen Rabatt oder eine immaterielle Vergünstigung.

Zum Verständnis dieser Entwicklung ist eine *Unterscheidung* wichtig:

(a) Bei den derzeit gängigen Verfahren der betrieblichen Nutzung des Wertes von Kundenleistungen geht es in der Regel erst einmal nur um indirekte ökonomische Effekte. Diese ergeben sich aus der Verlagerung von Produktionsleistungen auf die Käufer und Nutzer der dadurch (in Teilen mit-)hergestellten Waren und Dienstleistungen. Der dabei entstehende Wert kommt dem Betrieb zwar als Kostenersparnis unmittelbar zugute, er kann darüber jedoch *nicht frei verfügen*, etwa um ihn (wie bei der Wertschöpfung durch formelle, lohnabhängige Arbeitskräfte) an anderer Stelle zu verwerten. Der Wert entsteht zwar durch wertschaffende Arbeit, er *verbleibt aber beim realen Produzenten*, also: beim jeweiligen Konsumenten, der die Arbeit bei und für sich erbringt. Die Wertschöpfung für das Unternehmen ergibt sich dadurch, dass der Konsument eine kostenlose (Eigen-)Leistung als Teil der Leistung des Unternehmens erbringt und trotzdem für das Produkt bezahlt. Selbst wenn ihm ein Teil der Kostenersparnis (als Rabatt, Preisreduktion, materielle oder ideelle Vergünstigung usw.) zugeteilt werden sollte, verbleibt den Unternehmen eine relative oder indirekte Wertschöpfung, so dass immer mehr Unternehmen auf diese neue Strategie im Umgang mit ihren Kunden setzen.

(b) Etwas anderes ist es jedoch, wenn es betrieblich gelingt, Kunden dazu zu veranlassen, mittels eigener reproduktiver Produktionsarbeit Werte zu erzeugen, die von ihnen (das heißt von der unmittelbaren Nutzung der von ihnen mitproduzierten Güter oder Leistungen) *abgelöst*, betrieblich *frei angeeignet* und schließlich unabhängig vom jeweiligen Kundenbezug in beliebigen Kontexten betrieblich *frei verwertet* werden können. Eine solche Ablösung, betriebliche Aneignung und Verwertung von Kundenproduktivität entsteht beispielsweise dann, wenn Kundinnen und Kunden

- über ein selbstgesteuertes ästhetisches *Co-Design* oder eine individuelle Konfiguration von Produkten (zum Beispiel mit den bereits geschilderten Tool-Kits) einem Unternehmen *wertvolle Informationen über Struktur und Wandel von Kundenwünschen* zukommen lassen;
- in betrieblich installierten Chat-Rooms durch *individualisierte Rückmeldungen* oder *automatisierte Feedback-Systeme* (zum Beispiel bei der Nutzung von Softwareprodukten) bewusst oder unbewusst *Hinweise auf Produktmängel* und vielleicht sogar konkrete *Verbesserungsempfehlungen* mitteilen, die das Unternehmen nutzen kann;
- als Erstnutzer von neuen Produkten zu gezielt von den Betrieben eingesetzten *Testern* werden, deren Erfahrungen über diverse Beratungs- und Beschwerdekanäle offensiv abgeschöpft werden;
- zur gezielten *Kooperation* untereinander animiert werden und damit die *Leistungsqualität der Produkte* und des *Vertriebs* nicht nur für sich, sondern auch für andere verbessern;

- als *Multiplikatoren des Firmen- und Produktimages* oder gar als explizite *Werbeträger* aufgebaut und entsprechend in ihrem Verhalten gesteuert werden;
- dazu angehalten und ausgebildet werden, systematisch weitere *Kunden anzuwerben* und zu binden;
- für die Rückkopplung von Qualitätsaspekten genutzt werden und damit nicht nur als passive Qualitätsprüfer, sondern auch zur *praktischen Durchsetzung von Qualität* gegenüber beispielsweise den formellen Mitarbeitern (der Kunde als »Qualitätspeitsche« und »Vermittler des Marktdrucks«) eingesetzt werden.

Diese Form der unmittelbaren Nutzung von Konsumenten als betrieblich *frei vernutzbare, wertschaffende Arbeitskraft* findet sich bisher erst in einzelnen Bereichen. Sie hat jedoch eine wesentlich tiefer gehende wirtschaftliche Bedeutung, als man auf den ersten Blick meinen könnte, und vor allem: Sie wird sich erheblich ausweiten, nicht zuletzt, weil neue Technologien eine solche frei verwertbare Nutzung von Kundenleistungen erleichtern.

Allgemein kann die zu beobachtende Entwicklung so formuliert werden: Der neue Typus des arbeitenden Kunden ist nicht nur in erweiterter Form produktives Potenzial, das Betrieben punktuell Kostenersparnisse und damit relativ (oder indirekt) eine begrenzte Wertschöpfung bringen kann. Der Konsument wird vielmehr strukturell zu einem *strategischen Element des direkten Wertschöpfungskalküls von Unternehmen.*

Was die Untersuchungen zur *Systemischen Rationalisierung* für die Zulieferer und Weiterverkäufer bei Industriebetrieben entdeckten, findet sich damit nun auch im Feld des privaten Konsums: Die nachgelagerte Instanz wird in die Rationalisierungsstrategie der Betriebe nicht nur produktionsorganisatorisch und administrativ, sondern auch unmittelbar ökonomisch, das heißt in Bezug auf die abstrakte Verwertung eingesetzter Ressourcen eingebunden. Und das ist, wie die angeführten Beispiele zeigen, ein weit über die klassische Industrie und den Dienstleistungssektor hinausreichendes Phänomen.

4.2.2.2 Produzieren Kunden »Mehrwert«?

Nur angerissen werden kann und soll an dieser Stelle das theoretische Problem, ob die ökonomische Nutzung der produktiven Potenziale und Tätigkeiten von Konsumenten (und damit ihrer Arbeitskraft und Arbeit) als Abschöpfung von *Mehr-Wert* zu verstehen ist. Deutlich ist auf alle Fälle, dass Betriebe mit den geschilderten neuen Kundenstrategien auf erweiterte Weise Arbeitskraft ökonomisch zu nutzen suchen – auch wenn ihnen dies nicht bewusst sein sollte. Inwieweit in der werttheoretisch bisher kaum betrachteten *produktiven Tätigkeit der Reproduktion*, also der Arbeit der Konsumenten (oder der Arbeit in der ›Nicht-Arbeit‹), ein Moment von Mehr-Arbeit unterstellt werden kann, das dann gegebenenfalls betrieblich angeeignet werden könnte, ist jedoch eine schwierige Frage.

Die Beantwortung hätte wohl daran anzusetzen, dass offensichtlich auch die reproduktiv produktive Tätigkeit eine (Produktion und dann) Re-Produktion ihrer Grundlagen, also des ›Vermögens zu arbeiten‹ erfordert. Auch sie ist Konsum und Verausgabung von Arbeitskraft, in die eine das Arbeitsvermögen herstellende Leistung eingeflossen ist. Damit ist sicherlich zu unterstellen, dass es einen für ihre (Wieder-)Herstellung notwendigen Anteil gibt, der (weil es auch hier um die Verausgabung von lebendigem Arbeitsvermögen geht) von der Möglichkeit zu einer Mehr-Arbeit begleitet ist, die eine Art *reproduktiven Mehr-Wert* schaffen würde. Auch Konsumenten können in ihrer Eigenschaft als Konsumenten potenziell mehr produktive Leistungen erbringen, das heißt (etwa, wie Marx es vorschlug, in Zeiteinheiten gemessen) ›mehr-arbeiten‹ und damit ›mehr Wert‹ schaffen, als zu einem gegebenen historischen Zeitpunkt im Durchschnitt für die Herstellung und Erhaltung ihrer reproduktiven Arbeitskraft unbedingt erforderlich ist.

Die ökonomische Nutzung und Verwertung dieses Momentes (also seine »Ausbeutung«) ist ganz ohne Zweifel das, worum es strukturell (das heißt nicht unbedingt intentional) bei der hier interessierenden Entwicklung geht. Komparative Kostenvorteile durch partielle Auslagerung von Kosten auf die Kunden enthalten nur marginale ökonomische Möglichkeiten – die Erschließung einer bisher ungenutzten Mehrwert-Quelle ist dagegen eine echte strategische Option. Ein kleiner Schritt für das jeweilige Unternehmen, das mit neuen Formen des Zugriffs auf seine Kunden experimentiert – ein großer Schritt für den Kapitalismus als Formation.

4.2.2.3 Selbst-Ökonomisierung des Konsums

Durch den erweiterten Zugriff von Unternehmen auf ihre Kunden und die erweiterte ökonomische Nutzung ihrer Potenziale wird sich mit großer Wahrscheinlichkeit auch das *ökonomische Verhältnis betroffener Personen zu sich selbst als Konsumenten verändern.* Die produktiven Potenziale und Tätigkeiten der Konsumsphäre werden strukturell gesehen aus der Freiheit des privaten Kaufens und Konsumierens entlassen und im Gegenzug zur betrieblich beherrschten *außerprivaten ökonomischen Aktivität.* Die bisher dominierende Marktvermittlung des Verhältnisses von privater Konsumtion und öffentlich-betrieblicher Produktion durch die Akte des Verkaufens und Kaufens wird damit aufgebrochen. Konsum ist im Zuge dessen nicht mehr nur, wie bisher, im persönlichen Nahbereich residual produktiv und dadurch faktisch wertschaffend, sondern wird in dieser Eigenschaft offen gesellschaftlich (das heißt hier: betrieblich) gesteuert und mit zunehmend formelleren Erwartungen an eine produktive und wertschöpfende Tätigkeit konfrontiert. Es geht nicht mehr nur um persönlich, privat oder informell »wertvolle« Eigen-, Familien oder Hausarbeit, sondern um *quasi-öffentliche ökonomische Leistungen* und um eine *formelle, wirtschaftlich wertbildende (und nicht nur verbrauchende) Tätigkeit, für die die Konsumenten in die Pflicht genommen werden.*

Das bedeutet, dass der Konsument zunehmend die *abstrakt-ökonomische* Seite seiner bisher rein privaten produktiven Potenziale und Leistungen erfährt und sich nach und nach auch bewusst aneignen muss, will er in diesem neuen Metier die auf ihn zu kommenden Anforderungen bewältigen oder neue Möglichkeiten erfolgreich nutzen. Wer gezielt als Konsumentin oder Konsument in betriebliche Wertschöpfungsketten eingebunden wird, wird lernen müssen, sich entsprechend *aktiv ökonomisch zu verhalten.* Die produktiven Potenziale und Tätigkeiten der eigenen Reproduktionssphäre sind dann nicht mehr nur privat praktisch nützlich oder irgendwie auf nette Art persönlich sinnvoll, sondern sie werden nun zu expliziten wirtschaftlichen Gütern. Sie werden zu Gütern, mit denen man *pfleglich umgehen,* die man gezielt *entwickeln* und bewusst *ökonomisch einsetzen* muss – und mit dem Ziel geldwerter Gewinne regelrecht *vermarkten* kann. Die privaten Finanzkompetenzen etwa sind auf diese Weise nicht nur gelegentlich hilfreich, sondern können und müssen im ökonomischen ›bargaining‹ mit einem Finanzanbieter ein echtes Tauschgut sein. eBay-Kompetenzen zahlen sich beispielsweise inzwischen für viele Konsumenten unmittelbar ökonomisch aus, wenn sie nicht gar zu einer ökonomischen Existenzbasis eigener Art werden.[185]

Mit der Zeit wird den Konsumenten vermutlich auch noch einmal in ganz neuer Weise deutlich werden, dass man auf der Konsumseite des Lebens über ein mehr oder weniger umfangreiches und vielfältiges *Vermögen* verfügt; dass man dort Ressourcen besitzt, die man aktiv *ökonomisch einsetzen kann* und die dadurch den Charakter eines individuellen *Kapitals* bekommen.[186] Gemeint ist natürlich einmal das Finanz-Vermögen, das man wie bisher konsumtiv für den Kauf und Verbrauch von Gütern einsetzen kann. Es geht aber auch um ein ökonomisch wertvolles und pfleglich zu behandelndes Arbeits-Vermögen, wie es bis dahin überwiegend nur Thema in der Erwerbssphäre war. Oder anders gesagt: War bislang in der Konsum-Sphäre allein die Kauf-Kraft von Interesse, so wird es nun auch die dort anwendbare Arbeits-Kraft – die sich dann vielleicht als produktive *Konsum-Kraft* bezeichnen mag, um sich begrifflich abzusetzen.

All das öffnet auch hier wichtige und zum Teil sogar irritierende *Fragen*, die, weil die Entwicklung erst beginnt, jedoch noch kaum umfassend beantwortet werden können. Auch hier nur einige Beispiele:

Wird den Konsumenten mit der Zeit bewusst werden, dass sie kapitalistisch genutzte Wertquelle sind, und werden sie sich politisch oder gegenüber dem Betrieb entsprechend verhalten? Werden sich

---

185 Die Münchener Volkshochschule bietet neuerdings stark nachgefragte eBay-Qualifizierungs-Kurse (zusammen mit der Firma eBay) für den privaten Handel über das Internet an. Die Finanzbehörden sind zudem inzwischen ausgesprochen aufmerksam, um unter eBay laufende ökonomische Transaktionen gegebenenfalls besteuern zu können.

186 Dass dabei die Unterscheidung von Kapitalsorten (ökonomisch, sozial, kulturell) bei Bourdieu dann noch einmal ganz neuen Sinn macht, sei nur angedeutet (vgl. Bourdieu 1982, 1983).

die Konsumenten organisieren und werden dann aus Konsumentenorganisationen Einrichtungen zur Interessenvertretung von (reproduktiv) Arbeitenden? Sind systematische Qualifizierungsmaßnahmen und vielleicht sogar öffentlich institutionalisierte Qualifizierungseinrichtungen für Arbeitende Kunden denkbar (erste Beispiele gibt es schon, wie gezeigt)? Muss das Recht zum Schutz der Konsumentinnen und Konsumenten inzwischen nicht auch die Arbeitsbedingungen regulieren, und ist es dann systematisch mehr als nur Verbraucher-Schutz? Muss nicht zuletzt irgendwann und irgendwie auch die Frage nach den erwirtschafteten Werten, also die Lohn- und Verteilungsfrage gestellt werden – und welche Instanz fühlt sich dafür zuständig? Sollte nicht auch das Mitbestimmungsthema vor diesem Hintergrund noch einmal neu betrachtet werden?

4.2.3 Der Kunde als informeller Mitarbeiter – Der private Lebenszusammenhang der Konsumenten unter betrieblichem Beherrschungsdruck

Die Entwicklung hin zum Arbeitenden Kunden wird sich voraussichtlich in der Auslegung des *gesamten privaten Lebenszusammenhangs* der Betroffenen abbilden, also die Dimension der Existenzialitat nicht unberührt lassen.

Was sich dort als Tendenz abzeichnet, läuft möglicherweise auf eine *neue Stufe der gesellschaftlichen Beherrschung des persönlichen Lebens auf der Konsumseite* hinaus. Es geht um eine substantiell erweiterte gesellschaftliche Durchdringung der bisher im Unterschied etwa zur formellen Arbeitswelt noch vergleichsweise vor gesellschaftlichen Zudringlichkeiten geschützten Privatsphäre.

Das ist zum einen und zuerst unmittelbar Ausdruck der zunehmenden organisatorisch-technischen Kontrolle der produktiv-konsumtiven Leistungen von Konsumenten durch die Betriebe. Man kann es als eine neue Qualität der *Verbetrieblichung des Lebens* begreifen, die weit über das hinaus geht, was bisher darunter zu verstehen war.

4.2.3.1 Die betriebsorganisatorische An- und Einbindung des Konsumenten als produktive und wertschöpfende Einheit

Die private Existenz von Menschen ist in modernen industriell-kapitalistischen Gesellschaften immer schon ›verbetrieblicht‹: durch die mit der historischen Durchsetzung von Lohnarbeit entstandene und inzwischen kulturell weitgehend adaptierte Beherrschung des Lebens der abhängig Erwerbstätigen über die *Anforderungen und Zwänge der Tätigkeit im Beschäftigungsbetrieb.* Diese Verbetrieblichung des Lebens betrifft auch diejenigen, die nicht lohnabhängig sind, aber an den Einkommen von Erwerbstätigen teilhaben und in ihrem Leben praktisch mit dem der Lohnabhängigen verbunden sind.

Mit den neuen Strategien der Nutzung und Beherrschung der produktiven Potenziale auf der Konsumseite stellt sich jedoch eine ganz *neue Form der Verbetrieblichung der persönlichen Existenz* ein: Auch die Reproduktionssphäre wird in eine *betriebliche Nutzenökonomie* und ein System *betrieblicher Herrschaft* hineingezogen. Die Produktivität der Kunden soll nun Teil einer kapitalistischen Waren-Produktion (oder analoger Funktionen in nicht-privatwirtschaftlichen Organisationen) werden – und muss, um dies zu gewährleisten, ein systematisches Moment der *organisatorischen Steuerung* aller dafür erforderlichen menschlichen Aktivitäten werden. Betroffene Konsumenten sind damit, mehr oder weniger weitgehend und mehr oder weniger formell, faktisch Teil der auf sie zugreifenden Betriebe.

Das betrifft letztlich alle Dimensionen der organisatorischen Beherrschung von Produktionen und Produzenten:

- In der *sachlichen* Dimension geht es auch beim Arbeitenden Kunden darum, was konkret getan und welches Ergebnis in welcher Qualität erbracht werden muss: Er folgt betrieblich mehr oder weniger verbindlich vorgegebenen Verfahrens- und Leistungsvorgaben, muss fachliche Standards einhalten und dazu erforderliche Qualifikationen einsetzen (vielleicht auch vorher nachweisen), wird Qualitätskriterien und Terminierungen unterworfen und muss bei Abweichungen mit Sanktionen rechnen.
- *Technisch* wird er oft an mehr oder weniger komplexe materielle Maschinen und Anlagen angebunden oder technologisch basierten Verfahren unterworfen: Er muss deren Logik und Rhythmik

folgen, hat ständig zu aktualisierende technische Kenntnisse einzubringen und nicht selten sogar die Anlagen selbst zu erwerben und gezielt einzusetzen.

- In *zeitlicher* Hinsicht hat man als betrieblich angebundener Konsument oft vorgegebene Termine und Zeiträume einzuhalten: Man muss sich an betriebliche Rhythmen anpassen, hat möglicherweise in bestimmten Geschwindigkeiten zu arbeiten, wird nicht selten unter Beschleunigungs- und Termindruck gesetzt usw.
- In der *sozialen* Dimension schließlich zeigt sich, dass auch die Tätigkeiten des Arbeitenden Kunden, so privat und individualisiert sie immer noch erscheinen mögen, faktisch in komplexe Arbeitsteilungen und dadurch in Kooperationszusammenhänge eingebunden sind: Man muss betrieblichen Mitarbeitern zuarbeiten, ist von deren Leistungen, Vorgaben und Anweisungen abhängig (und umgekehrt), braucht Informationen und gibt welche, leistet formell oder informell kooperative Unterstützung und wird nicht zuletzt sanktioniert, wenn man nicht kompetent und kooperativ ist usw.

4.2.3.2 Die Selbst-Verbetrieblichung des Konsumenten

Komplementär zur Verbetrieblichung des Lebens der arbeitenden Konsumenten durch eine derartige systematische Anbindung seiner produktiven Tätigkeiten an fremde Unternehmen gibt es aber auch hier eine neuartige selbstbestimmte Form; eine sich im Zuge der beschriebenen Entwicklung verschärfende *Selbst-Verbetrieblichung des Konsumenten.*

Natürlich hat es in moderne Gesellschaften immer schon eine von den Konsumenten selbst vollzogene Unterwerfung unter betriebliche Anforderungen und Zwänge gegeben. Der traditionell kaufende und verbrauchende Konsument oder Kunde unterliegt durch seinen tatsächlich im Wesentlichen freien Akt des Erwerbs und der Vernutzung von Waren einer massiven Beeinflussung durch betriebliche *Marketingstrategien* und *Kundenbindungstechniken.* Mehr noch, die Warenlogik und die sich immer mehr verselbständigende *Warenästhetik* und *Warenkultur* legen in hohem Maße fest, was mit den erworbenen Gütern zu geschehen hat und wie sie auf die Konsumenten wirken. Sie prägen bis in die letzten Poren des privaten Lebens die Tätigkeiten, das Denken und auch die Empfindungen der Konsumenten. Beides kann damit durchaus als eine über den Warenkauf und Warenkonsum selbst vollzogene Öffnung für steuernde Parameter durch die Güter und Leistungen produzierenden und verkaufenden Betriebe gesehen werden; eine Verbetrieblichung des Lebens, die die Betroffenen über ihre Kauf- und Konsumakte weitgehend selbst vermitteln.

Der neue Konsument unterliegt dem naturgemäß ebenfalls – aber er betreibt noch einmal eine ganz andere, erweiterte Form der Selbst-Verbetrieblichung: Eine von ihm selbst gesteuerte *betriebsförmige Durchgestaltung und Durchrationalisierung seines Lebens* als Basis und Hintergrund für die nun von ihm verlangten, über seine Privatheit hinausreichenden, produktiv arbeitenden Tätigkeiten. Nur wer den Konsumbereich seines Leben auf eine möglichst geschickte Weise organisiert und dadurch effizient im Griff hat (sein Leben also wie einen Betrieb organisiert), kann den wachsenden produktiven Anforderungen und Zwängen in der Sphäre des Konsums entsprechen und sie bewältigen.

»Verbetrieblichung der Lebensführung«, eine infolge neuer Strategien der betrieblichen Nutzung von Arbeitskraft erforderliche Selbst-Rationalisierung von Alltag und Lebensverlauf, war schon wichtiger Bestandteil der Arbeitskraftunternehmer-These.[187] Beim Wandel der Konsumtionssphäre geht es aber noch einmal um etwas ganz anderes:

Die Selbst-Verbetrieblichung des Arbeitskraftunternehmers wird zum einen durch die zunehmende (Rück-)Verlagerung der Steuerung von Erwerbsarbeit auf die Betroffenen sowie eine daraus resultierende erweiterte Selbst-Ökonomisierung von Arbeitskraft begründet; beides setzt den Alltag der Betroffenen unter einen Gestaltungs- und letztlich Rationalisierungsdruck. Der Arbeitende Kunde steht offensichtlich unter vergleichbaren Zwängen und unternimmt in der Folge offensichtlich auch Vergleichbares. Die *Gründe* dafür liegen jedoch in einem anderen Bereich. Ursache der Selbst-Verbetrieblichung der Konsumenten ist nicht ein neuer Umgang von Betrieben mit der

187 Voß/Pongratz 1998 (siehe auch die Einleitung und die weiterführende Literatur).

formellen Arbeitskraft abhängig Beschäftigter, sondern ein *erstmaliger systematischer Zugriff von Betrieben auf das bislang noch informelle Arbeitsvermögen des Konsumenten.*

Die *Formen*, in denen der Arbeitende Kunde mit organisatorischen beziehungsweise betriebsförmigen Mitteln auf die neuen Anforderungen reagiert, gleichen offensichtlich den Reaktionen des Arbeitskraftunternehmers, aber auch hier gibt es Unterschiede. Der Arbeitskraftunternehmer bildet mit der Verbetrieblichung seiner Lebensführung ein rationales Gebilde als organisatorischen Hintergrund für eine produktive Tätigkeit, die nach wie vor meist außerhalb der Privatsphäre vollzogen wird und primär dem Gelderwerb dient. Der Arbeitende Kunde dagegen *organisiert mit betriebsförmigen Mitteln eine unmittelbar produktive Tätigkeit*, die primär *im privaten Kontext verbleibt* und deren *Ziel primär nicht erwerbsbezogen* ist.

Es handelt sich hier jedoch um eine rein analytische Differenzierung. Praktisch ist in jeder Hinsicht vergleichbar, was beide Figuren bei der betriebsförmigen Durchgestaltung ihres Lebensrahmens tun, um den steigenden Anforderungen aus der einen wie der anderen Richtung zu entsprechen. Und vor allem, es greift praktisch ineinander und verstärkt sich dabei wechselseitig. Es lässt sich auf jeden Fall festhalten: Kommen die beiden Formen der Selbst-Verbetrieblichung zusammen, kann man von einer wirklich umfassenden, nämlich jetzt beide Seiten des Lebens betreffenden (Erwerb und Konsum) und beide Seiten der personalen Existenz prägenden (als formelle Arbeitskraft und Konsument) *selbst-getragenen Verbetrieblichung des Lebens* sprechen, die aber nur selten selbst-gewählt und wirklich autonom selbst-gesteuert wird.

Rückblickend auf diesen Abschnitt bleibt zu betonen, dass durch die neue Qualität des Konsums, in Verbindung mit der keineswegs obsolet werdenden traditionellen Verbetrieblichung des Lebens (durch Erwerbstätigkeit und Warenkonsum) und einer zunehmenden Vermarktlichung (oder ›Unternehmerisierung‹) von Arbeitskraft, das individuelle Leben nun gleich in *mehrfacher* und dadurch *potenzierter Form* unter einen massiven Druck zur umfassenden zweckrationalen und damit letztlich ökonomischen Ausgestaltung aller seiner Aspekte und Dimensionen gerät. Fast könnte man den Eindruck gewinnen, dass auf diese Weise eine *Ökonomie des ganzen Hauses* zurückkehren würde, wie sie für das Leben in vorindustriellen Epochen für wichtige Gruppen beschrieben wird, da das persönliche Leben nun erneut zu einem ganzheitlichen Zusammenhang produktiver und konsumtiver Tätigkeiten wird. Aber der Schein trügt. Den *neokapitalistischen ›Oikos‹* prägen nach wie vor die fremdbestimmte *Tätigkeit als abhängige und sich vermarktende Arbeitskraft* und der *Konsum* von kapitalistisch produzierten und gekauften *Waren* einschließlich der darüber auf das Leben einwirkenden *Marktstrategien* von Betrieben. Ihn prägt zudem, wie bisher, eine meist persönlich bedeutsame, aber strukturell eher residuale, freie, aber zugleich unabweisbar notwendige, autochtone *Tätigkeit für Haushalt und Familie*, einschließlich eines Anteils, den man als freie *Eigenarbeit* ansehen kann. Er enthält aber nun außerdem erweiterte *ko-produktive Tätigkeiten*, die unter dem herrschaftlichen Regime und unter der ökonomischen Verwertungslogik von kapitalistischen Produktionsbetrieben oder Dienstleistungsunternehmen vollzogen werden und insoweit öffentlich und fremdbestimmt sind.

Auch hier gibt es viele *Fragen,* zwei davon sollen kurz genannt werden: Eine der wichtigsten ist, ob das *Privatleben* (der Lebensbereich Haushalt, Freizeit, Familienleben, Reproduktion) nicht durch diese Entwicklung zu einer *öffentlich* relevanten, kontrollierten und entsprechenden Normen und Erwartungen unterworfenen *Sphäre neuer Logik* wird, zu einer Art *Hybrid-Sphäre,* die einerseits im Privaten verbleibt, sich aber substantiell zur Öffentlichkeit hin entgrenzt. Man kann aber auch fragen, ob hier nicht die mit der Industrialisierung entstandene strukturelle Ausdifferenzierung und damit Abgrenzung eines im engeren Sinne privaten und dann sogar intimen Lebensfeldes tendenziell zurückgenommen, also *entdifferenziert* wird.

Mit solchen Fragen wechseln wir nun die Argumentationsebene. Wir verlassen die typisierende Betrachtung der Subjektebene und fragen im Folgenden nach gesellschaftlichen beziehungsweise gesellschaftstheoretischen Zusammenhängen. Insbesondere hier werden nun einige der eben gestellten Fragen aufgegriffen.

4.3 Die doppelte Entgrenzung von ›Arbeit‹ und ›Leben‹ – Sozialstrukturelle Rahmung des Arbeitenden Kunden

Die These eines neuen Typus von Konsumenten öffnet einen weiten soziologischen Blick und damit eine weit reichende gesellschaftstheoretische Perspektive. Insbesondere vor dem Hintergrund der These eines sich aktuell verbreitenden neuen Arbeitskrafttypus und seiner historischen Einordnung wird erkennbar, dass beide Entwicklungen allem Anschein nach in Zusammenhang stehen und möglicherweise sogar komplementäre gesellschaftliche Prozesse darstellen – ein Gedanke, der dazu auffordert, ihn gesellschaftstheoretisch und dann auch historisch genauer einzubinden.

Das ist ein anspruchsvolles Unterfangen. Mit einer formal-analytischen Beschreibung von möglichen Interdependenzen entlang einiger theoretischer Figuren aus der derzeitigen Debatte zum Strukturwandel von Arbeit soll hier dennoch der Versuch einer gesellschaftstheoretischen *Interpretation* und *Erklärung* des Wandels der gesellschaftlichen Konsumtionsfunktion unternommen werden. Als zentrale Leitlinie erweist sich dabei das Thema einer »*Entgrenzung von Arbeit und Leben*«.

4.3.1 Arbeitskraftunternehmer und Arbeitender Kunde, Betriebs- und Lebensführung – Zusammenhänge

Die betriebliche Nutzung gepaart mit einer steigenden Kontrolle privater Produktivität kann *aus der Perspektive der Unternehmen* als tendenzielle Einbeziehung der Potenziale des informellen privaten Lebens in eine formelle und in soweit auch ›öffentliche‹ Betrieblichkeit verstanden werden. Die bisher in erster Linie marktvermittelte ökonomische Beziehung zwischen beiden Seiten des gesellschaftlichen und individuellen Lebens (Verkaufen und Kaufen von Waren) wird dadurch zu einem der Tendenz nach *die Logik des Markttausches verlassenden* Verhältnis: Unternehmen sehen und behandeln ihre Kunden nun nicht mehr nur als vergleichsweise *frei* Waren gegen Geld tauschende Akteure, sondern als konkret leistungsnutzende und vor allem leistungserzeugende Funktionseinheiten (unternehmensbezogene Kundenleistungen[188]). Das Verhältnis zwischen beiden folgt dadurch mehr als bisher einer auf direkten und dabei deutlich einseitigen Abhängigkeiten beruhenden sozialen Logik. Kurz: *Weniger Markt – mehr betriebliche Herrschaft!*

Die These des Arbeitskraftunternehmers beschreibt demgegenüber aus Sicht der Betriebe einen genau gegenläufigen historisch-strukturellen Prozess: Arbeitskraft, bisher durch betriebliche Arbeits-Kontrolle dominant herrschaftlich genutzt, wird tendenziell aus dem betrieblichen Zwangs- und Kommandosystem entbunden, in neuer Qualität marktförmig vermittelt und einer erweiterten Selbst-Kontrolle, das heißt einem privaten Regime der Betroffenen überantwortet. Kurz: *Weniger betriebliche Herrschaft – mehr Markt!*

Betrachten wir beides aus der Perspektive der *Person* und ihrer *Lebensführung*, hat die in der Arbeitskraftunternehmerthese postulierte Externalisierung (»Vermarktlichung«) betrieblicher Funktionen auf die Arbeitenden eine erweiterte *private Internalisierung* von Kontroll- und (darüber vermittelt auch von) Produktionsleistungen zur Folge. Kann dabei die verstärkte Zuweisung von Kontrolle und Produktivität auf die Arbeitskraft als Ausdruck betrieblicher Öffnungen und insoweit auch als *Entbetrieblichung* gesehen werden, unterstellen wir für das persönliche Leben eine verstärkt zweckrationale Alltagspraxis oder private *Verbetrieblichung* der Lebensführung. Kurz: *Weniger Öffentlichkeit – mehr Privatheit!*

Die von uns dargestellte Veränderung der Konsumtionsfunktion fügt dem nun eine weitere Verschiebung zwischen Betrieben und Personen hinzu, die den Zusammenhang schließt und ihn so als einen *einzigen gesellschaftlichen Umstrukturierungsprozess* von großer Tragweite erkennbar macht: Die neuen Kundenstrategien der Betriebe bedeuten personenseitig eine Entäußerung und damit sozusagen eine Entprivatisierung oder ›Veröffentlichung‹ bisher im intimen Privatkontext eingebetteter und eingehegter produktiver Funktionen. Es ist nicht mehr Eigenarbeit, sondern im engeren Sinne ökonomische Arbeit; keine abhängige Lohnarbeit, aber gleichwohl Arbeit mit kapitalistischem Vorzeichen. Kurz: *Weniger Privatheit – mehr Öffentlichkeit!*

---

188 Vgl. Gouthier 2003.

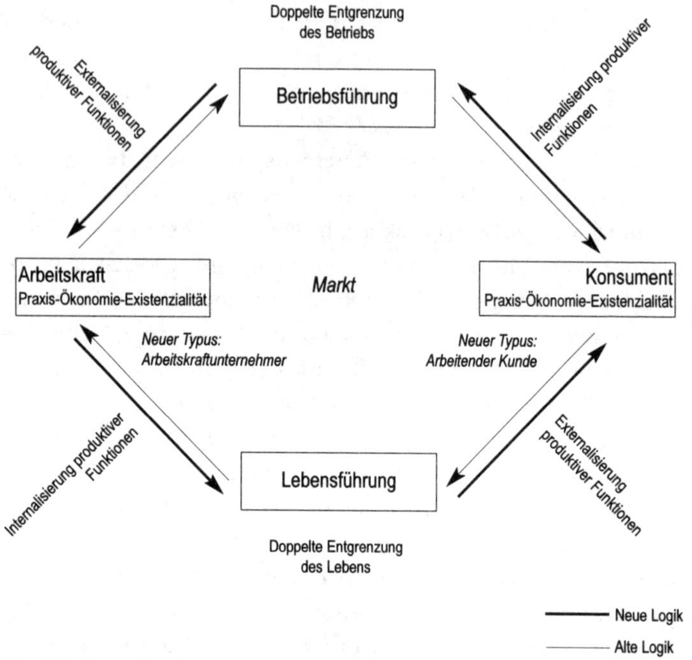

Abb. 4.1: Doppelte Entgrenzung von Arbeit und Leben

Zusammen gesehen zeigt sich damit ein zweiseitiger Doppel-Vorgang oder ein *kommunizierender Zusammenhang von vier gesellschaftlichen Teilprozessen* (vgl. Abb. 4.1):

- *Betriebe* entlassen auf der einen Seite *Arbeitskraft* (genauer, deren konkrete Nutzung und ökonomische Verwertung) in die *›Freiheit‹ des Marktes* (Arbeitskraftunternehmer);
- die betriebsbezogene Aktivität der Personen, das heißt die praktische, gebrauchswertschaffende Verausgabung von Arbeitskraft und die Sicherung ihrer ökonomischen Verwertung, muss im Gegenzug dafür vom Arbeitskraftunternehmer verstärkt *privat* (das heißt in der individuellen Lebensführung) *integriert* und individuell *organisiert* werden.
- Auf der anderen Seite entziehen *Betriebe* in völlig neuer Qualität die *produktiven Potenziale und Leistungen des individuellen Konsums der Privatsphäre* und unterwerfen sie der *betrieblichen Herrschaft* mit dem Ziel einer erweiterten *ökonomischen Vernutzung;*

- darauf müssen betroffene Konsumenten mit einer neuen organisatorischen Ausrichtung der persönlichen Lebensführung nun auch in der Konsumfunktion reagieren (Arbeitender Kunde).

Diese Prozesse verlaufen getrennt und mit unterschiedlicher Logik (betrieblich – personal), greifen aber ineinander und sind möglicherweise Erscheinungen einer tiefer liegenden Strukturdynamik, die es aufzuklären gilt. An dieser Stelle fällt ein erster *gemeinsamer Aspekt* auf, der eine kurze Vertiefung verdient:

Die Entstehung des Arbeitskraftunternehmers und des Arbeitenden Kunden ist Ausdruck *zweier betrieblicher Strategien*, die offensichtlich zusammenhängen. Die bisher vorwiegend auf Basis herrschaftlicher Mechanismen und formeller Lohnarbeit betriebene *Nutzung von Arbeitskraft* wird jetzt *stärker marktvermittelt* und infolgedessen über einen erweiterten Rückgriff auf die Selbststeuerungskompetenz von Personen angelegt. Komplementär dazu gibt es Bestrebungen, das *produktive Potenzial des Konsums* praktisch und ökonomisch *betrieblich auszubeuten*, indem dieses bisher weitgehend privat im Kontext der Lebensführung gesteuerte Moment nun einer *organisatorischen Kontrolle* und damit *Beherrschung* unterworfen wird.

Obwohl *gegenläufige betriebliche Bewegungen* (Externalisierung der Nutzung von Arbeitskraft beim Arbeitskraftunternehmer – Inkorporation der Arbeitsleistung der Konsumenten in den Betriebskontext beim Arbeitenden Kunden) liegt dem eine *gemeinsame Rationalität* zugrunde: Betrieblich versucht man hier auf beiden Seiten in neuer Qualität Leistung von Arbeitenden abzuschöpfen, indem man ihre Selbst-Steuerung befördert. Der Arbeitskraftunternehmer ist eine sich mehr als alle Arbeitskrafttypen vor ihm systematisch selbst steuernde Arbeitskraft, die aber auf diese Weise mehr als bisher betrieblich ausgebeutet werden soll und wird. Der Arbeitende Kunde ist komplementär dazu ein Konsumententypus, der die Produktion und Bereitstellung von für den Konsum vorgesehenen Gütern und Dienstleistungen systematisch verstärkt selbst in die Hand nehmen soll und nimmt. Obwohl gegensinnig konstruiert, basieren also beide Typen auf einer erweiterten *Selbst-Erledigung* und *Selbst-Steuerung* von bisher betrieblich vollzogenen Vorgängen.

Beide zeichnen sich damit einerseits durch eine (a) erweiterte, hoch *ambivalente strukturelle Autonomie* gegenüber betrieblichen Zwängen aus, andererseits durch einen (b) erweiterten, ebenfalls hoch *ambivalenten strukturellen Zwang*, dies auch tun (und können) zu müssen. Beide unterliegen nach wie vor betrieblichen Zugriffen, wenn auch jetzt im Modus der Selbstunterwerfung und Selbstkontrolle.

4.3.2 Neue Betriebsstrategien und Neue Kultur – Doppelte Erklärung

Die Sicht auf den Zusammenhang von Arbeit und Leben sowie von Arbeitskraft und Konsumtion ermöglicht es, genauer nach der *Erklärung* der Veränderungen zu fragen, insbesondere auf der Seite der Konsumtion und ihrer modifizierten betrieblichen Nutzung.

Wir haben gezeigt, dass der zentrale Auslöser für den hier interessierenden Wandel des Konsums *veränderte betriebliche Strategien* des Zugriffs auf die Kunden sind. Das ist ökonomisch gesehen sicherlich der zentrale Faktor. Erinnern wir uns aber noch einmal an die aufgeführten Beispielsfelder, dann muss diese Erklärung spätestens jetzt um einen wichtigen Faktor erweitert werden.

Nicht nur die Betriebsseite hat praktischen Anteil und erhebliches Interesse an den Veränderungen, sondern es gibt auch eine historisch gestiegene Bereitschaft und Fähigkeit der Konsumenten, sich aktiv am produktiven Geschehen von Betrieben zu beteiligen. Hintergrund dessen ist der kulturelle Liberalisierungsschub der 60er bis 80er Jahre, der zu einem Wandel von Arbeits- und Lebensorientierungen führte (»Wertewandel«, siehe Kasten). Damals entstanden in allen genannten Bereichen, von der Warennutzung bis zum Gesundheits- und Sozialsystem, vom Verhältnis zwischen Staat und Bürgern bis zur Nutzung von Dienstleistungen, steigende Bedürfnisse (und in der Folge dann neue Nutzungsnormen) sowie einschlägige Kompetenzen in Richtung auf mehr Beteiligung der Bürger, Klienten, Patienten, Kunden, Dienstleistungsempfänger usw. an betrieblichen Geschehen.

Wertewandel – Veränderungen von Einstellungen in den 60er–80er Jahren

Unter dem Stichwort »Wertewandel« werden bis heute in den Sozial- und Humanwissenschaften die mehrfach empirisch gezeigten (aber in ihren Ursachen, Erscheinungsformen und Folgen sehr umstrittenen) tiefgreifenden Veränderungen von Einstellungen und Orientierungen in der Bevölkerung der westlichen Industriegesellschaften während der 60er bis 80er Jahre diskutiert. Immer wieder herausgestellt wurde, dass es dabei eine nachhaltige Verschiebung von »materiellen« Werten (Einkommen, Status usw.) zugunsten »post-materieller« Werte (Soziale Beziehungen, Anerkennung, Demokratie, Kultur usw.) (vgl. insbesondere Inglehardt 1977) gegeben habe, die von einer steigenden Bedeutung individueller »Selbst-Entfaltung« und »Selbst-Bestimmung« geprägt seien.

(Vgl. als aktuellen Überblick zum Beispiel Hillmann 2003; siehe auch die weiterführende Literatur)

Mehr noch: Es kam in dieser Phase zu einer *normativen Verschiebung* mit einer als ›emanzipatorisch‹ konotierten, kulturell (und letztlich sogar politisch) breiten Forderung nach mehr *Eigenzuständigkeit* und *Selbstgestaltung* von Betroffenen. Neue kundenseitige Nutzungsstrategien der Betriebe fanden und finden damit einen ausgesprochen fruchtbaren Boden der individuellen Bereitschaft und Fähigkeit zur aktiven Leistung und zur Integration in Anbieterbetriebe. Kurz gesagt: Selbstbedienung, die IKEA-Strategie, die McDonald's-Rituale, die Aktivierung von Patienten, das Home- und Self-Banking, E-Shopping und E-Government, Internet-Auktionen usw. sind nicht nur Folge von betrieblichen Rationalisierungsverfahren, sondern auch Ausdruck einer veränderten Interessen- und Orientierungslage der Betroffenen, an der betriebliche Strategien nun mit großem Erfolg ansetzen, gerade auch im Konsumbereich. Anders formuliert heißt das auch, dass sich im beschriebenen Wandel des Konsums zwar betriebliche Interessen und Strategien niederschlagen – man sich aber vor einer einseitigen und vereinfachenden Interpretation und Schuldzuschreibung hüten muss. Es gibt durchaus Vorteile, die es den Konsumenten leicht machen ›mitzuspielen‹ – und seien es nur die manchmal avisierten (wenn auch trügerischen) Kostenvorteile und Rabatte oder die (oft ebenso trügerischen) Hoffnungen, dass eine Selbsterledigung weniger Aufwand und Ärger bedeuten würde.

Hinzu kommt, dass viele moderne Konsumenten besonders der jüngeren Generation es kulturell inzwischen gelernt haben, dass an allen Orten Eigenaktivität und Eigenverantwortung dazugehören. Und nicht zuletzt haben sie auch gelernt, was man dazu können und wissen muss. Dass sie dann meist auch noch die erforderliche Technologie besitzen, ist da nur eine weitere unterstützende Randbedingung.

Auch in diesem Punkt besteht eine Analogie zum Arbeitskraftunternehmer: Auch dort können veränderte Unternehmensstrategien auf ein gewachsenes individuelles und dann kulturell basiertes *Bedürfnis nach und die vorhandene Kompetenz zu erweiterter Selbstverantwortung* in der Erwerbsarbeit aufbauen. Zum Teil werden Unternehmensstrategien durch solche veränderten Bedürfnisse ursprünglich ausgelöst. So setzen sich Betroffene oft aktiv für erweiterte Dispositionsmöglichkeiten ein, auch wenn sie sich damit steigende Leistungserwartungen zuziehen.

Kurz: Der neue Kunden- oder Konsumententypus ist, wie sein Vetter, der Arbeitskraftunternehmer, gleichermaßen (aber nicht gleichursprünglich und gleichförmig) Folge eines *ökonomischen* und *kulturellen* Wandels von erheblicher historischer Bedeutung.

Den möglichen Hintergründen dieser auffälligen Parallelität und vor allem der (je nach theoretischer Position) möglicherweise irritierenden historischen *Vorgängigkeit des kulturellen Schubs* vor den ökonomischen beziehungsweise betrieblichen Veränderungen können wir nicht nachgehen. Es sei dazu jedoch an Max Webers *Protestantismusthese* erinnert (siehe Kasten), deren Logik weitgehend ähnlich angelegt ist: Der sich durchsetzende Kapitalismus konnte in seiner Take-Off-Phase auf einen kulturellen Nährboden religiös legitimierter Leistungs- und Erwerbsbereitschaft zurückgreifen, ohne den er sich nicht (oder zumindest nicht so und nicht so stürmisch) hätte entwickeln können. Dass Weber dabei (auch hier ganz wie Marx) nur die Arbeits- beziehungsweise die Produktionsseite des ökonomischen Zusammenhangs beachtete, also die (wie hier argumentiert wird) analoge und komplementäre konsumtive Dynamik nahezu ausblendete, soll an dieser Stelle nur vermerkt werden. Unser Thema zeigt, dass erst die Analyse des *Zusammenspiels beider Seiten* die ganze gesellschaftliche Logik enthüllt.

Der Geist des Kapitalismus – Die protestantischen Grundlagen moderner Wirtschaft

Max Weber, ein Klassiker der deutschen Soziologie, wurde in den 20er Jahren des letzten Jahrhunderts mit seiner These berühmt, dass der moderne Kapitalismus wesentlich durch die Veränderungen der Religiosität im Zuge der Ausbreitung des Protestantismus im ausgehenden Mittelalter beeinflusst, wenn nicht gar (mit) hervorgerufen wurde. In dem bis heute viel diskutierten (und auch immer wieder heftig kritisierten) Aufsatz »Die protestantische Ethik und der Geist des Kapitalismus« (Weber 1979 oder 1986) argumentierte er, die so genannte Prädestinationslehre des Protestantismus (vor allem in den calvinistischen Sekten) hätte dazu geführt, dass Menschen durch wirtschaftlichen und beruflichen Erfolg, der als Zeichen ihres »Ausgewähltseins« durch Gott gesehen wurde, Gewissheit über ihr Seelenheil zu erlangen versuchten. Dies habe zu einem »rastlosen« Bemühen um eine rational gesteuerte »methodische Lebensführung« und einen »asketischen« Lebensstil geführt, der nachhaltig das wirtschaftliche Handeln vor allem von unternehmerischen Persönlichkeiten beeinflusst habe.

(Vgl. Guttandin 1997, siehe auch die weiterführende Literatur)

4.3.3 Verschiebungen zwischen Markt und Betrieb, Privatheit und Öffentlichkeit – Dynamiken

Vor dem Hintergrund der beschriebenen Interferenz von *betriebsökonomischen* und *kulturellen* Impulsen lässt die Gesamtbetrachtung von Arbeitskraftunternehmer und Arbeitendem Kunden ein weiteres systematisches Zusammenspiel auf gesellschaftlicher Ebene erkennen. Dabei zeigt sich eine komplexe Dynamik, auf die im Folgenden näher eingegangen wird (siehe dazu auch Abb. 4.1).

4.3.3.1 Markt und Betrieb

Ganz offensichtlich geraten mit den neuen Strategien der Betriebe und den neuen Bedürfnissen der Arbeitskräfte wie Konsumenten die bisherigen Grenzlinien zwischen *Markt-* und *Betriebsökonomie* in Bewegung. Arbeitskraft wird verstärkt marktförmig, die Konsumtion im Gegenzug auf ganz neue Weise betriebsförmig, das heißt herrschaftlich vermittelt. Die Nutzung von Arbeitskraft wird (historisch überraschend?) mehr als bisher dem frischen Wind des offenen ökonomischen Austauschs ausgesetzt und erfährt damit eine erweiterte Freiheit, so dass die Entwicklung zum Arbeitskraftunternehmer als ein neuer Schub der Freisetzung von Arbeitskraft gedeutet werden kann. Der Konsum verliert demgegenüber (ganz sicher historisch unerwartet!) ein erhebliches Stück der bisherigen marktlichen Ungebundenheit, wenn er betrieblicher Kontrolle und systematischer ökonomischer Nutzung unterworfen wird. Konsum wird auf diese Weise (zumindest in Teilen) *entmarktlicht.* Das dürfte langfristig erhebliche Konsequenzen haben.

Dieses einfache Bild sollte jedoch nicht täuschen. Arbeitskraftnutzung bleibt auch unter erweiterter Marktlichkeit betrieblich gebunden und damit einer zumindest indirekten Kontrolle unterworfen – die Nutzung des produktiven Konsums wird im Gegenzug nie vollständig betrieblich vereinnahmt werden und ist und bleibt damit auch bei erweitertem Kontrollzugriff dem Wesen nach erst einmal marktförmig.

Trotzdem kann festgehalten werden, dass mit der geschilderten Dynamik die bisher eher getrennten (beziehungsweise getrennt gesehenen) Mechanismen in neuer Qualität ineinander *verfließen* beziehungsweise *interferieren.* Die Betriebslogik wird mit *Marktqualitäten* angereichert und die Marktlogik wird *Herrschaftsmechanismen* unterworfen. Beides zusammen kann als *neue Stufe der Ökonomisierung von Gesellschaft* verstanden werden, in der die beiden Grundmechanismen in ihren Qualitäten ausgereizt und kombiniert wirksam werden. Kurz: Die Betriebe sind nicht mehr nur *Betriebe* und die Märkte nicht mehr nur *Märkte.* Beide sind mehr als bisher *beides* und damit vielleicht etwas ganz Neues: *ökonomische Hybride*, die es noch zu begreifen gilt.

4.3.3.2 Öffentlichkeit und Privatheit – Arbeit und Leben

Ein zweites in den Analysen erkennbares gesellschaftliches Zusammenwirken betrifft das Verhältnis von Öffentlichkeit und Privatheit. Die betriebliche Auslagerung von Arbeitskontrolle und Produktivität in die Zuständigkeit der Träger der Ware Arbeitskraft (Arbeitskraftunternehmer), wie andererseits die betriebliche Inkorporation der konsumtiven Produktivität (Arbeitender Kunde), setzt auch die

Grenzen und damit die gesellschaftlich bisher distinkten Mechanismen von Privatheit und Öffentlichkeit in Bewegung. Die bislang als genuin öffentlich (wenn auch in der ›privaten‹ Zuständigkeit des Unternehmers) vollzogene Verausgabung und Nutzung von Arbeitskraft wird mit neuen Strategien der Betriebe einen (wichtigen) Schritt aus der betrieblichen Rationalität und damit aus dieser Art (arbeitskraftseitig gesehen) Öffentlichkeit entlassen. Folge ist eine verstärkte Internalisierung der Prozessierung von Arbeitskraft in die Privatheit der individuellen Lebensführung. Im Gegenzug wird nun die bisher fast rein private Prozessierung des Konsums zu einem öffentlichen Geschehen, zumindest gerät sie unter den gezielten Zugriff formeller betrieblicher Steuerung. Folge ist die verstärkte Infizierung des Privaten mit öffentlichen Normen und Rationalitäten. Kurz: *Das bisher Öffentliche wird privatisiert, das Private wird veröffentlicht.*

Aber auch hier ist die Entwicklung komplizierter, als es der formal schöne Gedanke auf den ersten Blick nahelegt: Die Arbeitskraftnutzung bleibt nach wie vor wesentlich dem öffentlichen Modus unterworfen und selbst die ko-produktivste Ko-Produktion ist nach wie vor privat, auch wenn sie nun betrieblich an- und eingebunden wird. Der Arbeitskraftunternehmer ist und bleibt (meist) abhängige Arbeitskraft und ist dann erst partiell freier ›Unternehmer‹ – der Arbeitende Kunde und Prosumer ist und bleibt weiterhin Konsument und ist erst vor diesem Hintergrund »Partial-Employee«, »Management Accomplice«, »Co-opted Competence«, »unternehmensbezogener Dienstleister« und was er im Zuge der Entwicklung sonst noch alles sein soll. Aber ganz ohne Zweifel: Auch Öffentliches und Privates verbinden sich zu unerwarteten *gesellschaftlichen Hybriden.* Sie gehen ganz ungewöhnliche privat-öffentliche Mischehen ein und werden auf diese Weise ebenfalls zu etwas Neuem, das wir noch nicht verstehen und für das wir noch keinen Begriff haben.

4.3.4 Arbeitende Kunden und Kundinnen – Gender als zentrale Ungleichheitsdimension

Arbeit außerhalb des Erwerbsbereiches wird eher von Frauen als von Männern erledigt. Dass sich das im Lauf der gesellschaftlichen Entwicklung nur wenig geändert hat, zeigen Zeitbudgetstudien[189] oder differenziertere Untersuchungen der geschlechtlichen Arbeitsteilung.[190] Wenn hier von *dem* Arbeitenden Kunden gesprochen wird, meinen wir keine konkreten Personen, sondern einen neuen Typus des Konsums, der sich prinzipiell sowohl bei Frauen als auch bei Männern entwickeln kann. Statistisch betrachtet dürften dabei allerdings Frauen stärker von vielen der beschriebenen Veränderungen betroffen sein, so dass der Arbeitende Kunde also mit hoher Wahrscheinlichkeit eine *Arbeitende Kundin* sein wird, was viele Konsequenzen nach sich zieht.

Zugleich ist davon auszugehen, dass Aspekte der geschlechtlichen Segregation gesellschaftlicher Arbeit auch die Tätigkeit der Arbeitenden Kundinnen und Kunden betreffen. So arbeiten Männer eher in Bereichen der industriellen Produktion, während Frauen häufiger im Dienstleistungsbereich und speziell auch im Bereich interaktiver Dienstleistungsarbeit tätig sind (horizontale Segregation). Männer arbeiten zudem häufiger auf den oberen Ebenen der betrieblichen Hierarchie und sie verdienen (u.a., aber nicht nur, deshalb) deutlich mehr als Frauen (vertikale Segregation).[191] Auch für die Tätigkeit von Konsumentinnen und Konsumenten ist daher mit großer Wahrscheinlichkeit von einer bleibenden horizontalen und wohl auch vertikalen Segregation auszugehen. Dies legen auch Studien zum freiwilligen Engagement nahe, die zeigen, dass sich Frauen und Männer in sehr unterschiedlichen Bereichen betätigen. Zwar sind beide Geschlechter in Deutschland am häufigsten im Sport aktiv. Darüber hinaus engagieren sich Frauen jedoch eher in den Bereichen Kindergarten/Schule, im kirchlich-religiösen sowie im sozialen Bereich. Männer sind demgegenüber aktiv in den Feldern Freizeit/Geselligkeit sowie Kultur/Musik. Damit weist das freiwillige Engagement ähnli-

189 Vgl. Statistisches Bundesamt 2003.

190 Vgl. Resch 1999.

191 Vgl. Bundesministerium für Familie, Senioren, Frauen und Jugend 2003.

che Geschlechterdifferenzen auf wie die Erwerbsarbeit.[192] Dass Männer in der Freizeit durchschnittlich mehr als doppelt so viel Zeit mit der Computernutzung verbringen als Frauen[193], lässt darauf schließen, dass sie auch in größerem Umfang internetbasierte Dienste nutzen und entsprechende Tätigkeiten als Arbeitende Kunden ausführen werden. Neben diesen Hinweisen auf eine horizontale geschlechtsspezifische Ungleichheit deutet vieles darauf hin, dass sich beim arbeitenden Konsum auch vertikale Segregationen ergeben werden oder bereits stabilisiert haben. So ist mehrfach belegt, dass bei ehrenamtlichen Tätigkeiten Männer öfter in Leitungs- und Vorstandspositionen vertreten sind.[194] Inwieweit mit der Entwicklung zur Arbeitenden Kundin auch Chancen für eine Neugestaltung weiblicher Arbeit etwa im Sinn einer Ausweitung von Handlungsmöglichkeiten und Autonomie bestehen, wäre empirisch zu prüfen.

Falls die Entwicklung zu Arbeitenden Kundinnen und Kunden in der von uns vermuteten Weise tatsächlich stattfindet, werden dies wichtige Themen für eine genderorientierte konsumbezogene Arbeitsforschung sein, die es bisher so noch nicht gibt.

4.3.5 Subsumtion, Subjektivierung, Entgrenzung – Gesellschaftliche Deutungen

Gehen wir noch einen letzten gesellschaftstheoretischen Schritt weiter und fragen nach der möglichen *Gesamtlogik der Veränderungen.* Vor dem Hintergrund der bisherigen konzeptionellen Perspektive lassen sich dazu drei Prozesse mit *ökonomischer*, *subjektlogischer* und *sozialstruktureller* Dynamik beschreiben.

4.3.5.1 Neue Stufe der Subsumtion? – Ökonomische Deutung

Ökonomisch bedeutet das offensichtliche Ineinandergreifen von neuartigem Arbeitskraftregime (»Arbeitskraftunternehmer«) und systematisch erweitertem Zugriff auf den Konsum (»Arbeitender Kunde«)

192 Vgl. Müller-Kohlenberg 2001.

193 Vgl. Statistisches Bundesamt 2003, S. 37.

194 Vgl. Müller-Kohlenberg 2001.

eine im Vergleich zur bisherigen Logik erstaunliche Steigerung der ökonomischen Nutzung von Arbeitskraft oder, allgemeiner, von ›lebendigen‹ Potenzialen in der Gesellschaft. Das etwa durch Berufsordnungen und das Arbeitsrecht formell verfasste Arbeitsvermögen von Menschen wird jetzt nicht mehr nur in begrenzten betrieblichen Kontexten ausgebeutet, sondern es wird durch die partielle Verlagerung in den Markt und darüber in die private Zuständigkeit einer vertieften Exploitation ausgesetzt. Diese Entwicklung findet eine bemerkenswerte Entsprechung und Ergänzung durch die sich nun andeutende systematische Nutzung der informellen produktiven Potenziale im bisher originär privaten konsumtiven Bereich. Das Arbeitsvermögen von Menschen wird damit in historisch ganz neuer Qualität und Intensität nun gleich *doppelt* einer *ökonomischen Unterwerfung und Verwertung* zugeführt.

Die Logik, die dies ermöglicht, besteht darin, die *Grenzen* zwischen dem betrieblichen Ort öffentlicher Produktivität und Arbeitskraftnutzung und der Sphäre der Re-Produktion der Ware Arbeitskraft wie der Endproduktion und des Endgebrauchs der Waren, also der privaten Ökonomie, zu *verschleifen*. Das formell und direkt kapitalistisch geprägte Ökonomische dringt in die informelle Wirtschaft des Privaten ein – zugleich wird das persönliche Leben und damit die individuelle und bisher nur indirekt kapitalistisch geprägte Ökonomie des Lebens über den auf neue Weise vernutzten Konsum in die Sphäre der formellen Ökonomie eingesaugt. Aus der bisher einsinnigen Ökonomie der Arbeitskraftnutzung wird nun eine doppelte und in neuer Weise wechselseitig verschachtelte. Arbeitskraft wird jetzt nicht mehr nur in ihrer Eigenschaft als förmliches (und gesellschaftlich formiertes) Arbeitsvermögen, sondern auch als informelle (und bisher allein privat formierte) individuelle Produktivität kapitalistisch genutzt – und das in zwei enger denn je miteinander vermittelten Sphären: im öffentlichen Betrieb wie in der privaten Lebensführung.

Darin eine neue Stufe der *»Subsumtion« von Gesellschaft* und des *Lebendigen* unter die Verwertungslogik des Kapitalismus zu sehen (siehe Kasten), ist sicher nicht falsch, auch wenn die bisherigen Konzepte zur Beschreibung und Erklärung der historischen Subsumtionslogik für diese Stufe nur begrenzt geeignet sind. Denn jetzt wird erkennbar, dass eine wirklich vollständige oder »reelle« Subsumtion noch einmal etwas ganz anderes sein kann und möglicherweise sein wird, als bisher angenommen.

Subsumtion – Zunehmende Beherrschung von Arbeit und Arbeitskraft durch ökonomische Verwertungszwänge?

Die in der Arbeits- und Industriesoziologie bis heute immer wieder intensiv diskutierte »Subsumtions«-These, bzw. der »Subsumtions-Ansatz«, wurde in den siebziger Jahren im Umfeld des Frankfurter Instituts für Sozialforschung ausgearbeitet. Vermutung war (unter Rekurs auf Marx und dessen Rezeption bei Braverman), dass mit fortschreitender Durchsetzung einer verwertungs- und kostenorientierten kapitalistischen Rationalisierung Arbeitskraft in modernen Betrieben immer weniger in Bezug auf ihre praktische Nützlichkeit (»konkret«) und zunehmend rein ökonomisch (»abstrakt«) beurteilt und eingesetzt werde. Folge sei eine immer weitergehende Dequalifizierung von Arbeit und Arbeitenden. Historisch zeige sich der Übergang von einer nur der Form nach (»formell«) und noch unvollständigen kapitalistischen Betriebssteuerung zu einer nun wirklich umfassenden, alle Bereich durchdringenden Unterwerfung von Arbeit unter eine privatwirtschaftliche Rationalität (»reelle Subsumtion«). In einer aktuellen Fassung wird dies wesentlich weiter und komplexer gefasst und zum Beispiel die »Informatisierung« von Arbeit durch neue Technologien als neue Form einer »Abstraktifizierung« von Arbeit beschrieben.

(Vgl. als Überblick zum Beispiel Schmiede 1980 u. 1998; siehe auch die weiterführende Literatur)

4.3.5.2 Subjektivierung des Konsums? – Subjekttheoretische Deutung

Das Ineinandergreifen der veränderten betrieblichen Nutzung von Arbeitskraft mit der Folge einer verschärften Rationalisierung von Lebensführung und des neuen betrieblichen Zugriffs auf den Konsumenten mit der Folge einer expliziten Produktivität des Lebens bedeutet subjekttheoretisch einen Schub systematisch *verschärfter Anforderungen an die Person,* an ihre Leistungen und Fähigkeiten. So wie es ausführlich für den Typus des Arbeitskraftunternehmers beschrieben wurde, gilt analog unter den veränderten Bedingungen auch für den Konsumenten, dass er nun in völlig neuer Qualität im Hinblick auf seine *Subjektivität* gefordert ist – aber auch, dass er bessere Chancen hat, sich subjektiv, das heißt aktiv gestaltend gesellschaftlich zu realisieren. Der Arbeitende Kunde ist, wie der Arbeitskraftunternehmer, nicht nur die Kulmination einer neuen Arbeitskraft- respektive Konsumenten-Qualität, sondern er markiert (zusammen mit dem Arbeitskraftunternehmer) eine historisch *neue Qualität von Subjektivität in der Gesellschaft* allgemein. Beide Typen stehen ganz offensichtlich für eine *neue Stufe von Vergesellschaftung*, in der erweiterte Subjektivität gefordert, aber auch möglich ist beziehungsweise hervorgebracht wird. Und beide Typen sind analytisch gesehen schließlich nur zwei Seiten einer Figur, nämlich einer neuen allgemeinen Subjektqualität.

Subjektivierung – Eine neue Bedeutung von Individualität in Arbeit und Betrieb mit ambivalenten Folgen

In der Arbeits- und Industriesoziologie wird seit kurzem intensiv darüber diskutiert, dass, warum und mit welchen Folgen in neuen »entgrenzten« Betriebsstrategien (siehe unten) den arbeitenden Individuen (»Subjekten«) und ihren Potenzialen völlig überraschend mehr Bedeutung zugemessen wird. Zunehmend wird dabei deutlich, dass dies nicht nur neue Chancen zur Entfaltung in der Arbeit für Betroffene bedeutet, sondern Strategien der »Subjektivierung von Arbeit« mit erheblichem Leistungsdruck und vor allem mit massiven Anforderungen an eine nun »selbstorganisierte« und »selbstverantwortliche« Strukturierung und Steuerung von Arbeit einhergehen. Es bestehe dabei die Tendenz dazu, dass die Subjektivtität der Arbeitenden immer umfassender und letztlich »total« ausgebeutet werde. Ein wichtiger Bezugspunkt der Diskussion sind Überlegungen von Michel Foucault zur für ihn historisch systematisch zunehmenden gesellschaftlichen Disziplinierung und Kontrolle von »Subjektivität« (aktuell in 2004), für die er auch den Begriff »Gouvernementalität« verwendete.

(vgl. als Überblick Moldaschl/Voß 2003, darin insbesondere Kleemann/ Matuschek / Voß, siehe auch die weiterführende Literatur)

Sie als den »Flexiblen Menschen« im Sinne Richard Sennetts[195] zu beschreiben, trifft einen wichtigen Punkt, greift aber aus unserer Perspektive zu kurz: Die in beiden Typen aufscheinende neue Qualität von Subjektivität ist zwar verstärkt auf ›Flexibilität‹ angewiesen (was immer das auch heißen mag); von vorrangigem Interesse ist hier aber ihre steigende *aktive Selbst-Kontrolle* von Tätigkeiten, ihre erweiterte *ökonomische Rationalität* und *Produktivität* und schließlich ihr neuer *Umgang mit ihrem Leben* insgesamt. Dies *zusammen* meint die Begriff-

195 Sennett 1998.

lichkeit einer »Subjektivierung« (siehe Kasten), die mit der hier entfalteten Argumentation nun nicht mehr nur auf Erwerbsarbeit und Arbeitkraft, sondern auch auf die andere Seite des Lebens, auf Konsum und Reproduktion, angewendet werden soll. Kurz: Neue betriebliche Strategien des Zugriffs auf formelle Arbeitskraft und Konsumtivität lösen einen *Subjektivierungsschub* in der Gesellschaft aus, der das *Leben insgesamt* (also nicht nur in seiner dem formellen Arbeitsmarkt zugewandten Seite) verändert.

4.3.5.3 Entgrenzungen? – Sozialstrukturelle Deutung

Gehen wir zum Schluss noch einen Schritt über die eher spezifischen wirtschaftlichen und subjekttheoretischen Betrachtungen hinaus. Eine noch allgemeinere und abstraktere Sicht enthüllt eine möglicherweise tiefere Rationalität und historische Dramatik hinter den Veränderungen von Arbeitskraft und Konsum auf der einen, Betrieb und Leben auf der anderen Seite.

Der Blick auf den Zusammenhang aller Teilprozesse lässt einen Prozess von komplexen »Entgrenzungen« in der Gesellschaft erkennen (siehe Kasten): *Betriebe* entgrenzen sich auf der einen Seite in Richtung Arbeitskraft, indem sie diese ein Stück aus ihrer Kontrolle entlassen und eher marktförmig nutzen und steuern. Auf der anderen Seite entgrenzen sie sich in Richtung Konsument, wenn sie auf dessen Produktivität als wertvolle Ressource zugreifen. Betriebe sind damit nicht mehr hermetische Gebilde von Herrschaft und zweckrationalem Sach- und Wirtschaftskalkül, sondern öffnen sich gegenüber den unkalkulierbaren Dynamiken von Märkten für lebendige Arbeit und Arbeitskraft und nun auch noch gegenüber den Unwägbarkeiten des privaten Konsums. Damit ziehen sich die Betriebe eine Fülle bisher extern gebliebener Faktoren zu – und werden infolgedessen mehr denn je von der Vielfalt und Vitalität des realen individuellen und gesellschaftlichen Lebens überschwemmt. Man hofft auf neue ausbeutbare Ressourcen und handelt sich gleichzeitig neue Komplexitäten, also potenziell auch neue Probleme ein.

Entgrenzung von Arbeit – Gewohnte Strukturen der Arbeit lösen sich auf

Das Thema der »Entgrenzung« von Arbeit und dabei insbesondere auch der Entgrenzung von »Arbeit und Leben« wird derzeit intensiv als eine mögliche Tendenz des Strukturwandels von Wirtschaft und Gesellschaft in der Arbeits- und Industriesoziologie diskutiert. Zentrale Annahme ist, dass bisher als normal angesehene Strukturen von Arbeit in fast allen Dimensionen (Arbeitszeiten, Betriebsstrukturen, Verhältnis von Betrieben zu vor- oder nachgelagerten Bereichen, sozialer Schutz von Arbeit und Beschäftigung, Verhältnis von Arbeit und Leben/Familie/Freizeit usw.) ausgedünnt, dynamisiert oder sogar aufgelöst werden. Folge seien erheblich steigende Risiken für betroffene Arbeitskräfte (zum Beispiel infolge einer »maßlosen« Ausdehnung der Arbeit oder einer »Arbeit ohne Ende«) und insbesondere wachsende, hoch ambivalente Anforderungen an deren »Subjektivität« (»Subjektivierung«, s.o.).

(Vgl. als Einstieg und Überblick Gottschall/Voß 2003 oder Voß 1998)

Dem stehen im Bereich der *Person* und ihres *Lebens* komplementäre Entgrenzungen gegenüber: Auf der einen Seite entgrenzt sich das Leben in Reaktion auf die Auslagerung der Kontrolle von Arbeitskraft unvermeidlich in Richtung Markt für Arbeit und Arbeitskraft und damit in Richtung Ökonomie und Betrieb. Der Alltag wird mehr als bisher zum Ort der auch formellen Arbeit und Arbeitskraftnutzung, also im engeren Sinne ökonomischer Aktivität und Rationalität. Dass das Leben damit notwendig dem Zwang unterliegt, sich betriebsförmig zu organisieren, verdeutlicht die Arbeitskraftunternehmer-These. Auf der anderen Seite entgrenzt sich das Leben nun auch auf seiner Konsumseite. Diese ist in der Folge nicht mehr nur Ort der Vernutzung und des Gebrauchs von Waren und dazu rudimentärer Restproduktivität, sondern Ort formeller Arbeit und Produktivität unter zumindest ansatzweiser betrieblicher Kontrolle. Damit zieht auch über diese Schnittstelle öffentliche Ökonomie und formelle Rationalität in das persönliche Leben ein. Das Leben wird dadurch gleich doppelt ökonomisiert. Das beinhaltet eine neue Herausforderung und Belastung, aber (was nicht unterschätzt werden sollte) auch eine neue Öffnung des Lebens, mit der es erweiterte Möglichkeiten und vielleicht auch Dignität erhalten kann. Bisher durch den sozialen Wandel infolge der Industrialisierung ins Private abgeschoben und dort auf eine begrenzte gesellschaftliche Relevanz reduziert, kann das Leben nun über die geschilderten Entgrenzungen zu neuer Bedeutsamkeit gelangen und sozusagen rehabilitiert werden. Die Ökonomie greift, gleich doppelt, auf ganz neuer Stufe auf Subjektivität und das Leben zu – sie braucht sie aber auch dringend als neue Ressource. Darin liegt eine Gefahr, aber zugleich auch eine Chance für die Person und für ihr Leben.

Diese Entwicklung als »*Kolonialisierung der Lebenswelt*« (siehe Kasten) zu verstehen, ist naheliegend und öffnet interessante Perspektiven. Unsere eigene Interpretation sollte aber deutlich gemacht haben, dass der sich jetzt vollziehende betriebliche Zugriff auf den Konsumenten als Arbeitskraft eine ganz neue Qualität des Eindringens »systemischer« Zwänge in die existenziellen Grundlagen des Lebens von Menschen in unserer Gesellschaft bedeutet, deren Verständnis eine grundlegend erweiterte Auslegung der wichtigen Habermasschen Theoriefigur erfordert.

Kolonialisierung der Lebenswelt – Wirtschaftliche und staatliche Zwänge beherrschen zunehmend das »Leben« der Menschen

Anfang der achtziger Jahre hat Jürgen Habermas, der wichtigste aktuelle Vertreter der kritischen Theorie, eine viel beachtete Interpretation des Wandels der Gesellschaft vorgelegt (Habermas 1981). Für ihn zeigt sich eine Tendenz, dass zunehmend »systemische« (das heißt ökonomische und staatliche, insbesondere auch rechtlich codierte) Zwänge in die »Lebenswelt« der Menschen eindringen und diese immer stärker beherrschen. Diese wachsende »Kolonialisierung« des Lebens durch das »System« gefährde die (dem Ideal nach) auf »herrschaftsfreier« Verständigung beruhenden sozialen Grundlagen der individuellen Existenz wie letztlich der Gesellschaft insgesamt.

(Vgl. kurz Heming 2000; siehe auch die weiterführende Literatur)

4.3.6 Neo-Kapitalismus, Subjektivierte Gesellschaft – Historische Deutungen

Der Versuch der gesellschaftstheoretischen Deutung einer neuen Qualität von Konsum (»Arbeitender Kunde«) und Arbeitskraft (»Arbeitskraftunternehmer«) legt schließlich die Frage nahe, ob sich darin ein *Wandel basaler gesellschaftlicher Merkmale insgesamt* erkennen lässt, ob also der kombinierte Wandel von Arbeitskraft und Konsumtion eine Veränderung der historischen *Grundtypik von Gesellschaft* indiziert.

Eine solche überaus allgemeine Frage nach der Logik des gesellschaftlichen Wandels ist seit den 70er Jahren sehr umstritten. Unter dem Stichwort »Gesellschaftsdiagnose« erfährt diese wichtige Aufgabe von Soziologie jedoch neuerdings wieder Aufmerksamkeit und dadurch Rehabilitation.[196] Die Gelegenheit, aus der Sicht der hier formulierten Skizze zum Wandel der Konsumtion einige Überlegungen zu dieser Diskussion beizusteuern, soll daher nicht ungenutzt bleiben – auch wenn uns die Gefahren einer derart globalen Ausdeutung des Themas bewusst sind.

4.3.6.1 Neo-Kapitalismus

Vergleichsweise leicht fällt es, mit der hier eingenommenen Perspektive auf Arbeitskraft und Konsumtion zu konstatieren, dass die darin deutlich werdende Logik gesellschaftlichen Wandels mehr denn je eine *kapitalistische* ist und damit die konsequente Weiterentwicklung einer kapitalistischen Gesellschaft bedeutet. Es scheint sich jedoch um einen ›Kapitalismus‹ zu handeln, der ganz offensichtlich ein neues historisches Entwicklungsniveau erreicht oder zumindest weitgehend neue Eigenschaften annimmt. Ähnliches wird auch an anderer Stelle diagnostiziert und die Begriffe dafür sind vielfältig: »Flexibler Kapitalismus«, »Turbo-Kapitalismus«, »Entgrenzter Kapitalismus«, »Netzwerk-Kapitalismus«, »Post-Fordismus« und vieles andere mehr (siehe Kasten).

196 Vgl. etwa Schimank 2000; Schimank/Volkmann 2000, 2002; siehe auch Friedrichs/Lepsius/Mayer 1998.

Neuer Kapitalismus – Stichworte zum Wandel von Wirtschaft und Gesellschaft

Die Diskussion zum aktuellen Strukturwandel von Arbeit und Gesellschaft wird gerade auch unter erneuter und sich erneuernder Verwendung der Begriffe »Kapitalismus« bzw. »Kapitalistische Gesellschaft« geführt. Tenor ist dabei, dass entgegen gelegentlich geäußerter Vermutungen eines Endes des Kapitalismus bzw. der Herausbildung eines Post-Kapitalismus die auf kapitalistischen Prinzipien beruhende Wirtschaft und Gesellschaft fortbesteht, ja sogar eine völlig neue Qualität und Stabilität bekommt. Die in dieser Diskussion verwendeten Konzepte (oft auch nur Stichworte) markieren dabei verschiedenste Aspekte des Wandels. Dies reicht vom »Flexiblen Kapitalismus« (Sennett 1998, 2005), dem »Turbo-Kapitalismus« (Luttwak 1999) und dem »Netzwerk-Kapitalismus« (Castells 2001) über einen Kapitalismus der »Immateriellen Arbeit« (Hardt/Negri 2002, zuerst 2000) bis zum »Neuen Geist des Kapitalismus« (Boltanski/Chiapello 2003, zuerst 1999). Ein im Vergleich dazu sehr weit ausgearbeitetes und gerade auch in der Arbeits- und Industriesoziologie schon länger intensiv diskutiertes sozio-ökonomisches Konzept ist die Idee eines neo-kapitalistischen »Post-Fordismus« (Boyer, Aglietta, Hirsch, Hübner u.a., siehe zum Beispiel Hübner 1990). These ist hier, dass die mit dem Namen Henry Ford symbolisch verbindbare Strategie einer hoch technisierten, zugleich aber auf relativ hohen Löhnen und sozialer Sicherung beruhenden Organisation von Wirtschaftsbetrieben und letztlich auch der kapitalistischen Gesellschaft insgesamt (aktive Sozial-, Wohlfahrts- und Wirtschaftspolitik), wie sie in der zweiten Hälfte des 20. Jahrhunderts für viele westliche Industriegesellschaften typisch war, nun an Grenzen stößt und sich eine neue betriebliche und gesellschaftliche Logik herausbildet.

(siehe auch die weiterführende Literatur).

Ein gewisser Konsens herrscht bei den meisten dieser Konzepte, dass es um eine neue Stufe der *Mobilisierung von Produktivkräften* geht, mit der Folge einer Umwälzung der dies ermöglichenden sozialen Verhältnisse.

Aus gesellschaftstheoretischer Sicht ist in unseren Augen die entscheidende Qualität des »Neuen Kapitalismus« eine strukturelle *Entgrenzung* in Form einer tendenziellen *Rücknahme des herrschaftlichen Ökonomiemodus.* Die bisher dominierende direktive Betriebsrationalität wird relativiert, stattdessen werden nun *offene* und nicht selten auch *dynamisch-netzwerkförmige* Formen eingesetzt. *Marktliche* oder *markt-*

ähnliche auf *partiell selbstverantwortliche Eigensteuerung* von einzelnen Akteuren wie auch von Gruppen abzielende Prinzipien gewinnen an Bedeutung.

Aber auch das greift noch zu kurz, denn diese Entgrenzung ist eine Entgrenzung des Ökonomischen nicht nur allgemein in Richtung einer wachsenden Bedeutung von »*markets*« gegenüber »hierarchies«[197], sondern ganz konkret in Richtung des individuellen Lebens von Menschen, das heißt der *lebendigen Praxis* und der diese tragenden *alltäglichen Lebensführung*. Und diese Entgrenzung vollzieht sich von *zwei Seiten*: sozusagen von ›vorne‹ und von ›hinten‹, nämlich arbeits- und konsumbezogen.

Strukturell gesehen steckt dahinter der Versuch, das *lebendige Arbeitsvermögen* von Menschen (ja das menschlich Lebendige überhaupt) systematisch noch mehr als ökonomisches Potenzial, als Produktivkraft, zu nutzen. Das Lebendige soll dazu zugleich mehr als bisher entbunden, entgrenzt oder *freigesetzt* (um neue Ressourcen zu mobilisieren), wie auch auf neue Weise *beherrscht* werden (um die freigesetzten Ressourcen effizient zu nutzen). Diese mit neuer Intensität und Form betriebene Nutzung des für das kapitalistische Spiel zentralen lebendigen »*Gärungsstoffs*« (Marx)[198] ist die neue Logik und damit die neue historische Problematik des sich abzeichnenden entgrenzten Kapitalismus. Es geht um den nie zu befriedigenden und sich immer wieder auf neuer Stufe einstellenden »*Heißhunger*« des Kapitals nach menschlicher Arbeitskraft, die es als »*befruchtende Lebendigkeit*« und »*Lebensluft*« dringend benötigt[199] – jetzt nicht mehr als der allesfressende altindustrielle Hunger auf möglichst große Mengen billiger Massenarbeitskraft, sondern als Feinschmeckerappetit auf zwar immer kleinere Häppchen, aber dafür möglichst delikater, das heißt vor allem möglichst qualitätsvoller und vor allem auch ›vitaler‹ Arbeitskraft, etwa nach der Devise: »*Mehr Subjektivität bitte – aber möglichst pur!*«[200]

---

197 Vgl. zur Gegenüberstellung von »markets« und »hierarchies« u.a. Williamson 1975 oder auch Williamson/Winter 1991 resp. Coase 1937, 1988; Coase u.a. 1993.

198 Marx 1969, S. 200.

199 Marx 1939, S. 219 u. 576.

200 Vgl. mit sehr ähnlicher Argumentation Hardt/Negri 2002 (zuerst 1999); indirekt auch Boltanski/Chiapello 2003 oder Sennett 1998/Flexibler Mensch.

4.3.6.2 Subjektivierte Gesellschaft

Die Frage nach einer sich wandelnden gesellschaftlichen Logik sollte gerade bei unserem Thema noch einen Schritt weiter gehen. Dafür ist es besser, Marx dann doch friedlich auf dem Highgate Cemetery in London ruhen zu lassen und nach einem allgemeineren Prinzip zu suchen, das sich möglicherweise hinter dem nun Produktion *und* Konsumtion umfassenden kapitalistischen Zugriff auf das Lebendige des »subjektiven Faktors« (Marx) in der Gesellschaft verbirgt.

Nicht schwer zu erkennen ist dabei zuerst, dass sich der gesellschaftliche Zugriff auf das Subjektive keineswegs nur auf das im engeren Sinne Ökonomische beschränkt. Es geht neben einer Nutzung von lebendiger Arbeitskraft im traditionellen Sinne nun eben auch (so unser Thema) um den Zugriff auf die jetzt erstmals überhaupt und in ihrer gesellschaftlichen Relevanz erkennbar werdende *Konsum-Kraft* von Menschen. Übereinstimmend mit den diversen Individualisierungsthesen (siehe Kasten) wird auch für die hier verfolgte Idee deutlich, dass sich mit dem Wandel zu einer arbeitend-produktiven Konsumtion der Übergang von einer eng normativ gesteuerten und an große Sozialeinheiten gebundenen Vergesellschaftung zu einer mehr auf die *Eigensteuerung der Individuen* abhebenden Soziallogik weiter durchsetzt und eine neue Stufe erreicht. Komplementär dazu wandelt sich der Modus formeller öffentlicher Steuerung von Gesellschaft, also die Staatstätigkeit, von einer starr und großflächig durchregulierenden Logik ebenfalls in Richtung *»Eigenverantwortung«* und *»Aktivierung«* der Menschen. Die dazu umlaufenden einschlägigen Ideologeme und Schlagworte, vom »emanzipierten Kunden« bis zum »Co-Designer«, von der »Ich-AG« und der »Selbst-GmbH« bis zur »Selbstpflege« und zur »Selbstbildung«, sprechen eine klare Sprache.

Man kann das aber noch grundlegender sehen und in den Veränderungen eine basale *Verschiebung der sozialen Logik* erkennen: Es zeichnet sich eine Gesellschaft ab, die ihrem Wesen nach die tätigen und empfindenden Menschen nicht nur ökonomisch, sondern überhaupt mehr als bisher in die Pflicht nimmt. Es scheint sich auch in der Funktionsweise des Sozialen nun generell ein wachsender ›Heißhunger nach Subjektivität‹, nach wirklicher, das heißt körperlich-sinnlicher Lebendigkeit auszubilden. Die auch von uns konstatierte Subjektivierung von Arbeit ist vor diesem Hintergrund damit nur ein Spezialfall einer *Subjektivierung von Gesellschaft* überhaupt – mit all ihren Aspekten und Dialektiken.

Individualisierung – Die Auflösung gesellschaftlicher Großgruppen und die wachsende Bedeutung von Individualität

In den 70er Jahren des letzten Jahrhunderts begann (nicht zuletzt mit ausgelöst durch Thesen des Soziologen Ulrich Beck) eine intensive und bis heute sehr kontroverse Diskussion in der Soziologie darum, ob (und wenn ja inwieweit) die bis dahin typischen gesellschaftlichen Großgruppen oder Klassen an sozialer Relevanz verlieren. In Fortsetzung früher Thesen (etwa von Durkheim oder Simmel) wurde postuliert, dass in modernen Gesellschaften die Menschen zunehmend jeweils für sich individuell ihr Leben in fast allen Aspekten (Arbeit, Freizeit, Familie, Werte usw.) gestalten können – dies aber auch tun und können müssen. Aktuell wird dem (erneut) entgegengehalten, die klassischen Ordnungsstrukturen (etwa Klassenverhältnisse) hätten sich keineswegs aufgelöst, bzw. sie erhielten derzeit eine neue Relevanz.

(vgl. vor allem Beck 1986, auch Beck/Beck-Gernsheim 1994; siehe auch die weiterführende Literatur)

Der neue Arbeitende Kunde ist dann, zusammen mit dem Arbeitskraftunternehmer, die charakteristische *Sozialfigur* für eine verstärkt die Individuen fordernde und kontrollierende wie auch neue Möglichkeiten freisetzende Gesellschaft neuen Typs. Die bisherige Bindung der Erwerbstätigen an herrschaftliche Betriebe wird, wie gezeigt, gelockert und Arbeitskraft in eine höchst prekäre (partielle) Freiheit entlassen – die jedoch nach wie vor einem nun indirekteren Regime des Kapitals unterliegt. Die soziale Enge und in ihren aktiven Möglichkeiten höchst reduzierte Sphäre des heimischen Passiv-Konsums wird komplementär entgrenzt – wobei die nun aktiveren Konsumenten in eine auf ganz neue Weise wirtschaftlich gesteuerte aktive Produktivität gezwungen werden, die ihnen gleichwohl bisher völlig ungeahnte Gestaltungs- und Wahlmöglichkeiten bietet. Beides beinhaltet eine neue (aber indirektere) gesellschaftliche und im engeren Sinne dann auch ökonomische *Herrschaft* und zugleich *neue Freiheit*. Beides bietet eine neue Qualität von Chancen – stellt zugleich die

Menschen aber vor bisher ungeahnte Anforderungen und Belastungen.

Alles zusammen passt zur Logik des »Flexiblen Menschen« von Sennett oder des »Netzwerkindividuums« von Castells[201]. In unseren Augen entspricht es aber im Zweifel eher dem sarkastischen Funktionalismus von Marx' »Gärungsstoff« oder dem psychologischen Skeptizismus von Foucaults »Subjektivierung«[202] als dem latenten Optimismus der verschiedenen Individualisierungsthesen. Dass sich darin der Übergang zu einer neuen (gerne auch »zweiten«) *Moderne* zeigt[203], sei zugestanden – ob sie »reflexiv« ist, wäre zu prüfen, kapitalistisch ist sie auf alle Fälle. Aber vielleicht ist der Neue Kapitalismus auch gar nicht neu – vielleicht ist die subjektivierte Gesellschaft mit ihren Arbeitskraftunternehmern und Arbeitenden Kunden überhaupt erst der eigentliche, nun *wahrhaft zu sich kommende Kapitalismus*. Zumindest könnte sein, dass von dort aus gesehen die bisherige kapitalistische Gesellschaft wie ein harmloses historisches Vorspiel anmutet.[204]

Damit genug der allgemeinen soziologischen und universal-historischen Spekulationen. Einige der angesprochenen Aspekte werden wir weiter unten vertiefend mit Blick auf das Thema *Subjektivität* diskutieren (Kap. 5). Die Ausführungen werden nun in einem letzten konzeptionellen Schritt wieder ein Stück konkreter, wenn wir versuchen, den von uns postulierten Typus des Arbeitenden Kunden historisch einzuordnen.

201 Vgl. Sennett 1998, auch 2005; Castells 2001.

202 Vgl. zum Beispiel 2004, siehe oben den Kasten zum Stichwort »Subjektivierung von Arbeit« (siehe auch die weiterführende Literatur).

203 Vgl. insbesondere Beck 1986; Beck/Giddens/Lash 1996.

204 Vgl. u.a Voß 2001.

4.4 Vom konsumierenden Produzenten zum produzierenden Konsumenten – eine historische Typologie

Die aktuellen Veränderungen im Verhältnis von Betrieben und ihren Kundinnen und Kunden lassen sich am besten durch *eine typologisch vergleichende* Betrachtung erschließen, da diese eine historische Perspektive öffnen kann. Unsere These vom Arbeitenden Kunden ist gleichwohl nicht so zu verstehen, dass dieser neue Typus in der Gesellschaft und auf Ebene der Individuen jetzt schon klar erkennbar wäre. Die dargestellte Entwicklung befindet sich, anders als beim Arbeitskraftunternehmer, aktuell in einem *sehr frühen Stadium.* Die historische Dynamik des Konsums ist im Vergleich zu der der Arbeitskraft und ihrer Nutzung im Betrieb erheblich *träger.* Hinzu kommt, dass es beim Wandel des Konsums wesentlich problematischer ist, von einem einzigen Typus zu sprechen. Arbeitskraft bezieht sich (zumindest unter den Bedingungen des »Normalarbeitsverhältnisses«[205]) in der Regel auf nur einen Abnehmerbetrieb, durch den dann ein charakteristisches Arbeitskraft- und Beschäftigungsverhältnis gebildet wird, das die Basis für einen charakteristischen Typus der Formung und Nutzung von Arbeitskraft bildet. Gibt es dann historisch in nennenswertem Umfang neuartige Formen des betrieblichen Umgangs mit den Arbeitenden, denen charakteristische Gruppen systematisch unterliegen, dann macht es Sinn, von einem neuen Typus von Arbeitskraft zu sprechen. Ganz anders beim individuellen Konsum. Er bezieht sich fast immer auf *mehrere* und *unterschiedlich agierende Anbieterbetriebe* aus unterschiedlichen Branchen und Marktsegmenten.

Trotzdem wollen wir auch im nächsten Schritt der Analyse die Überlegung weiterverfolgen, dass sich die Veränderungen zu etwas *Typischem* und zu etwas charakteristisch *Neuem* verdichten könnten. Die bemerkenswerte Parallelität zu den Entwicklungen auf der Arbeitskraftseite verweist, in Verbindung mit der komplementären

205 Vgl. insbesondere Mückenberger 1985; auch Bosch 1986.

inneren Logik beider Typen, auf eine historische Dynamik und unterstützt die Vermutung, dass es sich hier um eine *langfristige Entwicklung* parallel zum langfristigen Formwandel von Arbeitskraft handeln könnte.

In diesem Sinne möchten wir im Folgenden *drei basale historische Konsumtionstypen* (mit je zwei Varianten) *skizzieren*, um die bisherigen Überlegungen zum Wandel mit historischem Blick eine Stufe weiter zu konkretisieren. Die Typenbeschreibung folgt hier wieder der konzeptionellen Anlage der Arbeitskraftunternehmerthese, wie auch der These des Arbeitenden Kunden. Dabei sollen der jeweils idealtypische Kern und damit die charakteristischen Unterschiede zwischen den Typen herausgearbeitet werden, wozu Vereinfachungen gegenüber historischer Differenzierung und Präzision in Kauf genommen werden.

4.4.1 Der Selbstproduzent der vorindustriellen Gesellschaft

Der vorindustrielle, durch agrarische und später auch handwerkliche Arbeits- und Lebensverhältnisse geprägte Konsum kann im Kern als produktionsbezogen beschrieben werden. Der Ge- und Verbrauch von lebensdienlichen Gütern lehnt sich weitgehend unmittelbar an deren Herstellung im sozialen und räumlichen Umfeld der Konsumenten an, die in soweit diesem (modernen) Ausdruck eigentlich gar nicht entsprechen.

Die *Tätigkeitslogik* dieses Konsums deckt sich zwar nicht mit der der Produktion, ist dieser aber zeitlich, räumlich und sozial nahe, auch wenn es natürlich immer schon Lagerhaltung (und damit zeitliche Verzögerung) und Tausch (und damit sozialen und oft auch räumlichen Transfer) gegeben hat. Produktion und Konsumtion sind hier trotz allem sachlich weitgehend direkt aufeinander bezogen, werden von den selben oder zumindest vertrauten Personen vollzogen, finden im selben gemeinschaftlichen Rahmen statt usw. Der Produzent weiß meist, für wen und warum er etwas herstellt, und der Konsument kennt (zumindest indirekt) den Produzenten, die Art und Weise der Produktion, die Eigenschaften des Produkts usw.

Ökonomisch ist dieser Konsum daher im Wesentlichen Selbst-Konsum, das heißt, es wird für den Eigengebrauch produziert. Zwar handelt es sich auch hier um eine ›Ökonomie‹, es ist jedoch die basale, noch nicht tausch-dominierte Wirtschaft des »ganzen Hauses« oder des unmittelbaren sozialen Haushalts.[206] Hier richten sich die ökonomischen Prinzipien soweit wie möglich an der praktischen Nutzung der Produkte, also am ›Konsum‹ aus und (noch) nicht umgekehrt. Das gilt auch, wenn Not den Konsum massiv einschränkt, wenn nur das konsumiert werden kann, was die in Quantität und Qualität stark schwankende Produktion hergibt.

Entsprechend ist die alltägliche (und darüber vermittelt biographische) Logik des *Lebens* geschlossen; das heißt, Konsum und Produktion bilden eine existenzielle Einheit. Leben und Arbeiten bilden die zwei Seiten der einen Existenz- oder Lebensweise.

Es handelt sich hier natürlich um eine sehr holzschnittartige Typisierung, so dass zumindest zwei *Varianten* unterschieden werden sollen:[207]

(a) Als idealtypische Frühform kann man einen *selbst-produzierenden Urproduzenten* bestimmen, der tatsächlich weitgehend vollständig das konsumiert, was er oder sie auch selbst im Familien- und/oder Stammeskontext herstellt. Gelegentlicher minimaler Tausch und Konsum von fremdproduzierten Gütern tangieren dabei nicht grundsätzlich die Art des Wirtschaftens (Selbst-Produktionsökonomie) und Lebens (Leben im Produktionshaushalt und in der Gemeinschaft der sich noch direkt aufeinander beziehenden unmittelbaren Produzenten).

Davon unbenommen ist, dass es durchaus Gruppen gibt, die dem Muster nicht entsprechen: Auf der einen Seite etwa gesellschaftlich Privilegierte, die im Vergleich nur begrenzt selbst produzieren – dafür aber stark das konsumieren, was andere für sie herstellen (Stammesführer, regionale Herrscher, adelige Lehnsherren, spirituelle und religiöse Eliten, Krieger, freie Bauern usw.). Auf der anderen Seite diejenigen, die oft unter schwierigsten Bedingungen produzieren –

---

206 Vgl. u.a Brunner 1968.

207 Siehe für differenziertere historische Analysen beispielhaft die Untersuchungen von Braudel (Braudel 1986/Weltwirtschaft, Alltag, Handel oder Braudel/Duby/Aymard 1990).

aber nur Teile des Produzierten konsumieren dürfen (landlose Leibeigene, Fronbauern, rechtloses Gesinde, sozial Geächtete, fahrendes Volk, Söldner, Sklaven usw.).

(b) Dem steht in einer späteren Epoche ein *Zu-kaufender Selbstproduzent* gegenüber. Er ist zwar immer noch Hauptthersteller seiner zu konsumierenden Produkte, ergänzt diese jedoch bereits systematisch durch Güter, die im eigenen Kontext Mangelprodukte sind oder aufgrund sich entfaltender beruflicher Arbeitsteilung anderenorts oder von anderen Personen kostengünstiger beziehungsweise in höherer Qualität produziert werden. Der Zukauf erfolgt jedoch immer noch fallweise in Abhängigkeit von Gelegenheiten und Ressourcen, vor allem von dem meist noch sehr spärlichen Geldvermögen. Der zunächst noch direkte Tauschhandel (Produkt gegen Produkt) geht bald über in eine geldbasierte früh-kapitalistische Warenwirtschaft, die sich schnell stürmisch entwickelt. Schon im beginnenden Mittelalter (und davor in den frühen Hochkulturen) führt dies zu handwerklicher Spezialproduktion, Nah- und Fernhandel, hoch entwickelter Geld- und Finanzkultur, komplexem (zum Teil auch schon luxuriösem) Konsum usw. Trotzdem beruht auch hier die gesellschaftlich typische Form des Konsums immer noch auf einer unmittelbar betriebenen und erlebten Selbstproduktion.

Mit fortschreitender Entwicklung löst sich die Selbstproduktion bekanntlich nach und nach auf und führt, zuerst in den Städten, dann im Umfeld der fürstlichen Ökonomien zu Vorformen von moderner Produktion (etwa in den höfischen Manufakturen) und schließlich im Zusammenhang damit zu einem wachsenden Konsum von nicht selbstproduzierten Waren, wie er für hoch entwickelte moderne Gesellschaften (und genau genommen in voller Ausprägung erst seit einigen Jahrzehnten) charakteristisch ist.

4.4.2 Der Kaufende Kunde der industriell-kapitalistischen Gesellschaft

Gegenüber dem Selbstproduzenten entsteht mit dem Übergang zur modernen kapitalistischen Welt im Zuge der »Great Transformation«[208] von Wirtschaft und Gesellschaft nicht nur in den Arbeits- und Produktionsverhältnissen, sondern auch auf Seiten der Konsumtion eine neue Welt. Genau genommen ist es eigentlich erst hier sinnvoll, von einer besonderen Logik des »Konsums« zu sprechen. Erst jetzt wird zudem aus dem Nutzer von Gebrauchswerten die Figur des ›Käufers‹ und dann vor allem des modernen ›Kaufenden Kunden‹.

Der bis dahin enge Zusammenhang von Herstellung und Nutzung der Gebrauchswerte bricht auf und differenziert sich. Beide *Tätigkeiten* entwickeln sich nicht nur sachlich, sondern auch räumlich und sozial auseinander: Man arbeitet nicht mehr dort, wo man ›lebt‹, und die, mit denen man arbeitet, sind nicht die, mit denen man konsumiert, lebt usw. Damit bildet sich der Konsum nun erstmals als wirklich separate Sphäre aus. Mit der Trennung von täglichen Arbeits- und Reproduktionszeiten kommt es auch zu zeitlichen Differenzierungen im Verlauf von Woche und Jahr und zu neuen Zeitinstitutionen (wie ›Freizeit‹, ›Urlaub‹ und ›Wochenende‹) sowie zur Trennung von biographischen Berufs- und anderen Lebensphasen. Nicht übersehen sollte man die daraus resultierende emotionale Spaltung: Das Arbeiten folgt anderen Gefühlen als die ›Intimität‹ der Familie, der ›Genuss‹ des Konsums, die ›Entspannung‹ in der Freizeit usw.

Die *ökonomische* Logik des Konsums in dieser Phase ist oft beschrieben worden: Man konsumiert, idealtypisch gesehen, nun nicht mehr das, was man herstellt, sondern die Produkte der Arbeit anderer – und diese muss man kaufen. Die Gegenstände des Konsums sind jetzt nicht mehr primär Gebrauchs-, sondern Wirtschafts-Güter, das heißt sie sind im Marxschen Sinne »Waren«. Man ist also nicht nur (als Arbeitskraft) Waren-Produzent, sondern vor allem auch zunehmend Waren-Konsument. Das Beschaffen der Güter wird zu einer eigenen ökonomischen Leistung, die nicht nur Geld erfordert und die eigenlogische Tätigkeit des Kaufens sowie dazu des marktkonformen Agierens (Sparen, Informieren, Handeln usw.) mit entsprechenden (konsumtiven) Transaktionskosten ausbildet, sondern auch einen neuen Sozial-Typus, den kaufenden »Kunden« schafft.

208 Polanyi 1995.

Dieser symbolisiert die neue, warenförmige Beziehung zu den Produzenten der Güter und zu ihren Organisationen, den Betrieben. Der Kunde ist die Figur, die über Geld verfügt und es ausgibt, die marktförmig agiert (indem sie etwa Präferenzen ausbildet, Geschmack entwickelt und komplexe Wahlentscheidungen vornimmt) und damit Marktsegmente bildet. Konsum wird so zu einer systematisch marktvermittelten Sphäre, bei der wie bei der Arbeit die ökonomische Seite (Kaufen und Verkaufen) zunehmend die Gebrauchseite dominiert.

Entsprechend bildet sich eine neuartige *existenzielle* Logik, das heißt eine nicht nur durch die Lohnarbeit, sondern eben auch durch den modernen Waren-Konsum und die Figur des Käufer-Kunden geprägte Lebensführung. Der Alltag spaltet sich immer mehr in ›Arbeit‹ und ›Leben‹, wobei diese Dichotomie (von Marx anschaulich, aber einseitig, auf die Erwerbsarbeit bezogen)[209] durchaus Richtiges benennt: Die ›Arbeit‹ ist die Sphäre des entfremdeten Tuns, in der man »außer sich« ist, während in der Sphäre der Reproduktion ›gelebt‹ wird und man dort insoweit »bei sich« ist. Aber auch die Sphäre der Reproduktion wird tendenziell entfremdet und auf den Akt des Kaufens und dann (oft nutzlosen) Akkumulierens und Ver-Nutzens von Waren reduziert.

Eine Differenzierung dieser Typisierung lässt zwei *Varianten* erkennen:[210]

(a) Zu Beginn der Industrialisierung und teilweise bis weit in das 20. Jahrhundert hinein ist der moderne Warenkonsum – und damit der Typus des »Kunden« – noch unvollständig ausgebildet. Der Konsument ist hier idealtypisch zwar schon *Waren-Käufer;* charakteristisch ist jedoch, dass er sich mit einer *substantiellen Restproduktion,* wie Garten- und Landwirtschaft und eine leistungsfähige Heimproduktion und Lagerhaltung, die weit über das hinausgehen, was heute »Hausarbeit« heißt, eigenständig mit Gebrauchsgütern versorgt, beziehungsweise gekaufte Halbfertigprodukte in Eigenregie aufwändig endfertigt.

(b) Systematisch davon zu unterscheiden ist das für uns heute gewohnte Modell des modernen *Kaufenden Kunden.* Dieser konsumiert

209 Vgl. vor allem in Frühschriften, zum Beispiel Marx 1985, S. 514.

210 Vgl. die Gegenüberstellung zweier »Modernen« bei Lutz, vor allem in 1984, die indirekt auch zwei Modelle des Konsums beschreibt.

tatsächlich fast ausschließlich industriell gefertigte und gekaufte Waren. Aber auch hier gibt es weiterhin eine nicht unerhebliche Gebrauchswertproduktion in eigener Regie im Rahmen von Haus- und Familienarbeit, nicht zuletzt weil auch beim modernen Warenkonsum fast jede Ware für den Endgebrauch noch einmal hergerichtet oder weiterverarbeitet beziehungsweise aufgewertet wird. Hinzu kommen als neue Erscheinungen die so genannte »Eigenarbeit«, das »Hobby« und »Do-It-Yourself«, worin sich ein nun in Reaktion auf immer weiter entfremdete Arbeit aufkeimendes Bedürfnis (zweiter Art) nach einer irgendwie noch (oder wieder) selbstbestimmten, unmittelbar sinnlich-produktiven Betätigung ausdrückt. Trotzdem handelt es sich bei diesen Arten von Hausproduktion ökonomisch gesehen nur noch um eine *residuale Restproduktion.*

Dieser Typus und diese Phase scheinen sich nun weiter zu modifizieren, was nach und nach zu einer neuen historischen Situation und zur Entstehung eines ganz anders gearteten Typus des Konsumenten führen könnte – realgeschichtlich aller Voraussicht nach ein Prozess mit vielen Zwischenschritten und Zwischenerscheinungen.

4.4.3 Der Arbeitende Kunde des subjektivierten Neo-Kapitalismus

Der neue Typus des Arbeitenden Kunden, wie wir ihn bisher beschrieben haben, ist durch drei Merkmale charakterisiert:

- Die im Privaten nach wie vor zu findende produktive *Tätigkeit* der Konsumenten gerät unter betrieblichen *Vernutzungsdruck*. Der Kunde wird von Betrieben wie eine *gebrauchswertschaffende Arbeitskraft* behandelt.
- Die in der Produktivität der Konsumenten enthaltenen *ökonomischen* Potenziale geraten unter betrieblichen *Verwertungsdruck*. Der Kunde wird von Betrieben als *explizite Wertquelle* wahrgenommen, die erschlossen werden soll.
- Der *private Lebenszusammenhang* der Konsumenten gerät damit unter betrieblichen *Beherrschungsdruck*. Der Kunde wird zu einer Art *informellem Mitarbeiter* von Betrieben.

Zentraler Gedanke ist also nicht, dass Betriebe verstärkt Kosten und Funktionen auf ihre Kundschaft auslagern. Strukturell entscheidend und historisch langfristig wesentlich spannender ist vielmehr, dass die produktiven Aktivitäten der Konsumenten als bisher nicht explizit genutztes ökonomisches Potenzial erkannt werden. Um dieses Potenzial verfügbar zu machen, gilt es, die Verausgabung des Arbeitsvermögens der Konsumenten betrieblich zu »kontrollieren« und organisatorisch zu integrieren. Komplementär dazu wird mit gegenläufiger Logik die Nutzung formeller Arbeitskraft verstärkt betrieblich ›ausgeschwitzt‹ und ihre Nutzung und Verwertung vermarktlicht (Stichwort: »Arbeitskraftunternehmer«).

Auch hier wollen wir zwei *Varianten* gegenüberstellen:

(a) In der derzeitigen Take-Off-Phase der Entwicklung wird sich auf absehbare Zeit eine nur unvollständige Form des neuen Typus finden, die man als *betrieblich zuarbeitender Kunde* bestimmen kann. Primäre Intention der Betriebe ist es dabei, Kosten und Funktionen auf die Kunden auszulagern. Der Konsum folgt hier nach wie vor der modernen kapitalistischen Logik, dass ›gegessen‹ wird, was man vorher ›gekauft‹ hat. Punktuell wird der Konsument jedoch schon zum die betriebliche Produktion und Wertschöpfung mittels reproduktiver Arbeit bereichernden ›Kunden neuer Art‹ umgeformt.

Das betrifft den konventionellen Massenkunden im Moment erst an wenigen, persönlich aber immer ›lästigeren‹ Stellen seines konsumtiven Lebens. In manchen Bereichen gerät die konsumtive Ko-Produktion jedoch schon zur expliziten und fast schon förmlichen Arbeitsanforderung, der man sich nicht mehr entziehen kann. Einzelne Eliten (etwa der Internet-Community) sind dem schon sehr weitgehend ausgesetzt beziehungsweise suchen aus verschiedensten Gründen regelrecht die betriebliche Nähe, Einbindung und produktive Betätigung (und Bestätigung). Sie können als Avantgarde gesehen werden, bei der die Logik des Arbeitenden Kunden, seine ökonomischen Chancen und Risken und nicht zuletzt auch die Möglichkeiten und Probleme einer existenziellen Ein- und Anbindung der privaten Produktivität erprobt werden.

(b) Es ist offen, ob es bei dieser Gemengelage bleiben oder ob sich eine weiter gehende Entwicklung ergeben wird. Um der Vorstellungskraft nachzuhelfen, wagen wir einen Blick in die Zukunft eines *voll entfalteten ›Arbeitenden Kunden‹* als dann tatsächliche *betriebliche Arbeitskraft.* Lässt man der Phantasie freien Lauf, dann entstehen nahezu Orwellsche Bilder:

Der moderne Mensch wäre dann nicht nur auf der einen Seite als formelle Arbeitskraft veritabler ›Unternehmer seiner selbst‹, sondern er würde am anderen (reproduktiven) Ende seiner Existenz nun auch noch explizit ökonomisch verwertete Arbeiten verrichten. Er wäre also eine *doppelte* und *doppelt ausgebeutete Arbeitskraft.* Diese Funktion wäre dann nicht mehr (wie bisher in der Regel noch) frei gewählt, sondern strukturell unabweisbar: nur wer als Kunde ›arbeitet‹ darf auch ›essen‹ – wobei dieser Satz dann wirklich umfassend gelten würde.

Wer das Self-Banking verweigert, die Fahrkarten nicht im Internet kauft, sich nicht am Hotelautomaten selbst eincheckt, die Zahlungsabwicklung für gekaufte Waren nicht selbst sicherstellt und prüft, die Postzustellung nicht selbst übernimmt und vieles andere mehr, der muss entweder mehr zahlen oder er hat eben keine Überweisung, kein Ticket, kein Hotelbett, keine Einkaufswaren, keine Post (sofern man überhaupt noch eine Wahl hat).

Ist man auf der Erwerbsseite im Zuge dessen mehr denn je und mit schwerwiegenden Folgen in neuer Weise ›frei‹, so ist man auf der konsumtiven Seite des Lebens mehr denn je ›unfrei‹, weil man nun auch hier in fordernde und sich herrschaftlich gebärdende Unternehmen eingebunden wird. Zu der von Marx beklagten ›Leibeigenschaft‹ der *abhängigen Lohnarbeit* träte die strukturelle Abhängigkeit einer *abhängigen Konsumarbeit* von machtvollen und im Weltmaßstab immer häufiger monopolistisch agierenden Konzernen.

Welche Bedeutung dem (praktisch und wissenschaftlich) zukommt, muss der Phantasie der Leserinnen und Leser überlassen bleiben. Einige Aspekte werden wir im nächsten Kapitel vertiefen und dann kurz noch einmal im Nachwort betrachten.

	Der Selbstproduzent Vorindustriell-agrarische Gesellschaft		**Der Kaufende Kunde** Industriell-kapitalistische Gesellschaft		**Der Arbeitende Kunde** Subjektivierter Neo-Kapitalismus	
	Der selbstkonsumierende Urproduzent	Der zukaufende Selbstproduzent	Der Waren-Käufer mit substantieller Restproduktion	Der vollständige Käufer-Kunde mit residualer Restproduktion	Der betrieblich zuarbeitende Kunde	*Der Kunde als betriebliche Arbeitskraft (?)*
Praxis	Konsumtion selbstproduzierter Güter Einheit der Arbeit (keine Trennung von formeller u. informeller Arbeit)		Vorwiegend Konsum gekaufter Industriegüter Substantielle/später residuale Restproduktion Trennung von formeller u. informeller Arbeit		Der Konsument als Arbeitskraft Betriebliche Nutzung der privaten Produktivität des Konsums Übernahme produktiver Betriebsfunktionen durch Kunden	
Ökonomie	Ökonomie des „Ganzen Hauses" Gering entwickelte öffentliche Ökonomie Meist unmittelbar tauschgesteuert; beginnender Markt u. Geldverkehr		Maximalisierung der öffentlichen Produktion u. Distribution Minimalisierung privater Produktion Dominanter geldgesteuerter WarenkaufRein verbrauchender Konsum		Der Konsument als Wertquelle u. Teil der betrieblichen Wertschöpfungskette Entmarktlichung von privaten Konsumfunktionen Ökonomisierung u. Ausweitung privater Produktivität	
Existenzialität	Integration von Produktion u. Konsumtion Geringe Trennung von Privatheit u. Öffentlichkeit		Trennung von formeller Arbeit u. reproduktivem privatem Leben (›Freizeit‹) Trennung von Öffentlichkeit u. Privatheit		Der Konsument als informeller Mitarbeiter, Veröffentlichung privater Funktionen Betriebliche Beherrschung des privaten Lebenszusammenhangs Verbetrieblichung von Lebensführung u. Lebensverlauf	

Abb. 4.2: Historische Varianten und geschichtliche Verortung von Konsumententypen

5. Neue Konsumenten – Neue Subjekte?

Die bisherige Argumentation hatte uns zu der These geführt, dass Veränderungen in den Kundenbeziehungen von Unternehmen einen Strukturwandel des privaten Konsums in der Gesellschaft auslösen. Die Frage nach den Ursachen und Charakteristiken eines neuen Konsumententypus führte schrittweise vom subjektorientierten Kern der Überlegungen zu einer gesellschaftstheoretischen und historischen Einordnung.

Zum Schluss des Buchs wechseln wir wieder die Blickrichtung und fassen noch einmal das *Subjekt* ins Auge. Wir fragen, was aus Menschen wird, wenn sie zu Arbeitskräften einer historisch neuen ›zweiten Art‹ werden. Dabei geht es uns weniger um die Folgen für die einzelne Person, als um Konsequenzen für *Subjektivität überhaupt*, das heißt für ihre *gesellschaftlichen Formen und Funktionen*. Dass wir zum Abschluss einer Erörterung des Wandels des Konsums gerade danach fragen, hat seinen Grund. Dieses Thema steht im Bezug zu aktuellen Diskussionen zum Wandel der gesellschaftlichen Qualität von Subjektivität in der Folge des Strukturwandels der Erwerbstätigkeit. *»Subjektivierung«* (respektive *»Subjektivierung von Arbeit«*) ist dafür das Stichwort, auf das schon mehrfach Bezug genommen wurde[211], und das nun noch einmal ausführlicher bedacht werden soll.

Wir greifen dazu zwei traditionsreiche Theoriekonzepte auf, die in der auf gesellschaftliche Arbeit bezogenen Diskussion trotz mancher Kontroversen bis heute von zentraler Bedeutung sind für die Beschreibung des Verhältnisses von (arbeitenden) Subjekten und (der

211 Vgl. den Kasten zum Thema in Kap. 4.3.5 (siehe auch die weiterführende Literatur).

durch erwerbsförmige Arbeit geprägten) Gesellschaft, deren Potenziale aber bisher nur wenig für die Frage nach dem derzeitigen Wandel der Arbeitsgesellschaft genutzt wurden: das sozialphilosophische Theorem der *Entfremdung* und das soziologische Basisthema der *Vergesellschaftung* von Menschen.

Wir werden beide Konzepte im Folgenden mit eigenen Interpretationen vorstellen und dann diskutieren, welche Bedeutung die These vom Arbeitenden Kunden für Entfremdung und Vergesellschaftung hat. Dies führt zu Überlegungen, auf welche neue allgemeine Qualität von Subjektivität die Entwicklung hinauslaufen könnte.

Insbesondere dieses letzte Kapitel des Buchs verstehen wir als *Essay*: als Versuch, an einem für unseren Denkansatz entscheidenden Punkt allgemeiner auszuloten, was unser Thema gesellschaftlich langfristig bedeutet.

5.1 Entfremdung – Ein Thema für Arbeitende Kunden?

»Entfremdung« war ein zentrales Thema der arbeitswissenschaftlichen Forschung in den 60er und 70er Jahren des 20. Jahrunderts.[212] Im Mittelpunkt stand dabei der Gedanke, dass durch betriebliche Fremdkontrolle das je ›Eigene‹ in der Arbeit (die Arbeitsleistung und die entstehenden Produkte) von den Arbeitenden als etwas systematisch ›Fremdes‹ erlebt wird. Seit einigen Jahren erfährt das Konzept eine gewisse Renaissance, allerdings nach wie vor mit engem Bezug auf formelle erwerbsförmige Arbeit.[213] Wenn die leitende These dieses Buchs zutrifft, dann wird jedoch auch an der Grenze zwischen Erwerbstätigkeit und anderen Lebensbereichen in ganz neuer Weise Eigenes und Privates zu etwas Fremdem und heteronom Zugerichtetem. Damit stellt sich für uns die Frage, inwieweit Aspekte der Entfremdung nun auch zur Kennzeichnung des Wandels der Situation von Menschen als Arbeitende Kunden herangezogen werden können.

---

212 Vgl. für einen Überblick Friedel-Howe 1981 (siehe auch die weiterführende Literatur).

213 Vgl. u.a. Zurek 1998 (siehe auch die weiterführende Literatur).

Entfremdung – Wenn Menschen sich selbst und Ihrer Welt »fremd« werden

Der Begriff »Entfremdung« hat eine lange Tradition. Zentrale Wurzeln liegen in der idealistischen Philosophie (vor allem bei Hegel, 1970/Phänom. d. Geistes), Ansätze lassen sich aber auch schon in den ästhetischen Schriften von Schiller (2000) finden und auf weitere Autoren vor Hegel zurückführen, etwa Rousseau.

Bei Hegel ist Entfremdung ein objektiv für den Menschen charakteristisches Phänomen, über das er zu sich finden kann, etwa wenn er sich mit seinen Werken »entäußert«; die ihm dann als »fremde« gegenüber treten und darüber die Möglichkeit bieten, sich in ihnen zu erkennen, das heißt Selbst-Bewusstsein zu erlangen, sie sich wieder als »seine« »anzueignen« und dadurch in neuer Qualität zum Subjekt seiner selbst zu werden.

Für die Sozialwissenschaften besonders relevant ist Marx, vor allem seine Frühschriften (1985). Die leitende Idee ist dort, dass der Mensch, als Individuum und Gesellschaftsmitglied, durch die gesellschaftliche Entwicklung (insbesondere in der industriell-kapitalistischen Moderne) seinen Werken (zum Beispiel den in der Arbeit geschaffenen Produkten), seiner Tätigkeit (und damit sich selbst), seinem so genannten Gattungswesen (also dem, was die menschliche Natur ausmacht) und seinen Mitmenschen (insbesondere in der Arbeitwelt) systematisch »fremd« wird. Er fällt aufgrund der gesellschaftlichen Umstände, die ihn bestimmen und prägen, hinter die ihm ›eigentlich‹ gegebenen Möglichkeiten zurück und ist so eher ›fremdbestimmtes‹ Objekt der Verhältnisse als »Subjekt« seiner selbst und seiner Welt.

(vgl. als Überblick zum Beispiel Israel 1972, Halfmann 1990; siehe auch die weiterführende Literatur)

5.1.1 Entfremdung in der traditionalen Arbeitsgesellschaft

Die klassische sozialwissenschaftliche Konzeptualisierung von Entfremdung greift trotz der frühen philosophischen Wurzeln vielfach auf Überlegungen des jungen Marx zurück.[214] Der zentrale Gedanke zur Entfremdung ist dort, dass durch den Zwang zum Verkauf der eigenen Potenziale als Ware und die betriebliche Beherrschung und Verwertung der Verausgabung von Arbeitsfähigkeiten in der kapitalistischen Arbeit das je ›Eigene‹ den Menschen als Fremdes gegenübertritt. Die Arbeitenden verfügen unter den Bedingungen von

214 Vgl. vor allem Marx 1985 (siehe auch die weiterführende Literatur).

Lohnabhängigkeit und betrieblicher Herrschaftssysteme nicht über ihr produktives Handeln, über dessen Ergebnisse und über die Gestaltung ihrer Beziehungen zu anderen.[215] Eine zentrale Konsequenz hieraus ist die spezifische *Partialisierung* des Handelns der Arbeitenden, das heißt die systematische Beschränkung ihrer Arbeitskompetenzen und -motivationen.[216]

Solche Überlegungen boten eine wichtige gesellschaftstheoretische Grundlage für die in den 70er Jahren entstandene Forschung zur Humanisierung der Arbeit im deutschsprachigen Raum.[217] Zugleich war das Konzept der Entfremdung jedoch Gegenstand kontroverser Diskussionen. Ein zentraler Vorwurf richtete sich gegen den damit verbundenen *Essentialismus*: Die gängige Auffassung von Entfremdung setze eine Vorstellung von nicht-entfremdetem Leben voraus, gewissermaßen von einer existenziellen ›Heimat‹, welche im menschlichen Wesen angelegt sei. Im gnostischen Denken beispielsweise wird Gott als diese Heimat, die säkulare Welt dagegen als die Fremde gesehen. In dieser Sicht ist derjenige, der sich in der diesseitigen Welt beheimatet fühlt, entfremdet; erst bei Gott kann er zu sich kommen.[218] In den Frühschriften von Marx ist das im Wesen des Menschen verankerte Nicht-Fremde seine freie bewusste Tätigkeit und die freie Entfaltung seiner Potenziale – entfremdet ist demnach, wem, wie in der Lohnarbeit, die Chance dazu entzogen wird. Erst unter nicht heteronomen Bedingungen könne der Mensch daher zu sich kommen. Und auch hier gibt es die Idee eines Telos: eine nicht-entfremdete Entfaltung des Menschen kann es für Marx nur in einer zukünftigen ›befreiten‹ Gesellschaft geben.

Diesem Essentialismus wurde immer wieder kritisch entgegengehalten, dass Aussagen über das Wesen des Menschen mit unüberprüfbaren Annahmen verbunden sind. Die freie bewusste Tätigkeit müsse beispielsweise keineswegs notwendig *das* entscheidende Merkmal des menschlichen Wesen sein, sondern sei nur ein *Teilmoment* menschlicher Bedürfnisse und Möglichkeiten. Solche Kritik ist ernst zu nehmen. Die folgenden Überlegungen gehen daher davon aus,

215 Vgl. u.a. Weber 2002/Partialisierung.

216 Vgl. Volpert 1975, 1981.

217 Vgl. den Überblick in Ulich 2001.

218 Vgl. Taubes 1991.

dass bei einem Verzicht auf essentialistische Annahmen nur eine entsprechende *Wertorientierung* Grundlage für ein Entfremdungskonzept sein kann. »Entfremdung« ist für uns daher eine Erfahrung der Fremdheit, die aus der gesellschaftlichen Beschränkung eines *positiv bewerteten* menschlichen Potenzials (der Fähigkeit des Menschen zu freier bewusster Tätigkeit) resultiert.[219]

Aber ist selbst mit dieser Einschränkung versehen »Entfremdung« angesichts von Entwicklungen, die den Arbeitenden in neuer Form Verantwortung übertragen und Handlungsspielräume gewähren, nicht ein alter Hut; eine Kategorie, die allenfalls noch auf hoch restriktive Arbeitsplätze in altindustriellen Bereichen oder für frühkapitalistisch anmutenden Arbeitsbedingungen in der Dritten Welt zutrifft? Wir meinen ganz im Gegenteil, dass Entfremdung keineswegs verschwindet, sondern dass sie sich vielmehr gerade auch hier und heute in ganz *neuer Qualität* und unerwarteter *neuer Dringlichkeit* zeigt. Dies hat sehr verschiedene Facetten.

5.1.2 Entgrenzte Entfremdung

Ein erster Aspekt für eine Neubewertung der Entfremdungsthematik resultiert aus dem Übergang zur so genannten *Dienstleistungsgesellschaft.*[220] Mit diesem geht in vielen Bereichen eine tiefgreifende Veränderung der Anforderungen an Beschäftigte einher, insbesondere dann, wenn sie so genannte personenbezogene Dienstleistungsarbeit verrichten. Derartige Tätigkeiten sind unter anderem dadurch charakterisiert, dass Beschäftigte in erweiterter Form *Subjektivität* nutzen müssen. Hierfür steht insbesondere das Konzept der *Emotionsarbeit.*[221] Die Anforderung an die Beschäftigten, Gefühle an Regeln der Organisation anzupassen, führt danach zur systematischen Entfremdung von den originären eigenen Emotionen. Man kann auch von »sozialer

219 Vgl. Weber/Rieder 2004.

220 Vgl. als Überblick Häussermann/Siebel 1995 (siehe auch Kap. 3 und die weiterführende Literatur).

221 Zuerst Hochschild 1979, 1990 (siehe auch die weiterführende Literatur).

Entfremdung«[222] sprechen und damit betonen, dass es in der Dienstleistungsarbeit vor allem die unmittelbaren Interaktionen mit anderen Menschen sind, die durch Vorgaben von Organisationen geprägt und dadurch fremdbestimmt werden. Beispiele sind etwa die Regeln, die die Gespräche der Beschäftigten in Call-Centern kanalisieren,[223] die rhetorischen Tricks, die von professionellen Verkaufskräften eingesetzt werden müssen oder die auf wenige formelhaft vorgegebene Sequenzen begrenzten Gespräche, die in Fast-Food Lokalen gängig sind.[224] Folge derartig organisational geregelter Interaktionen kann sein, dass sie auch das Verhältnis zu anderen Menschen außerhalb der Arbeit verändern. Die Dienstleistungsgesellschaft kann somit, so die These, mit einer wachsenden Relevanz *sozialer Entfremdung* in verschiedensten Formen einhergehen.

Ein zweiter Aspekt entsteht durch die Herausbildung eines neuen Leittypus von Arbeitskraft. Der Arbeitnehmer erlebt Fremdheit vor allem durch den Widerspruch zwischen innerem Empfinden und äußerem regelgeleiteten Tun; für den *Arbeitskraftunternehmer*[225] stellt sich dies ganz anders dar: Er entsteht vor dem Hintergrund einer tendenziellen Rücknahme betrieblicher Herrschaft und Kontrolle. An deren Stelle tritt die eigenständige Zurichtung und vertiefte Nutzung von Subjektivität für die Erfordernisse der Arbeit (»Subjektivierung«). Einem ›guten‹ Arbeitskraftunternehmer gelingt es, nicht (wie bisher gefordert) seine Individualität zu unterdrücken, sondern sie im Gegenteil zugunsten einer optimalen Entwicklung, Vernutzung und Vermarktung seiner Arbeitskraft und zur eigenständigen Strukturierung seiner Tätigkeit zu *entfalten*. Die Grenzen der teilweise darin liegenden neuen ›Freiheit‹ sind jedoch schnell erreicht; spätestens dann, wenn nicht mehr marktgerecht agiert oder unzureichend Profit erwirtschaftet wird.

---

222 Vgl. Weber 2002/Partialisierung. Weber bezieht sich dabei auf Marx' Kategorie der »Entfremdung des Menschen von dem Menschen«, 1985, S. 517.

223 Vgl. Weber/Rieder 2004.

224 Vgl. die Fallstudien von Leidner 1991, 1993.

225 Vgl. den Kasten zum Thema in der Einleitung (siehe auch die weiterführende Literatur).

Inwieweit greift das Konzept der Entfremdung in Bezug auf derartige Arbeitskräfte, die kontinuierlich eine »fremdorganisierte Selbstorganisation«[226] betreiben? Kennzeichnend für Arbeitskraftunternehmer ist, dass der bisher den Arbeitenden weitgehend ›äußerlich‹ bleibende Widerspruch zwischen Kapital und Arbeit nun immer mehr nach ›innen‹ verlagert wird. Zunehmend erlebt man sich in einem unaufhebbaren Widerspruch als abhängige und fremdbestimmte Arbeitskraft wie zugleich als relativ autonomer Vertreter der Interessen des Unternehmens. Handeln ist demnach, weit über die Gruppe leitender Angestellter hinaus, von einer ständigen Spannung zwischen Eigenem und Fremdem gekennzeichnet. Die Tätigkeit der Arbeitenden wird hier nicht mehr durch äußere (betriebliche) Kontrolle in eine starre und fremde Form gezwungen, die zwar einschränkt, aber auch entlastet. Die marktgerechte Aufbereitung der Fähigkeiten und Tätigkeiten erfolgt vielmehr *zugleich fremd- und selbstbestimmt.*[227]

Beide Entwicklungen könnten nun eine ganz neue Form der Entfremdung zur Folge haben. Diese ist dadurch gekennzeichnet, dass das zutiefst Eigene (die freie bewusste Tätigkeit) zugleich das zutiefst Fremde ist (die für die Interessen von Unternehmen instrumentalisierte Tätigkeit). Das Fremde taucht nicht mehr nur in Form einer Arbeitsrolle auf, die für andere Lebensbereiche nur begrenzt und indirekt bedeutsam ist. Die Entgrenzung und Subjektivierung der Arbeit haben vielmehr zur Folge, dass die unterschiedlichen Rollen im Erwerbs- und Privatleben schwieriger voneinander abgrenzbar sind. Dementsprechend durchdringt das Fremde grundlegend die Subjekte. Und: Entfremdung wird zunehmend ebenfalls ›selbstorganisiert‹ realisiert. Sie wird zur *Selbst-Entfremdung.*[228] Das Fremde ist beim Arbeitskraftunternehmer nicht mehr (oder zumindest nicht mehr nur) das von außen aufoktroyierte. Die Arbeitenden selbst

226 Pongratz/Voß 1997.

227 Siehe in diesem Sinne vor allem Foucaults Überlegungen zu Macht, Kontrolle und Disziplin, zum Beispiel 1987, als Überblick Moldaschl 2002/Foucault (siehe auch die weiterführende Literatur).

228 Hier ist also nicht der Begriff »Selbstentfremdung« von Marx gemeint (1985), den dieser mit Bezug auf die Entfremdung der lohnabhängig Arbeitenden von ihrer Tätigkeit verwendete.

verankern das Fremde (die Interessen und Handlungsforderungen von Unternehmen) im Eigenen und beides wird untrennbar verbunden.

Etwas Vergleichbares passiert möglicherweise nun auch auf Seiten der *Konsumentinnen und Konsumenten* – womit sich die Frage nach der Entfremdung noch einmal in ganz neuer Weise stellt:

Eine Gemeinsamkeit zwischen Arbeitskraftunternehmer und Arbeitendem Kunden ist, wie oben gezeigt wurde,[229] die tendenzielle Auflösung der Grenzen zwischen ›Arbeit‹ und ›Leben‹. Während der Arbeitskraftunternehmer, mit seiner Arbeit ein Stück weit ins Private ›entlassen‹ wird und dort genötigt ist, seine Tätigkeit eigenständig zu organisieren, sieht sich der Arbeitende Kunde damit konfrontiert, sein privates Handeln zunehmend in betriebliche Abläufe einbinden zu müssen. In beiden Fällen kommt es somit zu einer stärkeren Verknüpfung des Privaten mit der betrieblich angebundenen Arbeit. Und in beiden Fällen geht das Private als das bisher vom betrieblichen Zugriff relativ geschützte Refugium tendenziell verloren.

Betrachtet man die Strategien von Unternehmen, so wird deutlich, dass bezogen auf den Arbeitskraftunternehmer Aspekte betrieblicher Herrschaft verringert werden, während sie bezogen auf den Arbeitenden Kunden an Bedeutung gewinnen. Damit werden sowohl der Arbeitskraftunternehmer als auch der Arbeitende Kunde zu *Hybriden*,[230] die zwischen verberuflichtem Arbeitnehmer (starke Kontrolle durch Betriebe) und herkömmlichem Konsumenten (relative Unabhängigkeit von betrieblichen Vorgaben) angesiedelt sind. Wenn sich der klassische Lohnarbeiter »erst außer der Arbeit bei sich und in der Arbeit außer sich« fühlt (Marx),[231] was kennzeichnet dann das Erleben dieser neuen Wesen? Möglicherweise ist für beide charakteristisch, dass sie sowohl in der Erwerbs- als auch in der Konsumarbeit in hohem Maße zugleich *außer* und auch *bei sich* sind. Vielleicht ist gerade das Besondere der aktuellen Entwicklung, dass sich hier Eigenes (freie Tätigkeit, eigenes Produkt für den eigenen Gebrauch) und Fremdes (betriebliche Kontrolle, fremdes Produkt für fremde Zwecke) untrennbar verquicken. In diesem Sinn sind Subjekte heute

229 Vgl. Kap. 4.3.1.

230 Vgl. Kap. 4.3.3.

231 Marx 1985, S. 514.

in hohem Maß sowohl in die Produktion einer neuen Freiheit als auch in ihrer eigenen Entfremdung verstrickt, so dass *Selbst-Entfremdung* nicht nur für den Arbeitskraftunternehmer, sondern in ganz besonderer Weise auch für den sich derzeit herausbildenden Arbeitenden Kunden charakteristisch sein könnte.

Dennoch unterscheidet sich die Situation der beiden Typen. Der Arbeitende Kunde markiert die Ausweitung des Zugriffs von Organisationen auf Arbeitskraft über die Erwerbsarbeit hinaus und ist damit eine entscheidende Neuerung: Hier entsteht ein betrieblicher Zugriff auf eine Form und Sphäre gesellschaftlicher Arbeit, die in besonderer Weise das *Eigene* repräsentiert. Eine neue Qualität der Entfremdung ergibt sich damit daraus, dass nun auch Tätigkeiten außerhalb der Erwerbsarbeit durch Aspekte betrieblicher Herrschaft überformt und damit anteilig zu etwas Fremdem werden. Die Chance zur freien bewussten Tätigkeit wird damit potenziell nicht nur in der Erwerbsarbeit beschränkt, sondern auch im privaten Handeln.

5.1.3 Totale Entfremdung?

Man könnte die bisherigen Ausführungen so verstehen, dass den Arbeitenden nun die letzten Bastionen der Privatheit genommen werden, so dass sie entfremdenden Praktiken vollständig und bis in den letzten Winkel ihrer Subjektivität hinein ausgesetzt sind. Und es macht tatsächlich durchaus Sinn, von einer verstärkten Erosion des die bürgerliche Gesellschaft bisher charakterisierenden Privatbereichs zu sprechen, wobei dieser Verlust nicht notwendig nur negativ gesehen werden muss. Der Slogan, dass das »Private politisch« sei, war in den 60er Jahren ja durchaus auch als Ausdruck einer Hoffnung zu verstehen, dass das private Handeln positive Rückwirkungen auf das politische Geschehen haben könnte.

Allerdings hat die gegenwärtige Ausweitung des Öffentlichen in die Privatsphäre hinein nichts mit einer Politisierung oder mit politischem Handeln im Sinne eines Austauschs freier Bürger zu tun. Die hier angesprochene Öffentlichkeit ist überwiegend durch gewinnorientierte Unternehmen bestimmt, die mit neuen Handlungsmöglichkeiten und neuen Handlungsforderungen die Individuen in einen überindividuellen Zusammenhang einbinden. Allerdings ist dieser – im Unterschied zu überindividuellen Zusammenhängen, die sich durch gemeinsame demokratische Tätigkeit ergeben – durch betriebliche Herrschaft gebildet; nach Hannah Arendt[232] geradezu das Gegenstück zum politischen Handeln gleichberechtigter Individuen.

Die neue Qualität von Entfremdung in Form von *Selbst-Entfremdung beim Arbeitenden Kunden* ist durch zwei Merkmale gekennzeichnet: durch die *Ausweitung des Zugriffs* von Unternehmen auf das Privatleben und durch die *Verlagerung* entfremdender Mechanismen von außen (Fremdkontrolle) nach *innen* (Selbstkontrolle). Sie ist damit eine durch die Konsumenten selbst gewählte und selbst betriebene Durchdringung des Privaten mit Aspekten organisationaler Kontrolle. Fremdes und Eigenes sind dadurch, anders als bei klassischer Lohnarbeit, ununterscheidbar und unaufhebbar verknüpft.

Hier von einer *totalen Entfremdung* zu sprechen, ist jedoch überzogen, denn dies würde den vollständigen Verlust des Eigenen bedeuten.[233] Demgegenüber haben Konsumenten über ihre Anbindung an Organisationen auch erweiterte Chancen, Eigenes zu realisieren und auf Prozesse der Organisation Einfluss zu nehmen: So können Konsumenten beispielsweise in bestimmten Fällen auf ihre Marktmacht zurückgreifen und Veränderungen schlicht über eine ›Abstimmung mit den Füßen‹ erreichen.[234] Konsumenten erhalten als Arbeitende Kunden zudem durchaus neue Handlungsspielräume[235], indem sie über ihre Mitwirkung an der Leistungserbringung Zugriff auf Unternehmensprozesse bekommen, zu denen passive Konsumenten keinen Zugang haben. So können sie sich als Radiohörer in Wunsch-

232 Der Verlust der Bedeutung des politischen Handelns wird bei Arendt 1989 – mit Bezug auf Marx' These der Selbstentfremdung – als Weltentfremdung beschrieben (vgl. dazu Jaeggi 1997).

233 Eine umfassende Entfremdung ist am deutlichsten sicherlich in der Lebensführung von Sklaven, Leibeigenen und Gefangenen zu finden und selbst dort wird sie bei näherem Hinsehen niemals wirklich »total« sein (vgl. auch Hegel 1970/Rechtsphilosophie, § 67, S. 144ff.).

234 Ein Beispiel ist die 2003 erfolgte Rücknahme des im Jahr vorher von der Deutschen Bahn eingeführten Preissystems, mit dem Kunden an vorher festgelegte Züge gebunden werden sollten.

235 Vgl. hierzu auch die Ausführungen zu Motiven der Konsumenten für die ›Mitarbeit‹ in Kap. 3.3.

sendungen an der Musikauswahl beteiligen und in absehbarer Zukunft per internetbasiertem »Radio on Demand« völlig individuelle Programme generieren. Mittels Tool-Kits können sie selbst Produkte konfigurieren[236], und beim Online-Versandhandel (etwa bei Amazon.de) in umfangreichen Datenbanken Produkte und vielfältige Zusatzinformationen recherchieren. In vielen anderen Fällen hingegen erweist sich die Vorstellung von der »Souveränität der Konsumenten« jedoch als hoch ideologische »enchanting myth«[237], da Unternehmen in den seltensten Fällen demokratische Organisationen sind, die eine wirkliche Beteiligung ermöglichen. In welchem Ausmaß Konsumenten neue Möglichkeiten der Mitwirkung erhalten, ist von den jeweiligen konkreten Bedingungen abhängig. Je nach Unternehmens- und Kundenleitbild, Marktsituation und Marketingstrategie, Arbeitsbedingungen der Beschäftigten, eingesetzter Technik usw. können die Handlungschancen der Kunden erheblich variieren.

Die Realisierung freier bewusster Tätigkeit ist aber nicht nur von betrieblichen Rahmenbedingungen abhängig, sondern auch von möglichen *Widerstandsstrategien* der Betroffenen.

Ein ›Widerstand‹ Arbeitender Kunden ist zunächst als Verweigerung der geforderten ›Konsumarbeit‹ denkbar; indem sie also darauf bestehen, dass die Arbeit durch die Betriebe erledigt wird und weitgehend passiv bleiben. Ein solches offensives Nichts-Tun lässt im extremen Fall das betriebliche Outsourcing zum Kunden schlicht scheitern. Beispiele für solche Verweigerungsstrategien finden sich immer wieder, etwa dort, wo die Mitwirkung besonders umständlich oder aufwändig ist (man denke etwa an die Bedienungsschwierigkeiten beim Kauf von Fahrkarten im Internet sowie bei Fahrscheinautomaten der Deutschen Bahn[238]).

Eine andere Form des Widerstands von Konsumenten ist die Nutzung von Handlungsoptionen in anderer Weise, als von betrieblicher Seite geplant. Konsumenten können Unternehmensstrategien nicht selten durchaus umdefinieren oder unterlaufen und sie sich in diesem Sinne ›an-eignen‹. Um ein weiteres Mal die Deutsche Bahn zu

---

236 Vgl. Kap. 2.1.4.

237 Korczynski 2002, S. 202, vgl. auch die Überlegungen zum Empowerment von Kunden bei Hodgson 2001.

238 Vgl. Rott 2003.

bemühen: Die Gruppenreiseangebote, die eigentlich Fahrgäste dazu bringen sollen, als Co-Marketer[239] zu agieren, indem sie Freunde und Verwandte animieren, mit ihnen gemeinsam zu verreisen, werden nicht immer in dieser Weise genutzt. So wird das Wochenendticket der Bahn, mit dem Reisen von bis zu fünf Personen zum Einheitspreis erstanden werden können, von manchen Kunden als Gelegenheit für kostenloses Reisen genutzt. Das funktioniert so, dass am Bahnhof oder im Zug andere Fahrgäste angesprochen werden mit der Bitte, auf dem Wochenendticket ›mitgenommen‹ zu werden. Die Bahn versucht dies zu verhindern, indem sie darauf aufmerksam macht, dass »beim Schönes-Wochenende-Ticket eine Erweiterung der Gruppengröße oder ein Austausch der Personen nach Fahrtantritt nicht zugelassen ist«.[240]

Konsumenten sind also betrieblichen Strategien der Vereinnahmung nicht völlig hilflos ausgesetzt. Sie sind zur Selbst-Entfremdung nicht verdammt und haben durchaus partiell Chancen für Gegenstrategien. Wir werden darauf zurückkommen.

Kommen wir damit zum zweiten Stichwort. Die Perspektive ändert sich – das Problem und die damit verbundenen Themen jedoch bleiben: Was wird aus der Subjektivität in der Gesellschaft, wenn Menschen nun auch als private Konsumenten zu Arbeitskräften von Unternehmen werden.

5.2 Die Vergesellschaftung der Arbeitenden Kunden

Wie die Kategorie Entfremdung ist auch »Vergesellschaftung« ein klassisches Theorem der Soziologie (siehe Kasten). Für unser Thema ist dabei die Vermutung interessant, dass mit dem Wandel des *privaten Konsums* hin zu einer direkten wirtschaftlichen Nutzung der darin angelegten Produktivität auch der *Charakter der Einbindung von Menschen in die Gesellschaft* tief gehend verändert wird.

---

239 Vgl. Gouthier/Schmid 2001 (siehe auch Kap. 3.2.3).

240 http://www.bahn.de/pv/view/angebote/sparen/schoenes_wochende_ticket.shtml (Abruf 23. 11. 2004).

Vergesellschaftung – Wenn Menschen die Gesellschaft prägen und dabei selbst gesellschaftlich geprägt werden

Die Frage nach der Vergesellschaftung von Menschen, oder nach dem Verhältnis von »Individuum und Gesellschaft«, ist Grundthema der Sozialwissenschaft. Fast alle Klassiker haben zumindest indirekt darauf Bezug genommen – systematisch oder in historischer Absicht, das heißt mit dem Ziel, die für eine Epoche jeweils typischen Bedingungen und Formen zu benennen, die Individuen zu Mitgliedern einer Gesellschaft machen. Bei aller Unterschiedlichkeit der Konzepte sind zwei Ausdeutungen des Themas erkennbar:

Zum einen die Frage, in welcher Weise und in welchem Maße Individuen zu sozialen Wesen (Aristoteles: zoon politicon) werden, das heißt wie sie durch ihre aktiven sozialen Bezüge *geprägt* und *gesellschaftlich ein- und angebunden* werden.

Zum anderen die gegenläufige Frage, wie und inwieweit Individuen durch ihre tätige Existenz an den sozialen Verhältnissen aktiv partizipieren, sie dadurch ihrerseits prägen, ja sogar erst *hervorbringen* (wenn auch, so wird oft mit Marx betont, »nicht aus freien Stücken und nicht unter selbstgewähten, sondern unter unmittelbar vorgefundenen, gegebenen und überlieferten Umständen«, 1960, S. 115).

Ob einer dieser Deutungen eine vorrangige Bedeutung zukommt, ist immer wieder eine umstrittene Frage. Neuere Positionen betonen eher die Seite der »Konstruktion« von Gesellschaft durch die Handlungen der Menschen. Die aktuelle Soziologie verwendet für diese konträren Positionen vielfältige Begriffe, meist mit dem (bisher nur bedingt eingelösten) Anspruch, die beiden Sichtweisen zu verbinden, zum Beispiel »Mikro« (das Handeln der Menschen im unmittelbaren sozialen Kontakt) vs. »Makro« (die ›Gesellschaft‹ als Ganze und ihre Gesetzmäßigkeiten) oder »Agency« (die Ebene der Handelnden und ihrer Handlungen) vs. »Structure« (die die Menschen bestimmende objektiven Strukturen und Regeln der ›Gesellschaft‹).

(Vgl. zum Beispiel Veith 2001 oder auch die Sicht eines Psychologen, Geulen 1977)

5.2.1 Vergesellschaftung in der traditionalen Arbeitsgesellschaft

Blicken wir auch hier erst einmal kurz zurück, wie das Thema bisher angegangen wurde:

Vergesellschaftung wurde meist als eine Art Einbahnstrasse verstanden. Die Art wie Menschen handeln und denken, wie sie leben, ja sogar wer sie letztlich als Personen sind, ist in dieser Perspektive mehr oder weniger direkter Ausdruck des *»Ensembles der gesellschaftlichen Verhältnisse«*.[241] Die Menschen unterliegen unausweichli-chen »objektiven« gesellschaftlichen Zwängen, die sie in eine bestehende Ordnung einbinden und mit erheblichen Folgen für sie sozialisieren.

Als wichtigste Sphäre der Vergesellschaftung wurde in der Literatur meist der Bereich der *»gesellschaftlichen Arbeit«* bestimmt. Lange Zeit war damit vorrangig die betrieblich organisierte *gesellschaftliche »Produktion«* beziehungsweise die formelle *Erwerbstätigkeit* von Menschen, insbesondere die Erfahrung als *lohnabhängige Arbeitskraft*, gemeint.[242]

Es gab jedoch durchaus Variationen dieser Sichtweise und vor allem auch eine Weiterentwicklung mit erkennbaren Differenzierungen. Dies gilt zum einen für die *theoretische Anlage* der Frage nach der Vergesellschaftung:

- Selbst ein erklärter Blick auf eine objektive gesellschaftliche »Integration« und »Sozialisation« der Menschen ließ gelegentlich (zumindest für dialektisch geschulte Theoretiker) Spielräume für Nuancen, so etwa schon in der schillernden Marxschen Formulierung, dass die Menschen durchaus ihre Geschichte »machen«, wenn auch unter wenig beeinflussbaren Bedingungen (siehe Kasten). Sogar der dezidiert »integrativ« denkende Systemtheoretiker Parsons räumte dem Individuellen (etwa über den Mechanismus der »Interpenetration«) eine gewisse gesellschaftliche Mitwirkung ein.[243]

---

241 Marx 1978, S. 6.

242 Thematisiert wurden schon vergleichsweise früh in einigen Bereichen auch die vergesellschaftenden Wirkungen, die von den gesellschaftlich produzierten, gekauften und im Haushalt konsumierten materiellen Gütern oder Waren ausgehen. So wichtig dieses Moment ist, es erhält bis heute eine nur marginale Beachtung (vgl. dazu Haug 1971). Als einer der wenigen Klassiker der Soziologie, dem die Vergesellschaftung durch die (zum Beispiel per »Geld« vermittelten) materiellen Aspekte der Konsumsphäre sehr deutlich war, soll hier Simmel erwähnt werden (vgl. vor allem 1989); siehe aber auch Horkheimer/Adornos Analyse und Kritik der »Kulturindustrie« in der »Dialektik der Aufklärung« (1969) (siehe auch die weiterführende Literatur zur Konsumsoziologie).

243 Siehe etwa Parsons 1951 und 1975.

- Spätestens aber ab den 70er Jahren wurden Konzepte diskutiert, die verstärkt das Handeln der Menschen in der Gesellschaft fokussierten und dann auch nach dessen Bedeutung für die »Konstruktion« von Gesellschaft fragten.[244] Zunehmend wurde dann das wechselseitig »konstitutive Verhältnis« von gesellschaftlichen Strukturen und individuellem Handeln zum Thema (siehe Kasten).[245]

Was unter dem Stichwort *»Arbeit« als zentrale Sphäre der Vergesellschaftung* von Menschen gesehen wurde, erhielt zum zweiten gleichfalls wichtige Differenzierungen:

- Ab den 1970er Jahren wird zunehmend anerkannt, dass auch in *Familie* und *Haushalt* (ein Bereich, der lange Zeit als Sphäre der »Re-Produktion« und sogar der »Nicht-Arbeit«[246] galt) produktiv ›gearbeitet‹ wird, und dass dieser Bereich für wichtige Gruppen von Menschen (vor allem für viele Frauen) der entscheidende Ort ihrer Vergesellschaftung ist.[247]
- Einige Jahre später begann man sich mit Tätigkeiten auseinander zu setzen, die an der Schnittstelle von Aktivitäten im Bereich Freizeit, Unterhaltung, Kultur auf der einen und Haus- und Familienarbeit auf der anderen Seite liegen. Auch für diese unter Stichworten wie »Eigenarbeit« oder »selbstbestimmte Tätigkeit« thematisierten Aktivitäten, wird dann (gerade auch in ihrer Eigenschaft als zumindest potenzielle ›Arbeit‹ in der Gesellschaft) anerkannt, dass sich auch über sie die Sozialintegration von Menschen in modernen Gesellschaften vollzieht.[248]

Trotz solcher Differenzierungen blieb das Thema Vergesellschaftung bis in die jüngste Zeit den beiden Weichenstellungen verhaftet: Die Integration von Individuen in die Gesellschaft wurde also im Wesentlichen als eine Art soziale *Unterwerfung* unter »gesellschaftliche

---

244 Siehe aus der vielfältigen Palette von eher subjektorientierten Konzepten nur Schütz 1974.

245 Erwähnt sei hier nur beispielhaft die viel beachtete Idee einer »Dualität der Struktur« in der so genannten Strukturationstheorie von Giddens (1988).

246 Zum Beispiel Herkommer/Bischoff/Maldaner 1984.

247 Vgl. etwa von Ostner 1978 (siehe auch die weiterführende Literatur).

248 Zum Beispiel Bourdieu 1982; Schulze 1992; Vester 2001.

Zwänge« oder als *Prägung* durch »objektive Strukturen« gesehen, die beide in erster Linie durch die *erwerbsförmige Arbeit* beziehungsweise die formelle *»gesellschaftliche Produktion«* bestimmt sind.

Diese *objektivistisch* und *produktivistisch* fokussierte Sicht auf Vergesellschaftung scheint sich aktuell zu verschieben. Parallel zum allenthalben diagnostizierten Strukturwandel von Wirtschaft und Gesellschaft wird auch ein Wandel des *Modus von Vergesellschaftung* wahrgenommen, der mit einer neuen Bedeutung von *Sphären jenseits der erwerbsförmigen Arbeit* einhergeht. Dabei kommen auch die hier interessierenden konsumtiven Tätigkeiten von Menschen ins Spiel, so dass wir uns dies genauer anschauen wollen.

5.2.2 Entgrenzte Vergesellschaftung

Die neuere sozialwissenschaftliche Diskussion betont zum einen in ganz neuer Intensität, dass im Zuge des sozialen Wandels Vergesellschaftung eine *aktive Beteiligung* der Betroffenen erfordert. Einige Autoren sprechen mehr oder weniger direkt sogar schon von einer systematischen *Selbst-Vergesellschaftung* – Vergesellschaftung also nicht mehr als passive Betroffenheit, sondern als *aktive Leistung*, die Subjekte ›an‹ und ›für sich‹ erbringen müssen.[249]

Zum zweiten und insbesondere wird jedoch deutlich, dass sich die gesellschaftsstrukturelle Basis für Vergesellschaftung verschiebt. Zwar erweist sich Arbeit nach wie vor als entscheidend für die soziale Teilhabe von Menschen, aber die *Vergesellschaftung durch Arbeit* bekommt durch den sozialen Strukturwandel eine ganz neue Konturierung. Dies gilt sowohl für das Feld der formellen Erwerbsarbeit, wie auch für informelle Formen von Arbeit:

---

249 Markant formuliert wird dies in der populären These der »Individualisierung« von Gesellschaft; vgl. vor allem Beck, insbesondere 1986, auch Beck/Giddens/Lash 1996 (siehe auch den Kasten zum Stichwort in Kap. 4.3.6 und die weiterführende Literatur). Eine zur Idee der Selbstvergesellschaftung analoge Konzeption findet sich in der Sozialisationstheorie von Hurrelmann, vor allem mit dem Begriff des »aktiv Realität verarbeitenden Subjekts« (vor allem in 1986). Siehe auch die Überlegungen bei v.d. Hagen-Demszky (2005).

a) Der aktuelle Strukturwandel von Wirtschaft und Gesellschaft bestätigt erst einmal die traditionelle These, dass »Arbeit« als *Erwerbs-Arbeit* eine in jeder Hinsicht herausgehobene Ebene der Vergesellschaftung von Menschen in modernen Gemeinwesen ist. Die stürmische wirtschaftliche Globalisierung, die Rationalisierungsmöglichkeiten durch Informations- und Kommunikationstechnologien, der Wandel der Arbeits- und Betriebsorganisation, die Verschärfung der wirtschaftlichen Rahmenbedingungen von Gesellschaft mit ihren Folgen für die Berufschancen der meisten Menschen und vieles andere mehr relativieren nachhaltig die in den letzten Jahren entstandenen konzeptionellen Differenzierungen der Vorstellungen von Vergesellschaftung. Freizeit, Kultur, Familie usw. sind ohne Zweifel weiterhin wichtige Bezugsgrößen. Aber das formelle Wirtschaftsgeschehen und die formell erwerbsbezogenen Tätigkeiten von Menschen rücken derzeit mit bemerkenswerter Macht erneut in das Zentrum der Aufmerksamkeit. Die These, dass die Arbeitsgesellschaft keineswegs, wie seit den 80er Jahren oft geäußert, »am Ende«[250] ist, sondern sich derzeit sogar radikalisiert, wird nicht nur von uns vertreten.[251] In der Folge wird weithin angenommen, dass sich die Art und Weise, wie erwerbsförmiges Arbeiten die Menschen vergesellschaftet, erheblich verändern wird:

Wie in der These des Arbeitskraftunternehmers zugespitzt beschrieben, ist moderne Arbeitskraft mehr denn je *freigesetzt*, das heißt mehr als bisher inner- und überbetrieblichen Märkten für Arbeitskraft ausgesetzt. Sie unterliegt damit einem systematisch steigenden Zwang zur aktiven Selbst-Kontrolle ihrer konkreten Tätigkeit, zur gezielten Selbst-Ökonomisierung ihrer vermarktbaren Potenziale und nicht zuletzt zur erweiterten Selbst-Rationalisierung ihres gesamten Lebensrahmens. Vergesellschaftung erfolgt daher zwar über die Bezüge zur Erwerbssphäre, aber auf ganz neuem Niveau: Gesellschaftliche Prägung und Bindung ist für moderne Arbeitskraft immer anspruchsvollere *Selbst-Vergesellschaftung in und durch Erwerbsarbeit.* Der Arbeitskraftunternehmer kann nachgerade als idealtypische Beschrei-

250 Vgl. zum Beispiel in Matthes 1983.

251 Zum Beispiel in Voß 1998.

bung einer sich selbst vergesellschaftenden Subjektivität im »Flexiblen Kapitalismus« gelten.

Darüber hinaus ist Vergesellschaftung für moderne Arbeitskraft jedoch nicht mehr allein auf einen traditionellen Betrieb bezogen (an den man sich möglichst dauerhaft verdingt). Sie erfolgt zunehmend in Bezug auf häufig *wechselnde* und oft vielfach kombinierte *erwerbsbezogene Betätigungen aller Art*. Diese Ausweitung des potenziellen Feldes für Erwerbstätigkeit impliziert, dass diese die Grenzen zum privaten Leben, zur Sphäre der individuellen Reproduktion, zu Konsum, Freizeit, Familienleben usw. immer mehr überschreitet. Erwerbsförmige Arbeit ist weniger denn je beschränkt auf die zeitliche, räumliche, sachliche, soziale, emotionale Sondersphäre einer klassischen betrieblichen Tätigkeit im Modus des Normalarbeitsverhältnisses. Die neue Arbeit des neuen Typus von Arbeitskraft findet tendenziell überall statt, überschreitet alle zeitlichen Grenzen, nimmt alle (auch illegale oder ›graue‹) Formen an und verlangt dabei vor allem auch die Verausgabung letztlich aller Kompetenzen und Persönlichkeitseigenschaften – sie wird (wie es jetzt oft heißt) »entgrenzt«.[252] Entsprechend ist auch die darauf bezogene und daraus resultierende *Vergesellschaftung* zunehmend *entgrenzt*.

b) Massive Veränderungen finden sich auch in der ›Arbeit‹ jenseits des Erwerbsbereiches. Der Bereich des Privaten ist im Zuge des Strukturwandels von Wirtschaft und Gesellschaft keineswegs, wie manche erwarten, zu einer Sphäre entspannter Freizeit, solidarischer Eigenarbeit und anstrengungsarmer Reproduktion der Beteiligten geworden:

Mehr denn je sind Haushalt und Familie auch aktuell Orte handfester produktiver Leistungen aller Art. Haus- und Familienarbeit ist weiterhin zentrale Instanz der direkten Vergesellschaftung zumindest der primär dort Tätigen (meist, wie bisher, der Frauen) und bleibt funktional auf die ›andere‹ Sphäre von Arbeit in der Gesellschaft, also auf das Erwerbssystem, bezogen. Denn ganz traditionell ist die Familien- und Hausarbeit auch im 21. Jahrhundert ›Re-Produktions‹-Arbeit, also Arbeit für die Wiederherstellung der Arbeitsfähigkeit der im Erwerbssystem Tätigen.

252 Vgl. Kap. 4.3.5 (siehe auch die weiterführende Literatur).

Aber auch hier verschiebt sich vieles. Zum einen ist Haus- und Familienarbeit tendenziell überformt durch die als Folge der geschilderten Entgrenzung von Arbeit und Leben in diese Sphäre eindringenden *direkten Wirkungen von Erwerbstätigkeit.* Durch neue Formen von Heimarbeit (etwa in Folge von Teleheimarbeit, Mobilarbeit, selbständiger Tätigkeit usw.), durch die Verlagerung von beruflichen Aufgaben in den heimischen Bereich (»Arbeit nach Hause mitnehmen«) oder durch die steigenden Anforderungen an eine zu Hause betriebene Aus- und Weiterbildung, finden erwerbsförmige Tätigkeiten wieder im Privaten statt. – Zum anderen ist zu beobachten, dass in Haushalt und Familie wieder mehr erwerbsförmige Arbeit im engeren Sinne, nämlich als bezahlte *Dienstleistungsarbeit* verrichtet wird. Auch das hat Vorläufer, bekommt heute aber ganz andere Formen und ist zudem Gegenstand massiver politischer Förderung.[253]

Beides zusammen kann als zunehmende *Ökonomisierung von Haushalt und Familie* verstanden werden, die nachhaltig die aus dieser Sphäre resultierende Vergesellschaftung beeinflusst. Weniger denn je ist damit das formelle oder öffentliche Wirtschaftsleben alleinige Vergesellschaftungsinstanz. Die im engeren Sinne ›private Ökonomie‹ wird, ob direkt oder als funktionaler Reflex auf die formelle Ökonomie, wieder mehr zur wichtigen Instanz gesellschaftlicher Prägung und Teilhabe. Bisher, bei aller Rückbindung an Ökonomie und Erwerb, immer noch durchaus einer privaten Logik folgend, wird nun auch diese Vergesellschaftung durch den sozialen Wandel entgrenzt und zu einer direkt wirtschaftlich funktionalen Vergesellschaftung von Menschen.

Neben der Ökonomisierung von Haushalt und Familie lässt sich nun jedoch eine weitere zentrale Veränderung für die Arbeit außerhalb des Erwerbsbereichs konstatieren, die erhebliche Auswirkungen auf die daraus resultierende Vergesellschaftung hat: Die Art und Weise dieser bisher im engeren Sinne ›privaten‹ Arbeit wird, wie wir mit diesem Buch zeigen, in wachsendem Maße durch direkte Eingriffe von privatwirtschaftlichen Unternehmen und anderen Organi-

---

253 Vgl. u.a. Gather/Geissler/Rerrich 2002; Thiessen 2004 (siehe auch die weiterführende Literatur).

sationen infolge der zunehmenden Auslagerung von Funktionen auf Kunden und Kundinnen bestimmt.

Konsumenten, die Betrieben dadurch nun als wertschöpfende Arbeitskräfte zuarbeiten, unterliegen dementsprechend tendenziell Vergesellschaftungswirkungen, wie sie für Erwerbstätige typisch sind. Beide Formen der Vergesellschaftung (die des Arbeitenden Kunden und die des Mitarbeiters) nähern sich in ihrer Logik an, verstärken sich wechselseitig und sind doch nicht das gleiche. Der Arbeitende Kunde ist wie eine formelle Arbeitskraft tätig und als Arbeits- und Wertpotenzial betrieblich interessant – aber er ist keine formelle Arbeitskraft. Genau darin liegt die ökonomische Funktion: Arbeitskraft soll genau dadurch auf einem zusätzlichen und gesellschaftlich anders verfassten Wege genutzt werden. Der Arbeitende Kunde soll gerade *keine* traditionelle lohnabhängige Arbeitskraft sein, unterliegt aber trotzdem analogen Einflüssen und Anforderungen. In genau dieser *Ähnlichkeit* bei *gleichzeitig anderer Logik* gegenüber der formell-ökonomischen Arbeitskraftnutzung ist die spezifische Qualität der daraus resultierenden Vergesellschaftung zu verorten.

Der neue Konsument ist primär wirklich *›freies‹ Arbeitsvermögen*, das seine Potenziale selbstbestimmt und als Marktfigur in die formelle Produktion einkoppelt. Erst auf dieser Basis ist er dann unter den sich ändernden Bedingungen zugleich formell gebunden und damit abhängig. Der Arbeitskraftunternehmer ist und bleibt dagegen, bei aller Entgrenzung seiner betrieblichen Anbindung und Vernutzung, immer eine primär ökonomisch *abhängige* Figur. Bestenfalls ist er schon (etwa als Freiberufler oder Selbständiger) wirklicher ›Unternehmer-seiner-Selbst‹ und dann ebenfalls ein Marktwesen. Der Arbeitskraftunternehmer muss arbeiten, um seine Existenz zu sichern; und er muss sich auch so verstehen und verhalten. Der Arbeitende Kunde dagegen ist und bleibt privater Konsument; und er versteht und verhält sich auch so. Aber er wird genötigt, dabei für jemand anderen zu arbeiten und sich dazu formellen Zwängen zu unterwerfen.

Die *Vergesellschaftung des Arbeitenden Kunden* ist damit, wie die Figur selbst, *hybrid*: Sie ist und bleibt im Kern die Selbst-Vergesellschaftung des in kapitalistischen Ökonomien notwendig *privaten* Wesens des Waren-Konsumenten, die nun jedoch durch eine historisch neuartige

Rückbindung an die Logik der *formellen Produktion* überformt wird. Es ist eine andere Selbst-Vergesellschaftung als die des sich zunehmend marktförmig bewegenden Arbeitskraftunternehmers. Der Arbeitende Kunde verkauft seine Arbeitskraft nicht als Ware, sondern als *direkte produktive Tätigkeit*. Es ist eine völlig ursprüngliche Art und Weise der Verausgabung, Vernutzung und dann der Ausbeutung von Arbeitsfähigkeit, aber (unter den Bedingungen, unter denen dies nun entsteht) in einer neuen Formierung. Sie erinnert an eine vormarktliche Arbeitskraftnutzung (etwa in der traditionalen Landwirtschaft), hat aber eine Form, die perfekt zur sich völlig entgrenzenden neuen Marktökonomie des flexiblen Kapitalismus passt und gehört.

Diese *entgrenzte Vergesellschaftung der Arbeitenden Kunden* vollzieht sich gegenläufig zur Entgrenzung der Vergesellschaftung bei den formellen Arbeitskräften:

Während dort die Vergesellschaftung ein Stück aus der betrieblichen Herrschaft entlassen und verstärkt einer Selbstvergesellschaftung unterliegt (ohne je wirklich freie Selbstbestimmung der gesellschaftlichen Prägung und Bindung zu werden), wird Vergesellschaftung beim Arbeitenden Kunden in ersten Momenten aus ihrer bisher dominant privat geprägten Selbstregulierung gerissen und in eine betriebliche Fremdvergesellschaftung hineingezogen (ohne jedoch direkte betrieblich vermittelte gesellschaftliche Prägung und Bindung zu werden).

Der arbeitende Konsument bleibt *privater Konsument*, auch wenn und gerade weil er nun für einen neuen Herrn arbeiten soll. Er ist nicht Verkäufer seiner Arbeitskraft, der dann fremdbestimmt arbeitet, sondern er ist Käufer und Verbraucher von Waren, der genau *dabei* fremdbestimmt arbeiten soll. Und genau so ist auch seine Vergesellschaftung: wie bisher subjektiv an und für sich, häuslich und persönlich, intim und privat – aber nun auch zusätzlich objektiv durch und für andere, außerhäuslich und überpersönlich, beobachtet und öffentlich.

5.2.3 Totale Vergesellschaftung?

Die Herausbildung eines neuen Typus des Konsumenten ist Teil einer weitreichenden *Entgrenzung* und *Subjektivierung* von Gesellschaft, die mit einem Wandel von Vergesellschaftung einhergeht. Die gesellschaftliche Zurichtung und Beteiligung der Menschen wird dabei zu einem immer umfassenderen Prozess, der mehr als bisher auf *Selbst-Vergesellschaftung* beruht und in neuer Qualität *das Private zur unmittelbaren Vergesellschaftungssphäre* macht. Der Eindruck, dass das ein entscheidender Schritt in Richtung einer sukzessiven *Totalisierung von Vergesellschaftung* sein könnte, also einer immer umfassenderen Beherrschung und Vernutzung von Subjektivität in und für Gesellschaft, lässt sich dabei kaum vermeiden.

Aber was kann ›Totalisierung von Vergesellschaftung‹ hier überhaupt meinen? Soll es wirklich heißen, dass als Folge einer vertieften ökonomischen Instrumentalisierung des privaten Konsums Subjektivität davon bedroht ist, nun irgendwann endgültig und restlos unterworfen, vernutzt und verbraucht zu werden? Ganz abgesehen davon, dass das natürlich nur die spekulative Radikalisierung des Gedankens angesichts einer neuen Stufe im Wandel des Gegenstandes sein kann und soll, bleibt in jedem Fall die allgemeine Frage, was dieser mögliche Endpunkt einer fortschreitenden Vergesellschaftung bedeuten könnte; ob die Idee einer ›totalen Vergesellschaftung‹ theoretisch Sinn macht und praktisch eine realistische Perspektive ist.

Totale Vergesellschaftung als denkmöglicher Fluchtpunkt der Entwicklung wäre die *vollständige funktionale Integration der Individuen in Gesellschaft* und sie wäre damit die Aufhebung ihrer funktionalen und strukturellen Trennung. Es wäre eine Entgrenzung nicht nur sozialer Teilsysteme (Produktion und Konsumtion, öffentliche Erwerbsarbeit und persönliches Leben usw.), sondern zwischen dem System des Sozialen und denjenigen Einheiten, die Gesellschaft im Bezug aufeinander hervorbringen, damit sie ihren Verkehr ermöglicht. Totale Vergesellschaftung wäre die Aufhebung von Individualität wie zugleich von Gesellschaft. Denn so wenig Individuen ohne Gesellschaft lebensfähig sind, so wenig ist Gesellschaft ohne die konstituierende Leistung der Menschen möglich. Vergesellschaftung ist nicht nur Prägung und Bindung der Menschen, sondern auch die *Hervor-*

bringung des Sozialen durch Menschen – und beides ist nur möglich durch wechselseitige Bezugnahme als *Getrenntes*, *Unterschiedliches* und je *Eigenes*. Menschen brauchen die Eigenlogik und die verselbständigte Eigenqualität der Gesellschaft, auch wenn daraus Fremdbestimmung erwächst. Gesellschaft braucht das Eigenleben und den Eigensinn individueller Personen, auch wenn daraus Störungen der Ordnung entstehen. Gehen sie ineinander auf, gehen sie unter.

Die Idee einer zunehmenden Entgrenzung und sich dabei abzeichnenden potenziellen Totalisierung von Vergesellschaftung ist gleichwohl mehr als ein absurdes Gedankenspiel. Gemeint ist dabei jedoch nicht die Aufhebung der Trennung, sondern eine *wachsende strukturelle Verschränkung und funktionale Verknüpfung von Individuum und Gesellschaft*. Die wechselseitige *Durchdringung* und *Abhängigkeit* steigt, aber auch die wechselseitige *Bedrohung*. Menschen geraten immer mehr in den funktionalen Sog gesellschaftlicher Anforderungen, gesellschaftliche Systeme machen sich immer mehr abhängig von den Leistungen und dem funktionalen Verhalten der auf neuer Stufe integrierten Subjektivität, die sie zugleich bedrohen. Arbeitskraftunternehmer wie auch die sie ausbeutenden Unternehmen müssen dies schmerzhaft erleben. Die sich gerade erst formierenden Arbeitenden Kunden haben davon noch wenig Ahnung. Und die auf sie setzenden Unternehmen werden schneller, als es ihnen recht ist, spüren, welchen Geist sie da in die Welt setzen.[254] Totale Vergesellschaftung meint also nicht das Ende des Individuums und damit das Ende der Gesellschaft, was immer man sich darunter vorzustellen hätte. Aber es meint sehr wohl eine neue Qualität der *Komplizierung* des wechselseitigen Verhältnisses, in dem Sinne, dass beide Seiten immer mehr zum gegenseitigen komplexen Problem werden. Individuum und Gesellschaft nehmen (bei aller Individualisierung und Pluralisierung) funktional immer intensiver aufeinander Bezug und stellen immer weiter steigende Anforderungen; man braucht sich immer mehr und macht sich damit das Leben immer schwerer – die Herausbildung des Arbeitenden Kunden ist dabei ein weiterer folgenreicher Schritt. Gesellschaft aufrechtzuerhalten wird dadurch

254 Erste warnende Stimmen fragen aber schon (Voburka 2004), wer die Betriebe vor den neuen, immer opportunistischeren Kunden schützt, die sie selber erzeugt haben.

immer anspruchsvoller, genauso wie die Konstitution und Erhaltung von Individualität. Dass sich beides dabei zunehmend gefährdet, ist eingeschlossen – auch, dass nicht absehbar ist, wohin eine solche Entwicklung noch weiter führen mag.

Deutlich wird eine Parallele zum Thema *Ökologie*: Der *Mensch* war immer schon von der (äußeren) *Natur* abhängig und hat immer schon auf die lebendige Welt zerstörerisch rückgewirkt – gleichwohl geraten beide Seiten mit dem sozio-ökonomischen Wandel noch einmal in eine ganz neue Qualität wechselseitiger Abhängigkeit und Bedrohung. Mit dem Verhältnis von *Mensch* und *Gesellschaft* ist es nicht anders. Der Arbeitende Kunde ist letztlich nichts anderes als eine neuartige *hybride Form* zur Nutzung der (inneren) *menschlichen Natur*, die sich gut mit Hybriden vergleichen lässt, die derzeit zur erweiterten Nutzung der äußeren Natur gentechnisch entwickelt und in die Welt entlassen werden. Aber schon der Lohnarbeiter war zur Zeit seiner Entstehung eine neuartige und die Zeitgenossen sehr ängstigende hybride Form, die eine neue Stufe der Vergesellschaftung und Ausbeutung von Menschen (und damit ihrer ›Natur‹) bedeutete – und sie markierte ganz offensichtlich einen historischen Übergang. Vielleicht verhält es sich mit dem Arbeitenden Kunden ähnlich.

Zusammen mit seinem Gegenstück, dem Arbeitskraftunternehmer, entsteht im Moment eine erstaunliche *neue Konstellation der gesellschaftlichen Formierung von Subjektivität.* Ob damit vor allem *Risiken* für Individuen und Gesellschaft verbunden sind, oder ob daraus nicht auch *Chancen* für eine neue, zivilisierte Beziehung von beiden entstehen könnten, bleibt abzuwarten. Es hängt auf jeden Fall davon ab, wie sich die Beteiligten verhalten werden ... wir werden darauf zurückkommen.

Nach diesen eher allgemeinen Überlegungen wollen wir nun die beiden bisherigen Argumentationsstränge zusammenführen. Unser Ziel ist dabei, den sich abzeichnenden Veränderungen von Subjektivität noch einen weiteren Schritt näher zu kommen.

5.3 Auf dem Wege zu einer neuen Subjektivität?

Unsere Diagnosen zur Entwicklung von Entfremdung und Vergesellschaftung haben gezeigt, dass der Arbeitende Kunde (wie auch, mit anderer Entwicklungslogik, der Arbeitskraftunternehmer) ein bisherige Begrenzungen überschreitendes *neues Verhältnis von Individuum und Gesellschaft* zur Folge haben kann:

- Immer schon, aber mit fortschreitender historischer Entwicklung in immer neuen Formen, werden Menschen sich selbst, ihren Produkten, den Mitmenschen und schließlich der Gesellschaft insgesamt *entfremdet*. Der jetzt entstehende systematische gesellschaftliche Zugriff auf die Produktivität des Privaten hebt dies jedoch noch einmal auf eine neue Stufe. Entfremdung dringt dadurch wesentlich intensiver in die Sphäre ein, in der man noch eher »bei sich« (Marx) war. In neuer Weise wird Entfremdung dabei als Selbst-Entfremdung *reflexiv* und noch mehr als bisher *diffus* und *widersprüchlich*.
- Immer schon und ebenfalls historisch fortschreitend sind Menschen zudem *vergesellschaftet*. Die neue ökonomische Verwertung ihrer konsumtiven Praxis bedeutet aber auch dabei ein neues Niveau. Selbst in diesem bisher noch weitgehend vor direkten Zugriffen geschützten Lebensbereich wird man nun zum gezielt gesellschaftlich funktionalisierten Wesen im engeren Sinne. Und mehr als bisher wird auch dies nun reflexiv, das heißt es ist nun notwendige *Selbst-Vergesellschaftung* mit gleichfalls hoch *ambivalenten* Formen und Folgen.

Eine *Totalisierung* von Entfremdung und Vergesellschaftung im engeren Sinne konnten und wollten wir darin nicht erkennen – sehr wohl aber einen substantiellen Schub in Richtung einer massiven *Entgrenzung*, einer verstärkten wechselseitigen *Verschränkung*, *Durchdringung*, *Funktionalisierung* des Verhältnisses von Menschen und Gesellschaft. Und die Besonderheit hierbei ist, dass das, was bisher noch als zumindest residuale Qualität von Autonomie im Privaten erscheinen konnte, nämlich die Möglichkeit und Notwendigkeit einer aktiv gestaltenden Beteiligung am gesellschaftlichen Geschehen, nun zum Moment einer *neuen Qualität von Entfremdung und Vergesellschaftung* wird.

Gerade hier, im historisch vergleichsweise jungen Refugium des Heimischen und Persönlichen, war Entfremdung und Vergesellschaftung zwar immer schon stärker als in anderen Sphären individuell *vermittelt*. Aber jetzt wird genau dies und dort, wie in der Sphäre der Erwerbsarbeit, immer mehr zu einer *gesellschaftlichen Anforderung*, deren verführerischen Angeboten man sich kaum entziehen kann. Der Arbeitende Kunde ist nämlich keineswegs, wie die abhängige Arbeitskraft, fremdbestimmter Lohnsklave. Er leistet ökonomisch wertvolle Arbeit, aber er verkauft sich nicht an einen fremden Unternehmer. Auch wenn seine Leistung nun betrieblich instrumentalisiert und kontrolliert wird, bleibt er trotzdem umworbener »König Kunde«. Hier ist er wirklich ›private Arbeitskraft‹, die ihre Leistungen frei anbietet und mehr oder weniger selbstbestimmt der Vernutzung anheim gibt. Das hat es historisch bisher nur für wenige Gruppen gegeben. Man kann dem zwar immer weniger entgehen, will man heute kaufen und konsumieren, aber hier bestimmt die wirtschaftlich arbeitende Person tatsächlich mehr als irgendwo sonst die Bedingungen. Auch wenn sie selten explizit formuliert werden, sind die Aufforderungen von Unternehmen an die neuen Konsumenten doch klar zu vernehmen:

»Freu Dich Konsument und nutze die Freiheiten des arbeitenden Konsums! Passiver Massenkonsum ist out, individualisiertes Selber-Machen ist angesagt!

Genieße die neue Lust, die entsteht, wenn Du Deine Dinge selber regelst! Produziere Deine eigenen Waren und Dienstleistungen! Jetzt kannst Du es endlich, hier darfst Du alles selber machen ...

Du musst es aber auch tun, willst Du dabei sein! Werde Profi-Seller, verkaufe und versteigere im Internet, buche Deine Reisen selbst, designe Produkte ganz nach Deinem Geschmack, hole Deine Post selber am Automaten, mach Dich unabhängig von hochnäsigen Experten, ignoranten Herstellern, unmotivierten Dienstleistern und inkompetenten Verkäufern!

Trau dich, endlich kannst Du die Warenwelt in die eigenen Hände nehmen. Wenn Du Glück hast und geschickt bist, kannst Du echte Schnäppchen machen. Du kannst es, nutze die Möglichkeiten ... Du hast eh keine Alternative!«

Nicht jeder wird sich trauen und nicht alle werden es können. Ob alle die süßen Töne glauben werden oder ob einige die ideologische Schlagseite der Parolen sogar durchschauen werden, bleibt abzuwarten. Die meisten Kundinnen und Kunden werden ohnehin erst einmal gar nicht merken, dass sich etwas ändert. Viele werden sicherlich Probleme mit den neuen Anforderungen haben. Manche werden auch scheitern und sich überfordert fühlen. Nur wer die neue Konsumenten-Rolle bereitwillig lernt, wer ausreichend Kunden-Kompetenzen besitzt, wer sich flexibel an die immer häufigeren Veränderungen anpasst, wer die erforderliche Technologie auf jeweils letztem Stand besitzt und beherrscht, nur der wird als Arbeitender Kunde zurecht kommen und vielleicht sogar Gewinn daraus ziehen ... und dann kann es manchmal sogar Spaß machen, Arbeitender Kunde zu sein.[255]

Willige, flexible und kompetent arbeitende Kunden braucht der neue flexible Kapitalismus – genauso wie er willige, flexible, sich selbst kontrollierende und unternehmerisch vermarktende neue Arbeitskräfte benötigt. Mit Max Weber kann man daher erneut fragen:

Was für Menschen prägt der sich weiter entfaltende und dabei immer flexibler und entgrenzter werdende moderne Kapitalismus?[256]

Diese Frage nach einer möglichen neuen Typik gesellschaftlicher Subjektivität als Folge des Wandels von Wirtschaft und Gesellschaft war schon der Fluchtpunkt bei den Untersuchungen zum Arbeitskraftunternehmer. Sie ist es nun noch einmal bei unseren Überlegungen zum Wandel des privaten Konsums. Wir können jetzt versuchen, ein weiteres Stück für eine Antwort zu entwickeln.

5.3.1 Neue Abhängigkeit, neuer Widerstand

Auch wenn für die beiden diskutierten Theorieperspektiven die Gefahr einer Totalisierung zurückgewiesen wurde, glauben wir gleich-

255 So wie kompetenten Arbeitskraftunternehmern ihre ambivalente Autonomie nicht selten »Spaß« macht; vgl. Pongratz/Voß 2003.

256 Weber dachte natürlich an den sich damals massenhaft ausbreitenden neuen Typus des proletarischen Arbeiters, als er im Verein für Socialpolitik 1908 die Frage stellte: »Was für Menschen prägt die moderne Großindustrie kraft der ihr immanenten Eigenart, und welches berufliche (und damit indirekt auch: außerberufliche) Schicksal bereitet sie ihnen?« (Weber 1988, S. 37).

wohl ein sich *verschärfendes Wechselverhältnis* zu erkennen. Wie bei der strukturellen Veränderung des erwerbsförmigen Arbeitsverhältnisses wird auch beim Strukturwandel des Konsumverhältnisses Subjektivität in neuer Weise und Intensität *ausgebeutet* und *unterworfen* und im gleichen Zuge mehr denn je genau in ihrer Eigenschaft »Subjekt« zu sein als entscheidende Ressource *gebraucht* und infolgedessen auch *neu formiert*.

Der Arbeitende Kunde ist mehr als alle Reproduktionsformen vor ihm *abhängiger* (und nun auch abhängig arbeitender) Konsument und gleichzeitig mehr als bisher aktiv agierender ›*mündiger*‹ Kunde. Das ist kein Widerspruch, sondern die paradoxe Logik des neuen Konsums. Der im Privaten noch geschützt passiv Waren und Dienstleistungen vernutzende Konsument alter Art verschwindet nicht, sondern er wird (mit Hegel gesprochen) ›aufgehoben‹. Er löst sich auf, bleibt aber im Prinzip erhalten, indem er eine komplexere (›höhere‹) neue Qualität bekommt. Allgemeiner und auf das Subjektthema bezogen formuliert heißt das: Die im traditionellen kapitalistischen Konsumverhältnis (Kaufen und Verbrauchen) zum Ausdruck kommende und erforderliche Subjektivität überlebt sich der Tendenz nach, aber Subjektivität als solche bleibt erhalten, ja sie reformiert und entfaltet sich auf neuer Entwicklungsstufe mit neuer Qualität ... und mit paradoxen Folgen.

Um besser zu verstehen, welche *neue Qualität von Subjektivität* sich hier möglicherweise auszuprägen beginnt, ist es hilfreich, noch einmal die mit den Themen Entfremdung und Vergesellschaftung in den Blick genommenen Ebenen der sozialen Vermittlung von Subjektivität getrennt zu betrachten: das *gesellschaftlich geprägte Selbstverhältnis des Subjekts* und das *Verhältnis von Subjekt und Gesellschaft*.

a) Die zunehmende *Selbst-Entfremdung* im Zuge der sozioökonomischen Entwicklung und insbesondere des Wandels der Konsumverhältnisse scheint auf den ersten Blick nun endgültig Subjektivität in Frage zu stellen. Es steht aber nur eine Subjektivität zur Disposition, die sich selbst als feste und eindeutige sieht und zu formieren versucht. Mit einer erweiterten Selbst-Entfremdung durch eine neue Qualität der erwerbsförmigen Arbeit und nun auch des Konsums wird jedoch eine Subjektivität erforderlich und gefördert, die sich zu sich selbst als projektförmig zu gestaltende und damit auf Dauer reflexive, ja als im Kern genau nicht feste, sondern im Gegenteil systematisch *fluide* und *aktive* sieht und zu formieren versucht.[257] Subjektivität wird dabei anspruchsvoller, da sie sich nicht nur kontinuierlich gestalten, sondern als *offene* und *produktive* entwerfen muss, will sie sich angesichts der Anforderungen behaupten. Nur eine in diesem Sinne auf neue Weise ›freie‹ und dadurch kontingente, zugleich aber mehr als bisher wirtschaftliche Anforderungen vollziehende Subjektivität hat noch eine Chance. »Flexibilität« des Subjekts ist daher nicht so sehr das Problem (wie Sennett meint), als vielmehr die ›Lösung‹ ... so ambivalent das auch einzuschätzen ist. Die von Sennett beklagte Korrosion des Charakters[258] bedeutet insoweit keineswegs das Ende der Geschichte von Subjektivität, sondern den Beginn einer neuen. Nur wer, verglichen mit der bisherigen Subjektivität, ›charakterlos‹ ist und souverän ›driftet‹, kann das neue Spiel der neuen Arbeitkräfte und nun auch der neuen Konsumenten mitspielen – und genau darin findet Subjektivität möglicherweise ihren neuen »Charakter«. Richard Rortys »Ironikerinnen«[259] sind damit das Vorbild für die neue arbeitende Subjektivität des neuen Kapitalismus. Aber sie sind es vermutlich anders, als es sich ein liberaler US-Denker im sonnigen Stanford vorstellen mag, denn deren alltagspraktische »Ironie« ist vermutlich weniger feinsinnig als vielmehr pragmatisch bis robust, und der Tendenz nach ist sie eher sarkastisch bis zynisch als heiter gelassen und intellektuell distanziert.

Ist damit eine völlig willenlose Anpassung von Subjektivität an Forderungen des Marktes für Erwerbs- und Konsumarbeit zu erwarten? Diese Gefahr besteht tatsächlich. Wir wollen aber genau deswegen danach fragen, ob sich nicht nur neue Formen der Entfremdung und Vergesellschaftung, sondern auch des *Widerstandes* entwickeln werden.

---

257 Diese Diagnose ist, so gesehen, nichts Neues; etliche aktuelle Theoretiker sehen eine solche Entwicklung ähnlich, gerade auch in Bezug auf Person, Identität, Charakter usw. Dies gilt etwa für Becks Idee der »Bastelbiographie« (u.a. in Beck 1986), oder Keupps »Patchwork-Identität« (vgl. zum Beispiel Keupp/Höfer 1996) und natürlich Sennetts »Flexible Menschen« (Sennett 1998). Auch Baumann lässt sich so lesen, dass die Menschen in der »liquid modernity« zunehmend »flüssig« werden (Baumann 2003).

258 Das Buch heißt im Original »The Corrosion of Character«.

259 Vgl. insbesondere Rorty 1989.

Vergegenwärtigen wir uns dazu noch einmal einige *Beispiele*: Die vom neueren Marketing registrierten neuen Kunden, die sich zwar an Marken orientieren, aber dann keiner Marke mehr treu sind, die mit ihren Lebensstilen und Geschmacksrichtungen spielen und von daher zu »Smart-Shoppern« werden, zeigen ausgesprochen ›ironische‹ Merkmale und sind ob ihrer Unberechenbarkeit betrieblich gefürchtet.[260] Kunden, die sich auf die produktive Zuarbeit zu Unternehmen (freiwillig oder gezwungen) einlassen, dabei aber opportunistisch und trickreich vorgehen, um Anforderungen zu unterlaufen oder Chancen zu nutzen, könnten Vorboten einer betrieblich wenig pflegeleichten Subjektivität sein. Auch die neuen preisbewussten oder sogar »geizigen« Konsumenten, die »Schnäppchen« nutzen und Anbieter gegeneinander ausspielen, die »unverschämte« Forderungen stellen, sind auf neue und für manchen Betrieb recht anstrengende Weise ›subjektiv‹, indem sie sich der vorgegebenen Logik gezielt entziehen (was sogar den Wirtschaftsminister ärgert). Selbst diejenigen, die bewusst Lücken in Systemen aller Art ausnützen oder gezielt schaffen, handeln als ›neue Subjekte‹ des neuen Konsums, die betrieblichen Akteuren nicht nur Freude machen – ob beim »Tausch« von Musik, dem »Kopieren« von Software, dem »Knacken« von Urheberschutzmechanismen, dem aktiven »Austricksen« der Handlungsanleitungen von Programmen, dem rigorosen Ausnutzen von Rücksendemöglichkeiten beim Versandhandel, dem geschickten Kombinieren von Sonderangeboten bei Flugreisen (»Smart-Ticketing«) und vielem anderen mehr.

Dieses Verhalten ist keine schöne neue »Konsumentensouveränität«[261] und von den Betroffenen nicht unbedingt frei gewählt. Es ist genau genommen von den Kundenstrategien vieler Unternehmen regelrecht herausgefordert worden ... und Ausdruck neuer und *eigensinniger Reproduktionsaktivitäten*, die Konsumenten als flexible *Subjekte* entwickeln, um auf neue Zumutungen zu reagieren.

b) Auch die sich verstärkende *Selbst-Vergesellschaftung* scheint auf den ersten Blick Subjektivität zu bedrohen. Aber auch hier wurde

---

260 Vgl. zum Beispiel Vossen/Reinhardt 2003 (siehe auch die weiterführende Literatur)

261 Vgl. zu diesem nicht unproblematischen Begriff zum Beispiel Bömmel 2003 (siehe auch die weiterführende Literatur).

eine vorsichtige Sicht angemahnt: Es entstehen durch neue komplexe Verschränkungen und Abhängigkeiten von Individuen und Gesellschaft zwar steigende Anforderungen an Subjekte, die aber keine ›totale‹ Unterwerfung bedeuten. Gleichwohl ist auch im Verhältnis der Person zu ihren sozialen Bezügen erkennbar, dass sich im Verlauf der diagnostizierten Veränderungen der gesellschaftliche Charakter von Subjektivität ändert – wobei es an dieser Stelle nicht um die Individualdimension (um Subjektivität *in* der Gesellschaft) geht, sondern um die Chancen von Menschen, Subjekt *von* Gesellschaft zu sein.

Schon für den Arbeitskraftunternehmer wurde gezeigt, dass die ihn tragende Subjektivität nicht nur für sich selbst, sondern auch für die Gesellschaft, auf die sie sich bezieht, mehr Verantwortung übernehmen muss. Wer unter entgrenzten Bedingungen arbeitet, muss die ausgedünnten Strukturen durch »Selbstorganisation« neu herstellen und dabei auch die Bezüge zu Kooperanden, also ein Stück ›Gesellschaft‹ aktiv produzieren. Gerade auch der Arbeitskraftunternehmer braucht eine Einbindung in betriebliche Kooperationszusammenhänge, kollegiale Unterstützungen, professionelle Netze und sogar in überbetriebliche Vertretungen seiner Interessen. Er braucht immer wieder Unterstützung und Solidarität, auch betriebliche und überbetriebliche Interessenvertretung, zum Teil sogar mehr als mancher traditionelle Arbeitnehmer.[262] Dafür müssen soziale Vermittlungen aufgebaut werden, die dann zu entscheidenden sozialen Ressourcen werden. Ein solches »Networking« als aktive Wahrnehmung der sozialen Subjektfunktion ist nichts anderes als gezielte Selbst-Vergesellschaftung.

Für eine zum Arbeitskraftunternehmer komplementäre Figur in der Reproduktionssphäre stellt sich dieses Thema in gleicher Weise. Auch Arbeitende Kunden müssen mehr als konventionelle Konsumenten die sozialen Bezüge ihrer oft anspruchsvollen Funktionen aktiv herstellen und soziale Ressourcen gezielt besorgen. Sie müssen sich die für ihre Tätigkeit relevanten Ausschnitte von Gesellschaft aneignen, gestalten und pflegen und damit, mehr als bisher für Kon-

262 Dafür gibt es auch schon erste empirische Befunde, zum Beispiel bei Wilkens 2004

sumenten erforderlich, zum *sozialen Subjekt* werden. Auch konventionelle Konsumenten stellten natürlich soziale Zusammenhänge her, wenn sie beispielsweise gemeinsam einkaufen, sich vor dem Kauf bei anderen informieren oder die besorgten Waren gemeinsam transportieren und vielleicht sogar gemeinschaftlich verwenden. Arbeitende Kunden werden hier aufgrund der gestiegenen Anforderungen jedoch *mehr sozialen Aufwand* betreiben und *einfallsreichere soziale Subjekte* sein müssen.

Auch dazu einige *Beispiele*: Da die Nutzung anspruchsvoller informationstechnischer Hard- und Software die kontinuierliche Beschaffung von umfangreichen Informationen erfordert, kommt fast niemand bei der Nutzung neuer Medien ohne freundschaftliche oder kollegiale Hilfenetzwerke aus. Vor allem bei der Arbeit mit komplexen Internetangeboten entstehen oft intensive neuartige soziale Beziehungen – ›virtuelle‹ Vergesellschaftungsformen,[263] ohne die manche konsumtive Tätigkeit heute kaum mehr auszuführen ist. Die Nutzung von Versteigerungsdiensten oder Tauschbörsen, Chat-Groups und virtuellen Interessengemeinschaften usw. stiftet zum Teil komplexe kooperative Beziehungen zwischen völlig fremden Personen. Selbst Bahnfahrer werden zu kreativen Selbstvergesellschaftern, wenn bestimmte Vergünstigungen kooperativ genutzt werden müssen (zum Beispiel beim »Schönes-Wochenende-Ticket«).

Bei solchen neuen Sozialformen von Konsumenten ist die ›soziale Phantasie‹ der Agierenden nicht selten ausgeprägt und gelegentlich moralisch fragwürdig, zumindest können sie für Betriebe äußerst lästig sein. Immer öfter werden Anbieter von Gütern und Leistungen von ihren Kunden gerade auch mit sozialen Mitteln, das heißt durch Netzwerkbildung und koordinierte Aktionen, regelrecht ›ausgetrickst‹. Intensive Internetuser sind häufig erstaunlich skrupellos, wenn es darum geht, die Möglichkeiten von Systemen durch systematische Kooperation auszunutzen. Die vielzitierten »Hacker« sind dafür zur sprichwörtlichen neuen Sozialfigur geworden. Die Grenzen zwischen kooperativer Phantasie und kollektiver Illegalität sind fließend und das Unrechtsbewusstsein ist wenig ausgeprägt. Softwareanbieter

263 Siehe zur »virtuellen« Vergesellschaftung zum Beispiel aktuell Castells 2003 (siehe auch die weiterführende Literatur).

kennen dieses Problem schon länger, die Musik- und Filmindustrie erlebt dadurch aktuell eine veritable Krise und der Handel wird sich vermutlich noch wundern, wie Kunden auf einen flächendeckenden Einsatz der RFID-Technologie reagieren werden. Es ist offensichtlich, dass die neuen Anforderungen an Kunden in Verbindung mit den damit gegebenen neuen Handlungsmöglichkeiten auch ganz neue Formen latenter Illegalität und manifester Kriminalität hervorbringen.

Es deuten sich also *neue Formen sozialer Beziehungen als Basis für arbeitende Tätigkeiten* an – aber nicht dort, wo man es bisher vor allem gewohnt war, sondern in der privaten *Konsumsphäre.* Die Unterschiede zu vergleichbaren Sozialformen in formellen Arbeitstätigkeiten sind deutlich; noch interessanter ist aber, wie *ähnlich* die Formen sind. Auch Konsumenten kooperieren, unterstützen sich, wehren sich kollektiv und sind eben auch solidarisch – und werden so in ganz neuer Qualität *aktiv zum Subjekt ihrer sozialen Bezüge.*

5.3.2 Sind Arbeitende Kunden besonders eigensinnige Subjekte? – Zwei Thesen

Die bisherigen Überlegungen hatten zwei Kerne: die steigende Bedeutung selbstbezüglicher Subjektivität bei gleichzeitig erweitertem gesellschaftlichen Zugriff auf die private Seite des Lebens. Spitzen wir für beides unsere Frage zu, wie sich dadurch Subjektivität verändern könnte, kommen wir zu zwei Vermutungen:

a) Die mit dem neuen Konsum sich zeigende Subjektivität ist sowohl im Selbstbezug als auch in der Sozialdimension in neuer Qualität *reflexiv.* Sie bezieht sich auf sich selbst und ihre gesellschaftlichen Bezüge als etwas Kontingentes und damit aktiv zu Gestaltendes. Dies wird nur teilweise eine selbstbewusst souveräne oder ›zivilisiert‹ gemäßigte Form reflexiver Subjektivität sein. Oft wird dies vielmehr, so unsere erste Vermutung, Formen einer im engeren Sinne *eigensinnigen*, wenn nicht gar *widerständigen* Subjektivität annehmen (siehe Kasten):

Eine mehr oder weniger feinsinnige Gegenreaktion, die die aus dem arbeitenden Konsum entstehenden Anforderungen unterläuft, sich hinhaltend, gelegentlich auch offensiv den Vorgaben verweigert, die Möglichkeiten offen oder verdeckt opportunistisch ausnutzt, hin und wieder sogar an (oder über) die Grenze der Legalität geht und manchmal vielleicht auch demonstrativ opponiert. Die Realität bietet dafür, wie gezeigt, vielfältige und deutliche Indizien.

Einen wirklichen *Widerstand* im Sinne einer expliziten Gegenwehr oder gar eines kollektiven Kampfes (etwa um Verbraucherrechte, um Schutz vor Datenmissbrauch und Übervorteilung, um Anteile an erzielten Profiten usw.) kann man sich dabei nur in bestimmten Bereichen (zum Beispiel im Themenbereich RFID[264]) vorstellen. Die sich am Arbeitenden Kunden möglicherweise zeigende eigensinnige bis widerständige Subjektivität dürfte eher eine latent *subversive* Qualität haben, die sich in den kleinen Formen des verdeckten alltäglichen Kampfes übt:

- im trotzigen *Mikrowiderstand* des Kunden, der offensiv die Rabattsysteme ausnützt, heftig handelt, die Rücksenderechte beim Versandhandel bis zum Letzten ausreizt, falsche Flaschen in den Leergutautomaten platziert, beim Selbstabwiegen des Gemüses nicht so genau hinschaut, vielleicht auch schon mal ein Etikett austauscht ...,
- in der *Mikropolitik* der Käufer, die sich fröhlich mitteilen, wie man einen plumpen Automaten überlistet oder überhaupt erst einmal in die Gänge bekommt, mit Telefonstafetten über Räumungsverkäufe informieren, gegenseitig vor der Fahrkartenkontrolle warnen...,
- in der heimlichen *Mikrosolidarität* der Klienten und Patienten, die sich wechselseitig mit Informationen versorgen, wo was geht...,
- in der trickreichen *Mikro-Interessenvertretung* der Bürger, die sich systematisch helfen und helfen lassen, wie man die neuen Formulare effizient ausfüllt, um Harz IV ein Stück weit auszuhebeln usw.

Eine solche Entwicklung wäre nicht überraschend, denn immer dann, wenn soziale Gruppen in eine neue und nachteilige Situation gerieten,

264 Im westfälischen Rheinberg gab es vor dem »Future Store« der Metro AG inzwischen die erste Anti-RFID-Demonstration Deutschlands (www.silicon.de, Abruf 1.3.04).

entstanden nur selten sofort (wenn überhaupt) organisierte und disziplinierte Gegenwehr, sondern oft erst einmal alltagsnahe Widerständigkeiten und subkutane Minirevolten (siehe Kasten). Erst nach und nach, so lehrt die Geschichte, könnte dann aus solchen *rohen*, wenn nicht gar *›bösen‹* Formen sich neu artikulierender Subjektivität im Konsum eine *zivilisierte* Weise des reflexiven Selbst- und Gesellschaftsbezuges werden.

These für dieses Thema wäre also: Der Arbeitende Kunde könnte mit einer verstärkten Bedeutung eigensinniger und sogar subversiv widerständiger Subjektivität in der Gesellschaft einhergehen.

Eigensinn, Aneignung, Widerständigkeit – Wie Menschen soziale Verhältnisse zu ihren »eigenen« und sich dadurch »eigenen Sinn« machen

Die Begriffe »*Eigensinn*« und »*Aneignung*« gehen insbesondere auf die Überlegungen Hegels zu »Entfremdung« (s.o.) und »Selbstbewusstsein« zurück (siehe insbesondere in 1970/Phän. d. Geistes, siehe auch Keiler 1990). Die Argumentation dort lässt sich so zusammenfassen, dass der Mensch dadurch zu sich und dabei insbesondere zu »Selbst-Bewusstsein« finde, dass er seine sich ihm gegenüber ›entfremdenden‹ Entäußerungen (zum Beispiel die Produkte seiner Arbeit) wieder aktiv »aneigne«. Dies gelte gerade auch für den abhängigen »Knecht«, der zwar für seinen »Herrn« fremdbestimmt arbeite, aber indem er aktiv tätig sei und praktisch produziere (anders als der Herr, der sich bedienen lasse) sich in dialektischer Umkehrung der Verhältnisse selbst erkennen und auf diese Weise für ihn ein »eigner Sinn« entstehen könne (ebd. 153f.). Diese Theoriefiguren gehen dann maßgeblich in die Arbeiten von Marx ein, vor allem auch zum Begriff »Entfremdung«.

Für die deutsche Soziologie hat der Begriff »Eigensinn« und darüber vermittelt auch die Idee der »Aneignung« nicht zuletzt durch die anregende Verwendung in den gemeinsamen Arbeiten von Alexander Kluge und Oskar Negt Bedeutung bekommen (vgl. Negt/Kluge 1981). Der Begriff »Aneignung« wird aber auch in vielen anderen sozialwissenschaftlichen Feldern für die aktive Auseinandersetzung der Subjekte mit sozialen Anforderungen bzw. vorgefundenen gesellschaftlichen Verhältnissen verwendet (zum Beispiel Fischer-Rosenthal 1995). Eine besondere Bedeutung hat dies in der Theorie »psychischer Tätigkeit« (u.a. Leontjev 1973), die eine wichtige Basis der deutschen kritischen Psychologie ist (insbesondere Holzkamp 1983). Wichtig ist die Idee der »Aneignung« zudem für eine auf den Alltag bezogene Geschichtswissenschaft bzw. in der *historischen Anthropologie* (vgl. etwa Scott 1985) und nicht zuletzt in den englischen *Cultural Studies,* die sich zum

Beispiel für die alltägliche ›Aneignung‹ von Trivialkultur interessieren (vgl. zum Beispiel Winter 2001).

Gerade auch in den letztgenannten Disziplinen wird »Aneignung« nicht zuletzt dafür verwendet, die vielfältigen Formen des mehr oder weniger *informellen Widerstands* meist benachteiligter sozialer Gruppen in Laufe der Geschichte gegenüber herrschaftlichen Zumutungen (Revolten, Aufstände usw.) zu benennen; selten jedoch in ihrer Eigenschaft als Konsumenten (vgl. jedoch aktuell Smart 1999). *Offener Widerstand* in der Arbeitswelt bzw. Formen des kollektiven Arbeits-Kampfes sind häufig ein Thema (etwa das Thema Streik, vgl. zum Beispiel aus historischer Sicht Tenfelde/Volkmann 1988), informelle Widerständigkeit im Erwerbsleben (zum Beispiel Sabotage) dagegen nur gelegentlich (siehe jedoch zum Beispiel Jermier/Knights/Nord 1994). Unter dem Stichwort »*Mikropolitik*« ist dies jedoch indirekt mit Blick auf »Gegenmacht«, »Aushandlungen«, alltägliche »Macht-Spiele« usw. in Betrieben ein breit beachtetes Thema der neueren Arbeits- und vor allem der Organisationsforschung (zum Beispiel Alt 2001).

(siehe auch die weiterführende Literatur)

b) Wir vermuten außerdem, dass eine sich mikrowiderständig im Alltag artikulierende Subjektivität mit den hier interessierenden Veränderungen der Konsumsphäre deswegen eine besondere Bedeutung bekommen könnte, weil es sich genau um *diesen* sehr spezifischen Bereich des menschlichen Lebens handelt. Für die Sphäre der formellen Arbeit ist alltägliche Mikrowiderständigkeit zwar belegt, erweist sich aber doch immer wieder als begrenztes Phänomen. Bis auf einzelne Revolten und Störungen zeigt sich zumindest in den stabilen Wirtschaftsorganisationen der industriellen Kernländer eine erstaunlich »friedliche« Arbeitswelt. Wenn sich Widerstand formierte, ob individuell oder kollektiv, dann fand er meist in vergleichsweise reduzierter, domestizierter und (vor allem in Deutschland[265]) nicht selten sogar rechtlich »geregelter« Form statt.

Dem gegenüber ist die *Privatsphäre* ein deutlich weniger regulierter, das heißt ein im Vergleich eher *offenerer* oder *freierer* Bereich. Nach wie vor ist der Konsument hier zudem nicht nur unmittelbar private Person, sondern auch strukturell mehr als in der formellen Arbeit wirklich *frei,* nämlich *freie Markt-Figur.* Folge ist, dass er hier in seinem

265 Siehe Müller-Jentsch (zum Beispiel 1997).

Verhalten insgesamt systematisch *unberechenbarer* und *unkontrollierbarer* ist als die über Arbeits- oder Leistungsverträge gebundene Arbeitskraft. Betriebe versuchen nun zwar genau das zu ändern, sie werden hier aber immer wieder an Grenzen der Kontrolle und damit des direkten Zugriffs stoßen.

Dringt nun in diesen Bereich die strukturelle *Interessen-* und damit auch *Konflikthaftigkeit* des wirtschaftlichen Arbeitens beziehungsweise der gewinnorientierten betrieblichen Nutzung von Arbeitskraft ein, dann könnte dort gleichwohl manches in Bewegung geraten. Nicht nur, dass sich in diesem Bereich nun widerständigere Subjektivität zeigen könnte, sondern dies geschieht hier vor dem Hintergrund einer *größeren Alltagsnähe* beziehungsweise einer *ausgeprägteren lebensweltlichen Bedeutung* dieses Feldes. Der sich andeutende Zugriff auf die Konsumenten zur Nutzung ihrer Arbeitskraft kommt in ganz anderer Form und Relevanz den Menschen *›nahe‹*. Es könnte sich in der Folge zeigen, dass dieser neue kapitalistische Zugriff auf das Leben von Menschen damit eine *existenzielle Grenze überschreitet.* Wird jetzt explizit mit Arbeitskraftnutzungsstrategien in die Privatsphäre eingegriffen, könnte das möglicherweise mehr auslösen als konventionelle Arbeitskraftstrategien von Betrieben, die letztlich (aus Sicht der Subjekte) im existenziellen ›Draußen‹ bleiben, das den Betroffenen strukturell dann doch vergleichsweise »gleichgültig« (Marx) ist.[266] Was nun mit und in ihrem ganz persönlichen Leben passiert, wenn sie als Arbeitende Kunden gezielt in die Pflicht genommen werden, das ist ihnen dann vielleicht nicht mehr in diesem bisherigen Sinne ›egal‹, weil sie sich diesem neuen Übergriff subjektiv nicht mehr entziehen können.

These ist hier also: Die sich andeutende erweiterte kapitalistische Verfügung über das Private könnte mehr als bisher die Eigensinnigkeit von Subjekten provozieren, mit ungewissen Folgen.

Informelle Mitarbeiter sind schwierige hybride Gesellen, das wusste schon die Stasi, das wissen auch der BND, die CIA und wohl auch der Vatikan. Selbst die professionellste Organisation ist bei solchen Arbeitskräften mit diffusem Status nicht gefeit gegen zynische Dop-

266 Der Begriff »Gleichgültigkeit« wird von Marx nur beiläufig benutzt, hat aber oft erhebliche theoretische Phantasie freigesetzt (Marx 1939, »Einleitung«, insbesondere 21ff.).

pelagenten, opportunistische Trickser, Täuscher, Hochstapler und Falschspieler und schon gar nicht gegen hinhaltenden Widerstand, bewusste Schlamperei, Faulheit und Unlust und vieles andere mehr. Versuchen Betriebe nun auf informellem Wege in neuer Weise Arbeitskraft zu nutzen, und greifen sie dazu auch noch in die bisher noch relativ unzerstörten sozialen Biotope des Privaten ein, dann müssen sie (und die Gesellschaft insgesamt) mit Überraschungen rechnen. Arbeitende Kunden könnten sich als wesentlich *störrischere* und *lästigere* Wesen erweisen als die konventionellen Arbeitskräfte, selbst als die (zumindest bisher noch) so marktkonformen Arbeitskraftunternehmer und erst recht als die brav kaufenden Konsumenten alter Art.

So wichtig Subjektivität als »Gärungsstoff« (Marx) für den Kapitalismus immer schon war und so bedeutsam diese Ressource überraschenderweise gerade für den Neuen Kapitalismus offensichtlich zu sein scheint, die ausgelösten Gärprozesse könnten dann doch ziemlich unangenehme Folgen haben. Wie das halt so ist, bei lebendigen Prozessen: es rumpelt und rumort, es blubbert und zischt. Das sprengt zwar selten die Systeme, es mag aber doch unerwartete Turbulenzen hervorrufen. Man wird sehen.

Nachwort – Wege zu weiteren Themen

Kunden zu Arbeitskräften! Kann man sich eine solche Forderung ernsthaft vorstellen? In absehbarer Zeit wohl nicht!?

Andererseits hat man bis zum Ende des letzten Jahrhunderts auch nicht erwarten können, dass Arbeitskräfte zu *»Unternehmern«* werden oder zumindest unternehmerähnliche Züge bekommen. Und dass Politiker aus allen Lagern so etwas einmal fordern werden, hätte vor einigen Jahren auch jegliche Phantasie überfordert. Und sie fordern es laut:

Jeder ein Unternehmer seiner selbst! Schluss mit der deutschen Arbeitnehmergemütlichkeit! Mehr Markt, mehr Risiko, mehr Eigenverantwortung, ja sogar: mehr soziale Ungleichheit!

Nicht nur konservative Ministerpräsidenten fordern es, die Vorsitzenden fast aller Parteien sehen es inzwischen so und die Generalsekretäre denken es sowieso. Präsidenten, Vorsitzende und Sekretäre vieler anderer Verbände und Organisationen rufen das gleiche, manche zwar leiser, aber viele auch zunehmend lauter. Der Wirtschaftsminister und die weisen Wirtschaftsforschungsinstitute tun dies ohnehin und manche Medien überschlagen sich regelrecht in ihrem Wehklagen über die unflexiblen und immobilen Berufstätigen mit ihrer antiquierten Arbeitnehmerhaltung. Gewerkschafter zögern noch hilflos und zerknirscht, aber ganz dezent flüstern auch dort schon einige mit belegter Stimme: *Arbeitskräfte zu Unternehmern!*

Und nun also die *Konsumenten*? Geht es jetzt auch dieser zweiten wichtigen Figur der marktwirtschaftlich-kapitalistischen Gesellschaft an den Kragen? Alle müssen sich ändern, fordern unisono Medien und Politik: die Berufstätigen, die Patienten, die Schüler und Schülerinnen, unsere Studierenden, sogar die Beamten und die Arbeitslosen und Sozialhilfeempfänger sowieso – warum also nicht auch die Konsumenten?

Vorbei also die Zeit, in der man sich zumindest außerhalb der Erwerbsarbeit entspannt zurücklehnen konnte, im geschützten Zuhause, bei den Nächsten und Geliebten, da wo man ganz privat bei sich ist, in der gemütlichen Freizeit? Auch da gab es natürlich immer was zu erledigen, Autowaschen am Samstag, die Steuererklärung, schnell noch vor 18.00 Uhr zum Supermarkt hetzen, die Kleinen zum Sport, zur Flötenstunde und zur Krankengymnastik bringen und pünktlich wieder abholen, die obligatorische Geschichte vor dem Einschlafen und die Waschmaschine ausräumen ... und wer bügelt die Hemden? Und selbst die meisten Männer haben verstanden, dass Hausarbeit auch Arbeit ist, dass berufstätige Frauen oft zu Hause den meisten Stress haben, dass es ohne ihre private Arbeit für die Lieben nicht geht und dass man da was tun sollte ... work life balance, politisch und irgendwie wohl auch privat.

Aber der *Konsum*? Was ist das schon? Shoppen und Verbrauchen? Das klingt doch lustvoll und so gar nicht nach Arbeit. Da soll man nun Arbeitskraft werden? Gut, das mit der »Ko-Produktion« des Kunden leuchtet ein: Natürlich muss man beim Friseur den Kopf schön still halten und die Folie für die Strähnchen anreichen, und beim Gesundheitscheck muss man auf Befehl tief einatmen und dann husten. Auch dass man sich im Supermarkt die Sachen selber raussucht, den Wagen zur Kasse schiebt, alles sauber und schnell aufs Band legt..., das ist doch in Ordnung, oder? Und IKEA kennen wir ja schon lange. Natürlich ist das alles manchmal lästig und vielleicht auch »Arbeit«, okay! Aber der Kunde als Arbeitskraft? Kann das sein?

Wir meinen: Der Kunde der Zukunft ist der *Arbeitende Kunde*. Er ist nicht nur Konsument, sondern auch Arbeitskraft und er steht als solcher unter dem Druck, betrieblich nutzbare Leistungen zu erbringen. Er fungiert zudem als Wertquelle und steht damit unter dem Druck, betrieblich verwertbare Leistungen zu erbringen und Profit zu erwirtschaften. Damit sind die Kundinnen und Kunden der Zukunft, wie bisher die Mitarbeitenden, Prozessen betrieblicher Herrschaftsausübung ausgesetzt. Noch sind es nur erste Indizien, aber was hier mit der Zeit entstehen könnte, ist demnach kein ›Mehr‹ vom Gewohnten (noch ein bisschen mehr Selbstbedienung an der einen oder anderen Stelle), sondern ein sozialer *Strukturwandel* an einer entscheidenden Stelle der Gesellschaft. Es könnte der Einstieg in eine neue Konsumwelt und damit zugleich die Herausbildung einer neuen Form des Verhältnisses von Subjekt und Gesellschaft sein.

Die gesellschaftliche Relevanz der von uns ins Auge gefassten Veränderungen ist schwer einzuschätzen, aber wir haben uns bemüht, auf Basis der erkennbaren Indizien sorgfältig zu ›spekulieren‹, das heißt mögliche Entwicklungslinien zu beschreiben und außerdem erste Begriffe zu entwickeln, Anschlüsse an bisherige Konzepte zum Wandel von Gesellschaft herzustellen, theoretische Implikationen anzudeuten usw. Und wir möchten dazu einladen, sich an den Überlegungen und notwendigen Debatten zu beteiligen.

Was ist *ausblickend* noch anzumerken und in welche Richtung müssten *weiterführende Arbeiten* gehen?

Es wäre sehr reizvoll, quer durch alle gesellschaftlichen Bereiche – von der Ebene des individuellen Handelns und der psychosozialen Befindlichkeit der Einzelnen über die intermediären Instanzen (Betriebe, Verwaltungen, Organisationen, Institutionen aller Art) bis zu den gesellschaftlichen Strukturen, ja bis zur immer wichtigeren Ebene der globalen Gesellschaftlichkeit – unsere Ideen durchzudeklinieren und nach Implikationen zu suchen. Wir haben uns entschieden, darauf zu verzichten ... vor allem, damit dieses Buch fertig wird.

Gleichwohl wollen wir zumindest noch andeuten, was uns an möglichen Folgethemen durch den Kopf geht:

- Wenn der private Konsum zunehmend auch in seinen aktiv produzierenden (und nicht nur in seinen »passiv« konsumierenden) Anteilen direkt betrieblich gesteuert wird, was bedeutet das dann *sozialstrukturell* für die Abgrenzung von Privatheit und Öffentlichkeit und *gesellschafts- und wirtschaftstheoretisch* für das Verhältnis von Markt und Betrieben, von Produktion und Konsumtion?
- Wenn Konsumenten für Betriebe regelmäßig arbeiten, welchen *rechtlichen* Status haben sie dann? Sind sie Käufer und Konsumenten oder schon formelle Arbeitskräfte? Was folgt daraus arbeits- und sozialrechtlich? Was sagt das Haftungsrecht? Betreibt man als arbeitender Konsument ein Gewerbe? Gibt es eine Gewerbeaufsicht?

- Wenn der Konsum zur expliziten gesellschaftlichen Produktionssphäre wird, wer schützt dann die dort tätigen Produzenten? Was heißt das *sozialpolitisch*? Muss in der Folge Verbraucherschutz nicht zum Arbeitsschutz werden? Ist Arbeitsschutz dann auch Konsumentenschutz?
- Wer vertritt die *Interessen* der arbeitenden Produzenten? Wer schützt die Konsumenten vor Selbstausbeutung und Überforderung? Wer verhindert, dass sie bei den Verhandlungen mit den Unternehmen übervorteilt werden? Braucht es Tarifverträge für Arbeitende Konsumenten? Sind die Verbraucherverbände zuständig, der ADAC, die Aktion Pro-Bahn? Oder nicht doch die Gewerkschaften – Verdi, die IG Metall? Müssen die Kirchen aktiv werden?
- Mit welchen Kriterien lassen sich die ›*Arbeitsbedingungen*‹ von Konsumentinnen und Konsumenten bewerten?[267] Können hierzu Überlegungen zur Arbeitsgestaltung für Mitarbeitende herangezogen werden? Wie müssen diese gegebenenfalls verändert werden, um den Besonderheiten der Situation von arbeitenden Konsumenten gerecht zu werden. Welche Rolle spielen solche Kriterien für die Einschätzung der Qualität von Leistungen und Produkten von Unternehmen?
- Werden arbeitende Konsumenten irgendwann einmal nicht nur kostenlos arbeiten, sondern, was sich andeutet, auf die eine oder andere Weise für ihre Leistungen *materiell abgefunden*? Was ist diese immaterielle oder sogar entgeltförmige Gegenleistung, die sie da bekommen? Der Lohn des Lohnabhängigen, die Provision oder das Honorar des Selbständigen, der Preis für ein freies Marktprodukt? Das ist nicht nur eine wissenschaftliche Kategorienfrage, sondern dafür werden sich schnell Juristen interessieren und noch schneller vielleicht das Finanzamt.
- Müssen Konsumenten systematisch steigende und immer spezifischere *Kompetenzen* und *Qualifikationen* für ihre produktive Tätigkeit besitzen, wer bildet diese dann aus? Wer bestätigt, lizensiert, kodifiziert, kontrolliert diese Fähigkeiten? Ist es nicht erforderlich,

267 Für die Mitwirkung von Patientinnen und Patienten an ihrer gesundheitlichen Versorgung liegen hierzu bereits Überlegungen sowie ein Entwurf für ein entsprechendes Analyse- und Bewertungsverfahren vor, vgl. Rieder 2005.

darüber nachzudenken, solches irgendwann in den Qualifizierungskanon des *Bildungssystems* aufzunehmen, so wie man langsam merkt, dass dort nun auch die lange vernachlässigten informellen Fähigkeiten (soziale und kommunikative Kompetenzen, Selbstkompetenzen, technische Basisfähigkeiten und vieles andere mehr) ausgebildet werden müssen. Oder überlässt man das der individuellen Initiative oder den Bemühungen der Unternehmen?

- Werden Konsumenten zunehmend gezwungen, produktive Leistungen für Unternehmen zu übernehmen, muss gefragt werden, wem dabei primär der daraus entstehende Nutzen zufällt und wer demgegenüber vor allem Nachteile hat. Sind Betriebe allein die Nutznießer (und wenn ja, in welchen Formen und Quantitäten?) oder haben nicht auch manche Kundengruppen klare Vorteile? Beim wem kumulieren dagegen eher Nachteile und warum? Kurz, es geht um die mit den skizzierten Veränderungen entstehenden Folgen für *soziale Ungleichheit* und damit um die klassische Frage: Wer sind die Gewinner und Verlierer der Veränderungen?
- Aber auch für die *Betriebe* stellen sich ganz neue Fragen: Wie stellt man die erforderliche Qualifikation der Kunden sicher? Braucht man eine Kundenentwicklung analog zur Personalentwicklung? Wie führt man Kunden? Wie bindet man sie als externe Akteure in eine Organisation ein? Oder sind sie »freie Mitarbeiter«, wo einen all das nicht zu interessieren braucht; oder sind sie vielleicht doch eher »Feste Freie« oder gar »Scheinselbständige«, wo das Ganze sehr schnell sehr kompliziert wird? Wie verhalten sich interner und externer (Kunden-)Betrieb zueinander – gibt es eine systematische Arbeitsteilung, gar ein Weisungs- und Verantwortungssystem? Wie kooperieren interne, also formell angestellte Mitarbeiter mit den informellen Kunden-Mitarbeitern? Ist der Betriebsrat für sie zuständig? Muss man sie mit Arbeitsmitteln ausstatten? Haben sie Arbeitszeiten? Kann man sie wie Teleheimarbeiter behandeln oder eher wie die Außendienstler?

All das und vieles mehr, Praktisches, Politisches und nicht zuletzt Theoretisches, auch normative und ethische Aspekte, all das muss hier offen bleiben. Wir werden jedoch darüber nachdenken. Sollte auch manche Leserin, mancher Leser durch dieses Buch dazu angeregt worden sein, würde uns das freuen.

Literatur

Alt, Ramona (2001). »Mikropolitik«. In: E. Weik/R. Lang (Hrsg.), *Moderne Organisationstheorien. Eine sozialwissenschaftliche Einführung* (S. 285–318). Wiesbaden: Gabler.

Andersen, Arne (1997). *Der Traum vom guten Leben. Alltags- und Konsumgeschichte vom Wirtschaftswunder bis heute.* Frankfurt a.M., New York: Campus.

Arendt, Hannah (1989, zuerst 1958). *Vita activa oder Vom tätigen Leben* (2. Aufl.). München: Piper.

Arnold, Katrin (2005). »Sozioökonomischer Wandel und institutionelle Ausdifferenzierung im Finanzdienstleistungssektor«. In: F. Kleemann/I. Matuschek/G. G. Voß/St. Habscheid/W. Holly (Hrsg.), *Über Geld spricht man. Medienvermittelte Kommunikationsarbeit und Arbeitskommunikation im Bankgeschäft.* Wiesbaden: VS-Verlag (i.E.).

Asendorf-Krings, Inge; Drexel, Inge und Nuber, Christoph (1976). »Reproduktionsvermögen und die Interessen von Kapital und Arbeit«. In: Institut für Sozialwissenschaftliche Forschung e.V. (Hrsg.), *Betrieb – Arbeitsmarkt – Qualifikation I.* Frankfurt a.M., New York: Campus.

Baatz, Dagmar; Rudolph, Clarissa und Satilmis, Ayla (2004) (Hrsg.). *Hauptsache Arbeit? Feministische Perspektiven auf den Wandel von Arbeit.* Münster: Westfälisches Dampfboot.

Badura, Bernhard (2005). »Versicherten- und Patientenorientierung – ein Gebot der Humanität und der sozialwirtschaftlichen Vernunft«. *Psychomed,* 17 (1), S. 4–6.

Banks, Drew und Daus, Kim (2002). *Customer Community. Unleashing the Power of your Customer Base.* San Francisco: Jossey Bass.

Barnard, Chester I. (1940). »Comments on the Job of the Executive«. *Harvard Business Review,* 18 (3), S. 295–264.

Bateson, John E. G. (1985). »Self-Service Consumer: An Exploratory Study«. *Journal of Retailing,* 61 (3), S. 49–76.

Bauman, Zygmunt (2003, zuerst 2000). *Flüchtige Moderne.* Frankfurt a.M.: Suhrkamp.

Beck, Ulrich (1986). *Risikogesellschaft. Auf dem Weg in eine andere Moderne.* Frankfurt a.M.: Suhrkamp.

— (2000) (Hrsg.). *Die Zukunft von Arbeit und Demokratie.* Frankfurt a.M.: Suhrkamp.

— und Beck-Gernsheim, Elisabeth (1994) (Hrsg.). *Riskante Freiheiten. Individualisierung in modernen Gesellschaften.* Frankfurt a.M.: Suhrkamp.

— ; Giddens, Anthony und Lash, Scott (1996). *Reflexive Modernisierung. Eine Kontroverse.* Frankfurt a.M.: Suhrkamp.

Becker-Schmidt, Regina; Brandes-Erlhoff, Uta; Kerner, Maria; Rumpf, Mechthild; Schmidt, Brigitte und Knapp, Gudrun-Axeli (1982). *Nicht wir haben die Minuten, die Minuten haben uns. Zeitprobleme und Zeiterfahrungen von Arbeitermüttern in Fabrik und Familie.* Bonn: Neue Gesellschaft.

Becker-Schmidt, Regina; Brandes-Erlhoff, Uta; Rumpf, Mechthild und Schmidt, Brigitte (1983). *Arbeitsleben – Lebensarbeit. Konflikte und Erfahrungen von Industriearbeiterinnen.* Bonn: Neue Gesellschaft.

Becker-Schmidt, Regina; Knapp, Gudrun-Axeli und Schmidt, Brigitte (1984). *Eines ist zuwenig – beides ist zuviel. Erfahrungen von Arbeiterfrauen zwischen Familie und Fabrik.* Bonn: Neue Gesellschaft.

Bender, Christiane und Graßl, Hans (2004). *Arbeiten und Leben in der Dienstleistungsgesellschaft.* Konstanz: Universitätsverlag Konstanz.

Berekoven, Ludwig (1966). »Der Begriff ›Dienstleistung‹ und seine Bedeutung für eine Analyse der Dienstleistungsbetriebe«. *Jahrbuch der Absatz- und Verbrauchsforschung,* 12, S. 314–326.

— (1986). *Geschichte des deutschen Einzelhandels.* Frankfurt a.M.: Deutscher Fachverlag.

Berger, Peter L. und Luckmann, Thomas (1974). *Die gesellschaftliche Konstruktion der Wirklichkeit. Eine Theorie der Wissenssoziologie.* Frankfurt a.M.: Suhrkamp.

Bergmann, Frithjof (1997). »Die neue Arbeit«. *Gewerkschaftliche Monatshefte,* 48 (Heft 9/10), S. 524–534.

— (2004). *Neue Arbeit, Neue Kultur.* Freiburg: Abor Verlag.

Bitner, Mary Jo; Booms, Bernard H. und Tetreault, Mary Stanfield (1990). »The Service Encounter: Diagnosing Favorable and Unfavorable Incidents«. *Journal of Marketing,* 54, S. 71–78.

Bitner, Mary Jo; Faranda, William T.; Hubbert, Amy R. und Zeithaml, Valerie A. (1997). »Customer contributions and roles in service delivery«. *International Journal of Service Industry Management,* 8 (3), S. 193–205.

Bock, G. Gisela und Duden, Barbara (1977). »Arbeit aus Liebe – Liebe als Arbeit. Zur Entstehung der Hausarbeit im Kapitalismus«. In: Gruppe Berliner Dozentinnen (Hrsg.), *Wissenschaftliche Beiträge zur Berliner Sommeruniversität für Frauen* (2. Aufl., S. 118–199). Berlin: Courage.

Bömmel, Hermann van (2003). *Konsumentensouveränität. Neue Gestaltungsoptionen des Konsumenten in der Postindustriellen Wirtschaft.* Marburg: Metropolis.

Boltanski, Luc und Chiapello, Eve (2003, zuerst 1999). *Der neue Geist des Kapitalismus.* Konstanz: Universitätsverlag Konstanz.

Bonß, Wolfgang (2002). »Zwischen Erwerbsarbeit und Eigenarbeit. Ein Beitrag zur Debatte um die Arbeitsgesellschaft«. *Arbeit,* 11 (4), S. 5–20.

Bosch, Gerhard (1986). »Hat das Normalarbeitsverhältnis eine Zukunft?« *WSI-Mitteilungen,* 39 (3), S. 163–176.

Bourdieu, Pierre (1982). *Die feinen Unterschiede. Kritik der gesellschaftlichen Urteilskraft.* Frankfurt a.M.: Suhrkamp.

— (1983). »Ökonomisches Kapital, kulturelles Kapital, soziales Kapital«. In: R. Kreckel (Hrsg.), *Soziale Ungleichheiten* (=Sonderband 2 der *Sozialen Welt,* S. 183–198). Göttingen: Schwartz.

Bowen, David E. (1986). »Managing Customers as Human Resources in Service Organisations«. *Human Resource Management,* 25, S. 371–383.

Bowers, Michael; Martin, Charles L. und Luker, Alan (1990). »Trading Places: Employees as Customers, Customers as Employees«. *Journal of Services Marketing,* 4 (2), S. 55–69.

Braudel, Fernand (1986, zuerst 1979). *Sozialgeschichte des 15.–18. Jahrhunderts. Aufbruch zur Weltwirtschaft.* München: Kindler.

— (1986, zuerst 1979). *Sozialgeschichte des 15.–18. Jahrhunderts. Der Alltag.* München: Kindler.

— (1986, zuerst 1979). *Sozialgeschichte des 15.–18. Jahrhunderts. Der Handel.* München: Kindler.

— ; Duby, George und Aymard, Maurice (1990). *Die Welt des Mittelmeeres. Zur Geschichte und Geographie kultureller Lebensformen.* Frankfurt a.M.: Fischer.

Braverman, Harry (1980, zuerst 1974). *Die Arbeit im modernen Produktionsprozeß.* Frankfurt a.M., New York: Campus.

Bressler, Stacey und Grantham, Charles E. Sr. (2000). *Communities of Commerce: Building Internet Business Communities to Accelerate Growth, Minimize Risk, and Increase Customer Loyality.* New York: Mac Graw Hill.

Brinkmann, Urich und Seifert, Matthias (2001). »»Face to Interface«: Zum Problem der Vertrauenskonstitution im Internet am Beispiel von elektronischen Auktionen«. *Zeitschrift für Soziologie,* 30 (1), S. 23–47.

Bröckling, Ulrich; Krassmann, Susanne und Lemke, Thomas (2000) (Hrsg.). *Gouvernementalität der Gegenwart. Studien zur Ökonomisierung des Sozialen.* Frankfurt a.M.: Suhrkamp.

Brown, Geoff (1977). *Sabotage: A Study in Industrial Conflict.* Nottingham: Spokesman Books.

Brüsemeister, Thomas (2000). »Die Gesellschaft als organisierte Erwartungs-Enttäuschungs-Spirale. George Ritzers These der McDonaldisierung«. In: U. Schimank/U. Volkmann (Hrsg.), *Soziologische Gegenwartsdiagnosen I. Eine Bestandsaufnahme* (S. 275–290). Opladen: Leske + Budrich.

Bruhn, Manfred (2003). *Kundenorientierung: Bausteine für ein erfolgreiches Customer Relationship Management* (2. Aufl.). München: dtv-Beck.

Brunner, Otto (1968). »Das ›ganze Haus‹ und die alteuropäische ›Ökonomie‹«. In: O. Brunner (Hrsg.), *Neue Wege der Verfassung- und Sozialgeschichte* (S. 103–127). Göttingen: O. Schwarz.

Büchi, M.; Bachmann, L. M.; Fischer, J. E.; Peltenburg, M. und Steurer, J. (2000). »Alle Macht den Patienten? Vom ärztlichen Paternalismus zum Shared Decision Making«. *Schweizerische Ärztezeitung*, 49, S. 2776–2780.

Bundesministerium für Familie, Senioren, Frauen und Jugend (2001) (Hrsg.). *Bericht zur gesundheitlichen Situation von Frauen in Deutschland. Eine Bestandsaufnahme unter Berücksichtigung der unterschiedlichen Entwicklung in West- und Ostdeutschland* (=Schriftenreihe des Bundesministerium für Familie, Senioren, Frauen und Jugend, Bd. 209). Stuttgart: Kohlhammer.

— (2003). *Frauen in Deutschland. Von der Frauen- zur Gleichstellungspolitik.* Bonn: BMFSF.

Bundesministerium für Frauen und Jugend (1998). *Frauen in der Bundesrepublik Deutschland.* Bonn: Stendal Boehm.

Burawoy, Michael (1979). *Manufacturing Consent. Changes in the Labor Process under Monopoly Capitalism.* Chicago, London: University of Chicago Press.

Castells, Manuel (2001). *Das Informationszeitalter. Wirtschaft, Gesellschaft, Kultur.* Bd. 1: *Die Netzwerkgesellschaft.* Opladen: Leske + Budrich.

— (2001). *Das Informationszeitalter. Wirtschaft, Gesellschaft, Kultur.* Bd. 2: *Die Macht der Identität.* Opladen: Leske + Budrich.

— (2001). *Das Informationszeitalter. Wirtschaft, Gesellschaft, Kultur.* Bd. 3: *Jahrtausendwende.* Opladen: Leske + Budrich.

— (2002). *Die Internet-Galaxie. Internet, Wirtschaft und Gesellschaft.* Opladen: Leske + Budrich.

Coase, Ronald Harry (1937). »The Nature of the Firm«. In: *Economica* (auch in O. Williamson/S.G. Winter, (Hrsg.), *The Nature of the Firm.* New York/Oxford: Oxford Univ. Press, 1991)

— (1988). *The Firm, the Markets, and the Law.* Chicago: University of Chicago Press.

— ; Williamson, Oliver E. und Winter, Sidney G. (1993). *The nature of the firm: origins, evolution and development.* Oxford: Oxford Univ. Press (2. Aufl. von Williamson/Winter (1991) (Hrsg.), *The Nature of the Firm.* New York, Oxford: Oxford Univ. Press).

Corsten, Hans (1997). *Dienstleistungsmanagement* (2. Aufl.). München, Wien: Oldenbourg.

— (2000). »Der Integrationsgrad des externen Faktors als Gestaltungsparameter im Dienstleistungsunternehmen. Voraussetzungen und Möglichkeiten der Externalisierung und Industrialisierung«. In: M. Bruhn/B.

Stauss (Hrsg.), *Dienstleistungsqualität* (3. Aufl., S. 145–168). Wiesbaden: Gabler.

Coulter, Angela und Magee, Helen (2004) (Hrsg.). *The European Patient of the Future*. Maidenhead, Berkshire: Open University Press.

Czepiel, John A. (1990). »Service Encounters and Service Relationship: Implications for Research«. *Journal of Business Research*, 20, S. 13–21.

— ; Solomon, Michael R. und Surprenant, Carol F. (1985) (Hrsg.). *The Service Encounter. Managing Employee/Customer Interaction in Service Businesses.* New York: Lexington Books.

Dabholkar, Pratibha A. (1996). »Consumer evaluations of new technology-based self service options: An investigation of alternative models of service quality«. *International Journal of Research in Marketing*, 13, S. 29–51.

Damkowski, Wulf und Rösener, Anke (2003). *Auf dem Weg zum Aktivierenden Staat. Vom Leitbild zum umsetzungsreifen Konzept.* Berlin: edition sigma.

Dathe, Dietmar (2002). »Verhältnis von Ehrenamt und Erwerbsarbeit – Zusammenhänge und Konfliktlinien. Dokumentation zum 4. BIBB-Fachkongress«. [Online verfügbar unter: http://www.inifes.de – 31.12.2003].

Davidow, William H. und Malone, Michael S. (1993, zuerst 1991). *Das virtuelle Unternehmen. Der Kunde als Co-Produzent.* Frankfurt a.M., New York: Campus.

Deckstein, Dagmar und Felixberger, Peter (2001). *Arbeit neu denken. Wie wir die Chancen der New Economy nutzen können.* Frankfurt a.M., New York: Campus.

Deutschmann, Christoph (1999). *Die Verheißung des absoluten Reichtums. Zur religiösen Natur des Kapitalismus.* Frankfurt a.M., New York: Campus.

Diekmann, Andreas und Wyder, David (2002). »Vertrauen und Reputationseffekte bei Internet-Auktionen«. *Kölner Zeitschrift für Soziologie und Sozialpsychologie*, 54 (4), S. 674–693.

Dierks, Marie-Luise; Schwartz, Friedrich Wilhelm und Walter, Ulla (2001). »Konsumenteninformation und Patientensouveränität«. In: C. v. Reibnitz/P. E. Schnabel/K. Hurrelmann (Hrsg.), *Der mündige Patient* (S. 70–79). Weinheim: Juventa.

Drexel, Ingeborg (1980). »Zum Zusammenhang von Qualifizierungsform, Arbeitsplatzstruktur und Reproduktionsstruktur – das Beispiel der Implementation von Facharbeiterausbildung und -einsatz«. In: U. Beck u.a. (Hrsg.), *Bildungsexpansion und betriebliche Beschäftigungspolitik – Aktuelle Entwicklungstendenzen im Vermittlungszusammenhang von Bildung und Beschäftigung.* Frankfurt a.M., New York: Campus.

Dubois, Pierre (1979). *Sabotage in Industry.* Harmondsworth: Penguin.

Dülmen, Richard v. (2001). *Historische Anthropologie* (2. Aufl.). Köln u.a.: Böhlau (UTB)

Dunkel, Wolfgang (2003). »Illona Ostner – Beruf und Hausarbeit«. In: H. P. Müller/M. Schmidt (Hrsg.), *Hauptwerke der Ungleichheitsforschung*. Wiesbaden: Westdeutscher Verlag.

— und Voß, G. Günter (2004) (Hrsg.). *Dienstleistung als Interaktion. Beiträge aus einem Forschungsprojekt. Altenpflege, Deutsche Bahn, Call Center.* (=*Arbeit und Leben im Umbruch*, Bd. 6). München, Mering: Hampp Verlag.

Egbringhoff, Julia; Kleemann, Frank; Matuschek, Ingo und Voß, G. Günter (2003). *Subjektivierung von Bildung*. Stuttgart: Akademie für Technikfolgenabschätzung.

Eisenstadt, Samuel N. (1970). »Die protestantische Ethik und der Geist des Kapitalismus. Eine analytische und vergleichende Darstellung«. *Kölner Zeitschrift für Soziologie und Sozialpsychologie*, 22(1/2), S. 1–23 u. 265–299.

Engelbert, Angelika (2002). »Elternmitarbeit im Kindergarten – Sozialpolitische Diskurse und empirische Forschungsergebnisse«. In: G. Neubauer/J. Fromme/A. Engelbert (Hrsg.), *Ökonomisierung der Kindheit. Sozialpolitische Entwicklungen und ihre Folgen* (S. 77–95). Opladen: Leske + Budrich.

Engels, Friedrich (1894). »Brief an W. Borgius«. In: *MEW*, Bd. 39,. Berlin (Ost): Dietz.

Erler, Wolfgang und Nußhardt, Christine (2000). *Familienkompetenzen als Potenzial einer innovativen Personalentwicklung* (hg. vom Bundesministerium für Familie, Senioren, Frauen und Jugend und dem Deutschen Jugendinstitut e.V.). Großbeeren: Arnold.

Essinger, James (1999). *The virtual banking revolution: the customer, the bank and the future.* London u.a.: International Thompson Business Press.

Fellmann, Ferdinand (1993). *Lebensphilosophie. Elemente einer Theorie der Selbsterfahrung.* Reinbek: Rowohlt.

Fischermann, Thomas (2004). »Der Kunde muss sich selbst bedienen. In den USA werden Dienstleister immer produktiver – leider auf Kosten der Konsumenten«. *Die Zeit*, 30.12.2004.

Foucault, Michel (1987). »Das Subjekt und die Macht«. In: H. L. Dreyfus/P. Rabinow (Hrsg.), *Michel Foucault. Jenseits von Strukturalismus und Hermeneutik* (S. 243–261). Frankfurt a.M.: Athenäum.

— (1993). »Technologien des Selbst«. In: L. H. Martin/H. Gutman/P. H. Hutton (Hrsg.), *Technologie des Selbst* (S. 24–62). Frankfurt a.M.: Fischer.

— (2004). *Hermeneutik des Subjekts.* Frankfurt a.M.: Suhrkamp.

Fourastié, Jean (1954, zuerst 1949). *Die große Hoffnung des zwanzigsten Jahrhunderts.* Köln: Bund.

Franke, Heinrich und Buttler. Friedrich (1991). *Arbeitswelt 2000. Strukturwandel in Wirtschaft und Beruf.* Frankfurt: Fischer TB.

Franke, Nikolaus und Piller, Frank (2003). »Key Research Issues in User Interaction with Configuration Toolkits in a Mass Customization System«. *The International Journal of Technology Management*, 25 (5/6), S. 578–599.

Friedel-Howe, Heidrun (1981). *Entfremdung in der Industriearbeit.* Berlin: Duncker & Humblot.

Friedrichs, Jürgen; Lespsius, Rainer M. und Mayer, Karl Ulrich (1998) (Hrsg.). *Die Diagnosefähigkeit der Soziologie* (=Sonderheft 38 der *Kölner Zeitschrift für Soziologie und Sozialpsychologie*). Opladen: Westdeutscher Verlag.

Furnham, Adrian (1990). *The Protestant Work Ethic. The Psychology of Work-Related Beliefs and Behaviours.* London, New York: Routledge.

Gartner, Alan und Riessman, Frank (1978, zuerst 1974). *Der aktive Konsument in der Dienstleistungsgesellschaft. Zur politischen Ökonomie des tertiären Sektors.* Frankfurt a.M.: Suhrkamp.

Gather, Claudia; Geissler, Birgit und Rerrich, Maria S. (2002) (Hrsg.). *Weltmarkt Privathaushalt. Bezahlte Haushaltsarbeit im globalen Wandel.* Münster: Westfälisches Dampfboot.

Gegener, Martin (2003). »Wie fahren wir 2010?« *Die Tageszeitung*, 03.09.2003.

Geißler, Birgit (2002). »Die Dienstleistungslücke im Haushalt. Der neue Bedarf nach Dienstleistungen und die Handlungslogik der privaten Arbeit«. In: C. Gather/B. Geissler/M. Rerrich (Hrsg.), *Weltmarkt Privathaushalt* (S. 30–49). Münster: Westfälisches Dampfboot.

Gershuny, Jonathan (1981, zuerst 1978). *Die Ökonomie der nachindustriellen Gesellschaft. Produktion und Verbrauch von Dienstleistungen.* Frankfurt a.M., New York: Campus.

— (2000). *Changing Times: Work and Leisure in Postindustrial Society.* Oxford: Oxford University Press.

Geulen, Dieter (1977). *Das vergesellschaftete Subjekt. Zur Grundlegung der Sozialisationstheorie.* Frankfurt a.M.: Suhrkamp.

Giddens, Anthony (1988, zuerst 1984). *Die Konstitution der Gesellschaft. Grundzüge einer Theorie der Strukturierung.* Frankfurt a.M./New York: Campus.

Görres, Joachim (2005). »Eltern AG«. *Frankfurter Rundschau*, 08.03.2005.

Goffman, Erving (1973, zuerst 1961). *Asyle. Über die soziale Situation psychiatrischer Patienten und anderer Insassen.* Frankfurt a.M.: Suhrkamp.

Gottschall, Karin und Voß, G. Günter (2003) (Hrsg.). *Entgrenzung von Arbeit und Leben. Zum Wandel der Beziehung von Erwerbstätigkeit und Privatsphäre im Alltag* (= *Arbeit und Leben im Umbruch*, Bd. 5). München, Mering: Hampp.

Gouthier, Matthias H. J. (2003). *Kundenentwicklung im Dienstleistungsbereich.* Wiesbaden: Deutscher Universitätsverlag.

— und Schmid, Stefan (2001). »Kunden und Kundenbeziehungen als Ressource von Dienstleistungsunternehmungen. Eine Analyse aus der Perspektive der ressourcenbasierten Ansätze des Strategischen Management«. *Die Betriebswirtschaft*, 61, S. 223–239.

Graff, Bernd (2004). »Im Dauerfeuer guter Ratschläge. Die ›Ebay-University‹ schult Händler und Käufer in der Kunst des virtuellen Verkaufens«. *Süddeutsche Zeitung*, 14./15.02.2004.

Greene, Anne-Marie (2000). *Voices form the Shop Floor: Dramas of the Employment Relationship*. Aldershot: Ashgate.

Greif, Siegried und Kurtz, Hans-Jürgen (1986). *Handbuch selbstorganisiertes Lernen*. Göttingen: Verlag für Angewandte Psychologie.

Gross, Peter (1983). *Die Verheißungen der Dienstleistungsgesellschaft: Soziale Befreiung oder Sozialherrschaft?* Opladen: Westdeutscher Verlag.

— (1985). »Liebe, Mühe, Arbeit. Abschied von den Professionen«. *Soziale Welt*, 36 (1).

— und Badura, Bernhard (1977). »Sozialpolitik und soziale Dienste: Entwurf einer Theorie personenbezogener Dienstleistungen«. In: C. v. Ferber/F. X. Kaufmann (Hrsg.), *Soziologie und Sozialpolitik* (=Sonderheft 19 der *Kölner Zeitschrift für Soziologie und Sozialpsychologie*, S. 361–385). Opladen: Westdeutscher Verlag.

Grün, Oskar und Brunner, Jean-Claude (2002). *Der Kunde als Dienstleister. Von der Selbstbedienung zur Co-Produktion*. Wiesbaden: Gabler.

Guttandin, Friedhelm (1997). *Einführung in die ›Protestantische Ethik‹ Max Webers*. Opladen: Westdeutscher Verlag.

Habermas, Jürgen (1962). *Strukturwandel der Öffentlichkeit*. Neuwied: Luchterhand.

— (1981). *Theorie des kommunikativen Handelns*. Frankfurt a.M.: Suhrkamp.

Häußermann, Hartmut und Siebel, Walter (1995). *Dienstleistungsgesellschaften*. Frankfurt a.M.: Suhrkamp.

Hagemann, Karen (1995). »Von ›guten‹ und ›schlechten‹ Hausfrauen. Möglichkeiten und Grenzen der Rationalisierung im großstädtischen Arbeiterhaushalt der Weimarer Republik«. *Historische Mitteilungen*, 8, S. 65–84.

Hagen-Demszky v.d., Alma (2005). *Lebensführung und alltägliche Vergesellschaftung. Mikro-Kosmos einer Plattenbausiedlung in Budapest*. Chemnitz: Technische Universität, Institut für Soziologie (unv. Dissertation)

Halfmann, Jost (1990). »Entfremdung«. In: H. J. Sandkühler (Hrsg.), *Europäische Enzyklopädie zu Philosophie und Wissenschaften* (S. 697–703). Hamburg: Meiner.

Hanekop, Heidemarie; Tasch, Andreas und Wittke, Volker (2001). »›New Economy‹ und Dienstleistungsqualität: Verschiebungen der Produzenten- und Konsumentenrolle bei digitalen Dienstleistungen«. *SOFI-Mitteilungen*, 29 (Juni 2001), S. 73–92.

Hardt, Michael und Negri, Antonio (2002, zuerst 2000). *Empire. Die neue Weltordnung*. Frankfurt a.M., New York: Campus.

Hartmann, Peter H. (1999). *Lebensstilforschung. Darstellung, Kritik und Weiterentwicklung*. Opladen: Leske + Budrich.

Hartung, Manuel J. (2004) Lara Croft im Supermarkt. Der Handelsriese Metro setzt auf Kassen ohne Kassiererin. Die Gewerkschaften fürchten um hunderttausende Arbeitsplätze. *Der Spiegel, 8/2004*, S. 74.

Hausen, Karin (1978). »Die Polarisierung der ›Geschlechtscharaktere‹. Eine Spiegelung der Dissoziation von Erwerbs- und Familienleben«. In: H. Rosenbaum (Hrsg.), *Familie und Gesellschaftsstruktur. Materialien zu den sozioökonomischen Bedingungen von Familienformen* (S. 161–191). Frankfurt a.M.: Suhrkamp.

Hegel, Georg Wilhelm Friedrich (1970, zuerst 1807). *Phänomenologie des Geistes* (=*Werke in zwanzig Bänden*, Bd. 3). Frankfurt a.M.: Suhrkamp.

Heinze, Rolf G. und Offe, Claus (1990) (Hrsg.). *Formen der Eigenarbeit. Theorie, Empirie, Vorschläge*. Opladen: Westdeutscher Verlag.

Hellmann, Kai-Uwe (2003). *Soziologie der Marke*. Frankfurt a.M.: Suhrkamp.

Heming, Ralf (2001). »Systemdynamiken, Lebenswelt und Zivilgesellschaft – Zeitdiagnostische Aspekte der Gesellschaftstheorie von Jürgen Habermas«. In: U. Schimank/U. Volkmann (Hrsg.), *Soziologische Gesellschaftsanalysen* (S. 57–73). Opladen: Leske + Budrich.

Henksmeier, Karl Heinz (1988). »50 Jahre Selbstbedienung – ein Rückblick«. *Dynamik im Handel* (Sonderausgabe: *50 Jahre Selbstbedienung*), Oktober, S. 10–38.

Herder-Dorneich, Philipp und Kötz, Wilhelm (1972). *Zur Dienstleistungsökonomik. Systemanalyse und Systempolitik der Krankenpflegedienste*. Berlin: Duncker & Humblot.

Herkommer, Sebastian; Bischoff, Joachim und Maldaner, Karlheinz (1984). *Alltag, Bewußtsein, Klassen*. Hamburg: VSA.

Hildebrand, Volker G. (1997). *Individualisierung als strategische Option der Marktbearbeitung: Determinanten und Erfolgswirkungen kundenindividueller Marketingkonzepte*. Wiesbaden: Gabler.

Hildebrandt, Eckart und Seltz, Rüdiger (1987) (Hrsg.). *Managementstrategien und Kontrolle. Eine Einführung in die Labour Process Debate*. Berlin: edition sigma.

Hillmann, Karl-Heinz (2003). *Wertewandel. Ursache, Tendenzen, Folgen*. Würzburg: Carolus.

Hippel, Eric v. (2005). *Democratizing Innovation*. Cambridge, Mass.: MIT Press.

Hirschberg, André (2000). *Entwicklung eines Anforderungsprofils für Self-Scanning-Systeme mit integrierter Warensicherung*. Frankfurt a.M.: Dt. Fachverlag.

Hochschild, Arlie R. (1979). »Emotion work, feeling rules and social structure«. *American Journal of Sociology*, 85, S. 551–575.

— (1990, zuerst 1983). *Das gekaufte Herz. Zur Kommerzialisierung der Gefühle*. Frankfurt a.M.: Campus.

Hodgson, Damian (2001). »›Empowering Customers Through Education‹ or Governing Without Government«. In: A. Sturdy/I. Grugulis/H. Willmott (Hrsg.), *Customer Service. Empowerment and Entrapment* (S. 117–134). Houndsmill, Basingstoke: Palgrave.

Holzkamp, Klaus (1983). *Grundlegung der Psychologie.* Frankfurt a.M., New York: Campus.

Honebein, Peter (1997). *Strategies for Effective Customer Education.* McGraw-Hill: McGraw-Hill Companies.

Horkheimer, Max und Adorno, Theodor W. (1969, zuerst 1947). *Dialektik der Aufklärung. Philosophische Fragmente.* Frankfurt a.M.: S. Fischer.

Horning, Frank und Rossbach, Heinrich (2003). »Unschuld vom Bande«. *Der Spiegel*, 42/2003, S. 90–92.

Huber, Josef (1984). *Die zwei Gesichter der Arbeit. Ungenutzte Möglichkeiten der Dualwirtschaft.* Frankfurt a.M.: Fischer.

Hübner, Kurt (1990). *Theorie der Regulation.* Berlin: Wagenbach.

Hurrelmann, Klaus (1986). *Einführung in die Sozialisationstheorie. Über den Zusammenhang von Sozialstruktur und Persönlichkeit.* Weinheim: Beltz.

Illich, Ivan (1981). *Die Nemesis der Medizin.* Reinbek: Rowohlt.

— ; McKnight, John; Zola Irving K.; Borremanns, Valentine; Caplan, Jonathan; Sharken, Harley und Huber, Joseph (1979). *Entmündigung durch Experten. Zur Kritik der Dienstleistungsberufe.* Reinbek: Rowohlt.

Inglehart, Ronald (1977). *The silent revolution. Changing values and political styles among western public.* Princeton, N.J.: Princeton University Press.

Israel, Joachim (1972). *Der Begriff Entfremdung.* Reinbek: Rowohlt.

Jäckel, Michael (2004). *Einführung in die Konsumsoziologie.* Wiesbaden: VS Verlag.

Jäger, Helmut (2001). »Compliance & Empowerment«. In: C. v. Reibnitz/P. E. Schnabel/K. Hurrelmann (Hrsg.), *Der mündige Patient* (S. 155–179). Weinheim: Juventa.

Jaeggi, Rahel (1997). *Welt und Person.* Berlin: Lukas Verlag.

— (2005). *Entfremdung. Zur Aktualität eines sozialphilosophischen Problems.* Frankfurt a.M.: Campus.

Jermier, John; Knights, David und Nord Walter R. (1994) (Hrsg.). *Resistance and Power in Organizations.* London: Routledge.

Joerges, Bernward (1981). »Berufsarbeit, Konsumarbeit, Freizeit«. *Soziale Welt*, 32 (2), S. 168–195.

— (1983). »Konsumarbeit – Zur Soziologie und Ökologie des informellen Sektors«. In: J. Matthes (Hrsg.), *Krise der Arbeitsgesellschaft? Verhandlungen des 21. deutschen Soziologentages in Bamberg* (S. 249–264). Frankfurt a.M., New York: Campus.

— (1985). »Eigenarbeit unter industriellen Bedingungen«. In: R. Brun/J. Huber (Hrsg.), *Erwerb und Eigenarbeit. Dualwirtschaft in der Diskussion* (S. 29–45). Frankfurt a.M.: Fischer.

Jurczyk, Karin und Rerrich, Maria S. (1993) (Hrsg.). *Die Arbeit des Alltags. Beiträge zu einer Soziologie der alltäglichen Lebensführung.* Freiburg: Lambertus.

Kalberg, Stephen (1999). *Einführung in die historisch-vergleichende Soziologie Max Webers.* Opladen: Westdeutscher Verlag.

Kappel, Hans-Hermann (2003). »E-Learning zur Kostenersparnis? Die Wirtschaftlichkeitsdebatte geht weiter«. *Frankfurter Allgemeine Sonntagszeitung* (*Qualifikation und Erfolg* Nr. 209), 30.03.2003.

Katz, James E. und Rice, Ronald E. (2002). »Syntopia: Access, Civic Involvement, and Social Interaction on the Net«. In: B. Wellman/C. Haythornthwaite (Hrsg.), *The Internet in Everyday Life* (S. 114–138). Malden, MA: Blackwell.

Keiler, Peter (1990). »Aneignung«. In: H. J. Sandkühler (Hrsg.), *Europäische Enzyklopädie zu Philosophie und Wissenschaften* (S. 118–127). Hamburg: Meiner.

Keller, Martina (2005). »Geben und einnehmen. Selbsthilfegruppen sind für Schwerkranke ein letzter Halt – dabei arbeiten sie oft mit Pharmakonzernen zusammen und riskieren ihre Glaubwürdigkeit«. *Die Zeit*, 21./19.03.2005.

Kelley, Scott W.; Donelly, James H. und Skinner, Steven J. (1990). »Customer Participation in Service Production and Delivery«. *Journal of Retailing*, 66 (3), S. 315–335.

Keupp, Heiner und Höfer, Renate (1996) (Hrsg.). *Identitätsarbeit heute: Klassische und aktuelle Perspektiven der Identitätsforschung.* Frankfurt a.M.: Suhrkamp.

Kippele, Flavia (1998). *Was heißt Individualisierung? Die Antworten soziologischer Klassiker.* Opladen: Westdeutscher Verlag.

Kleemann, Frank (2005). *Die Wirklichkeit der Teleheimarbeit. Eine arbeitssoziologische Untersuchung.* Berlin: edition sigma.

— ; Matuschek, Ingo und Rieder, Kerstin (2004). »Service included – Technisch-organisatorische Rahmungen der Dienstleistungsinteraktion in Call Centern«. In: W. Dunkel/G. G. Voß (Hrsg.), *Dienstleistung als Interaktion. Beiträge aus einem Forschungsprojekt.* München, Mering: Hampp.

— ; Matuschek, Ingo und Voß, G. Günter (2003). »Subjektivierung von Arbeit – Ein Überblick zum Stand der soziologischen Diskussion«. In: M. Moldaschl/G. G. Voß (Hrsg.), *Subjektivierung von Arbeit* (2. Aufl., S. 53–100). München, Mering: Hampp.

Klein, Naomi (2001). *No Logo! Der Kampf der Global Players um Marktmacht. Ein Spiel mit vielen Verlierern und einigen Gewinnern.* München: Bertelsmann.

— (2002). *Fences and Windows. Dispatches from the front lines of the Globalization Debate.* London: Flamingo.

Kleinaltenkamp, Michael (2000). »Customer Integration in Electronic Business«. In: R. Weiber (Hrsg.), *Handbuch Electronic Business* (S. 335–357). Wiesbaden: Gabler.

Kleinschmidt, Hiltrud (2004). *Pflege und Selbstbestimmung.* Bern: Huber.

Költzsch Ruch, Kerstin (1997). *Familienkompetenzen – Rüstzeug für den Arbeitsmarkt. Eine arbeitspsychologische Untersuchung zum Qualifizierungspotenzial der Familien- und Hausarbeit für die Berufswelt.* Köniz: Edition Soziothek.

König, Wolfgang (2000). *Geschichte der Konsumgesellschaft.* Stuttgart: Steiner.

Kößler, Reinhart und Wienold, Hanns (2002). »Arbeit und Vergesellschaftung. Eine Erinnerung an die klassische Gesellschaftstheorie«. *Peripherie,* 22. Jhg., 85/86, S. 162–183.

Korczynski, Marek (2002). *Human Resource Management in Service Work.* Houndmills: Palgrave.

Krafft, Manfred (2001). *Kundenbindung und Kundenwert.* Heidelberg: Physica.

Krapp, Andreas und Weidenmann, Bernd (2001). *Pädagogische Psychologie* (4. Aufl.). Weinheim: Beltz.

Kratzer, Nick (2003). *Arbeitskraft in Entgrenzung. Grenzenlose Anforderungen, erweiterte Spielräume, begrenzte Ressourcen.* Berlin: edition sigma.

Krell, Gertraude (1984). *Das Bild der Frau in der Arbeitswissenschaft.* Frankfurt a.M., New York: Campus.

— (2001). »Zur Analyse und Bewertung von Dienstleistungsarbeit. Ein Diskussionsbeitrag«. *Industrielle Beziehungen,* 8 (1), S. 9–36.

Kudera, Werner und Voß, G. Günter (2000) (Hrsg.). *Lebensführung und Gesellschaft. Beiträge zu Konzept und Empirie alltäglicher Lebensführung.* Opladen: Leske + Budrich.

Kühn, Hagen (1997). *Managed Care. Medizin zwischen kommerzieller Bürokratie und integrierter Versorgung. Am Beispiel USA* (Veröffentlichungsreihe der Arbeitsgruppe Public Health, Wissenschaftszentrum Berlin für Sozialforschung). Berlin: WZB.

— und Simon, Michael (2001). *Anpassungsprozesse der Krankenhäuser an die prospektive Finanzierung (Budgets, Fallpauschalen) und ihre Auswirkungen auf die Patientenorientierung.* Berlin: WZB.

Kühnlein, Irene (1997). »Weniger Erwerbsarbeit – mehr Eigenarbeit? Chancen und Potenziale öffentlicher Eigenarbeit«. *Aus Politik und Zeitgeschichte,* Heft 48–49, S. 41–46.

Lachman, Ran (2000). »Stepping into the kitchen: lay clients as co-producers of a professional service«. *The International Journal of Human Resource Management,* 11 (3), S. 617–634.

Lang, Rainhardt und Alt, Ramona (2003). »Organisationale Kontrolle«. In: E. Weik/R. Lang (Hrsg.), *Moderne Organisationstheorien 2* (S. 307–339). Wiesbaden: Gabler.

Lehmann, Hansjörg (2003). *Managed Care.* Zürich: Ruegger.

Lehmann, Marc (2004). »›Ich würde hier nichts mehr kaufen‹. Ein Gericht verurteilt erstmals einen Ebay-Kunden wegen polemischer Kritik am Internet-Partner«. *Süddeutsche Zeitung,* 27.08.2004.

Leidner, Robin (1991). »Serving hamburgers and selling insurance: gender, work and identiy in interactive service jobs«. *Gender and Society*, 5 (2), S. 154–177.

— (1993). *Fast Food, fast Talk: Service work and the routinization of everydaylife.* Berkeley: University of California Press.

Leimeister, Jan Marco (2005). *Virtuelle Communities für Patienten. Bedarfsgerechte Entwicklung, Einführung und Betrieb.* Wiesbaden: DUV.

Leontev, Alexejew Nikolajew (1973). *Probleme der Entwicklung des Psychischen.* Frankfurt a.M.: Athenäum Fischer.

Lovelock, Christopher und Young, Robert F. (1979). »Look to consumers to increase productivity«. *Harvard Business Review*, May/June, S. 168–178.

Luhmann, Niklas (1975). »Interaktion, Organistion, Gesellschaft«. In: ders. (Hrsg.), *Soziologische Aufklärung 2* (S. 9–20). Opladen: Westdeutscher Verlag.

Luttwak, Edward (1999). *Turbokapitalismus. Gewinner und Verlierer der Globalisierung.* Hamburg: Europa Verlag.

Lutz, Burkardt (1984). *Der kurze Traum immerwährender Prosperität. Eine Neuinterpretation der industriell-kapitalistischen Entwicklung im Europa des 20. Jahrhunderts.* Frankfurt a.M., New York: Campus.

Maleri, Rudolf (1994, zuerst 1973). *Grundlagen der Dienstleistungsproduktion* (3. Aufl.). Berlin u.a.: Springer.

Marx, Karl (1939). *Grundrisse der Kritik der politischen Ökonomie* (Rohentwurf 1857–58, Anhang 1850–59) (fotomechanische Wiedergabe der Ausgabe Moskau 1939–1941). Frankfurt a.M.: EVA.

— (1960, zuerst 1852). »Der 18te Brümaire des Louis Napoleon«. In: *MEW*, Bd. 8. Berlin (Ost): Dietz.

— (1969, zuerst 1867). *Das Kapital. Kritik der politischen Ökonomie*, Bd. 1, *Der Produktionsprozeß des Kapitals* (=*MEW*, Bd. 23). Berlin (Ost): Dietz.

— (1971, zuerst 1859). »Zur Kritik der politischen Ökonomie«. In: *MEW*, Bd. 13. Berlin (Ost): Dietz.

— (1983, zuerst 1939). »Grundrisse der Kritik der politischen Ökonomie«. In: *MEW*, Bd. 42 (S. 47–768). Berlin (Ost): Dietz.

— (1985, zuerst 1932). »Ökonomisch-philosophische Manuskripte aus dem Jahr 1844«. In: *MEW*, Bd. 40. Berlin (Ost): Dietz.

Matthes, Joachim (1983) (Hrsg.). *Krise der Arbeitsgesellschaft? Verhandlungen des 21. deutschen Soziologentages in Bamberg 1982.* Frankfurt a.M., New York: Campus.

Matthies, Hildegard; Mückenberger, Ulrich; Offe, Claus; Peter, Edgar und Raasch, Sibylle (1994). *Arbeit 2000. Anforderung an eine Neugestaltung der Arbeitswelt.* Reinbek: Rowohlt.

Meier, Uta (1997) (Hrsg.). *Vom Oikos zum modernen Dienstleistungshaushalt. Der Strukturwandel privater Haushaltsführung.* Frankfurt a.M., New York: Campus.

Meuter, Matthias L.; Ostrom, Arny L. und Bitner, Mary J. (2000). »Self-service technologies: understanding customer satisfaction with technology-based service encounters«. *Journal of Marketing*, 64, July, S. 50–64.

Meyer, Anton; Blümelhuber, Christian und Pfeiffer, Markus (2000). »Der Kunde als Co-Produzent und Co-Designer – oder: die Bedeutung der Kundenintegration für die Qualitätspolitik von Dienstleistungsanbietern«. In: M. Bruhn/B. Stauss (Hrsg.), *Dienstleistungsqualität. Konzepte – Methoden – Erfahrungen* (3. Aufl., S. 50–70). Wiesbaden: Gabler.

Michel, Stefan (1997). *Prosuming Marketing. Konzeption und Anwendung*. Bern, Stuttgart, Wien: Haupt.

— (2000). »Qualitätsunterschiede zwischen Dienstleistungen und Eigenleistungen (Prosuming) als Herausforderung für Dienstleister«. In: M. Bruhn/B. Stauss (Hrsg.), *Dienstleistungsqualität. Konzepte – Methoden – Erfahrungen* (3. Aufl.). Wiesbaden: Gabler.

Mieg, Harald A. und Wehner, Theo (2002). *Frei-gemeinnützige Arbeit. Eine Analyse aus Sicht der Arbeits- und Organisationspsychologie* (=*Harburger Beiträge zur Psychologie und Soziologie der Arbeit* Nr. 33). Hamburg: Technische Universität Hamburg-Harburg.

Mills, Peter K. (1986). *Managing Service Industries. Organisational Practices in a Postindustrial Economy*. Cambridge, Mass.: Ballinger.

— ; Chase, Richard B. und Margulies, Newton (1983). »Motivating the client/employee system as a service production strategy«. *Academy of Management Review*, 8 (2), S. 301–310.

— und Morris, James H. (1986). »Clients as ›Partial‹ Employees of Service Organizations: Role Development in Client Participation«. *Journal of Management Review*, 11 (4), S. 726–735.

Mohr, Lois A. und Bitner, Mary J. (1991). »Mutual Understanding between Customers and Employees in Service Encounters«. *Advances in Consumer Research*, 18, S. 611–617.

Moldaschl, Manfred und Voß, G. Günter (2003, zuerst 2002) (Hrsg.). *Subjektivierung von Arbeit* (2. Aufl.). München, Mering: Hampp.

Mückenberger, Ulrich (1989). »Der Wandel des Normalarbeitsverhältnisses unter Bedingungen einer ›Krise der Normalität‹«. *Gewerkschaftliche Monatshefte*, (4) S. 211–222.

— (1990). »Allein wer Zugang zum Beruf hat, ist frei, sich für Eigenarbeit zu entscheiden«. In: R. Heinze/C. Offe (Hrsg.), *Formen der Eigenarbeit. Theorie, Empirie, Vorschläge*. Opladen: Westdeutscher Verlag.

Müller-Jentsch, Walther (1997). *Soziologie der industriellen Beziehungen. Eine Einführung* (2. Aufl.). Frankfurt a.M., New York: Campus.

Müller-Kohlenberg, Hildegard (2001). »Geschlechtsspezifische Aspekte freiwilligen Engagements«. *Impulse. Newsletter zur Gesundheitsförderung*, 33, 12.

Mutz, Gerd (1997). »Zukunft der Arbeit. Chancen für eine Tätigkeitsgesellschaft«. *Aus Politik und Zeitgeschichte*, Heft 48–49, S. 31–40.

— (1999). »Strukturen einer neuen Arbeitsgesellschaft. Der Zwang zur Gestaltung der Zeit«. *Aus Politik und Zeitgeschichte*, Heft 9, S. 3–11.

— und Kühnlein, Irene (2001). »Erwerbsarbeit, bürgerschaftliches Engagement und Eigenarbeit. Auf dem Weg in eine neue Arbeitsgesellschaft«. In: U. Beck/W. Bonß (Hrsg.), *Die Modernisierung der Moderne.* Frankfurt a.M.: Suhrkamp.

Neff, Gina und Stark, David (2003). »Permanently Beta: Responsive Organization in the Internet Era«. In: Ph. Howard/St. Jones (Hrsg.), *The Internet and American Life.* Thousand Oaks: Sage.

Negt, Oskar (1985). *Lebendige Arbeit, enteignete Zeit. Politische und kulturelle Dimensionen des Kampfes um die Arbeitszeit* (2. Aufl.). Frankfurt a.M., New York: Campus.

— (2001). *Arbeit und menschliche Würde.* Göttingen: Steidel.

— und Kluge, Alexander (1981). *Geschichte und Eigensinn.* Frankfurt a.M.: Zweitausendeins.

Nerdinger, Friedemann W. (1994). *Psychologie der Dienstleistung: theoretische und empirische Studien zu einem wirtschaftspsychologischen Forschungsgebiet.* Stuttgart: Schäffer-Poeschel.

Offe, Claus und Heinze, Rolf G. (1990). *Organisierte Eigenarbeit: das Modell Kooperationsring.* Frankfurt a.M., New York: Campus.

Ostner, Ilona (1978). *Beruf und Hausarbeit. Die Arbeit der Frau in unserer Gesellschaft.* Frankfurt a.M., New York: Campus.

Otto, Hans-Uwe und Schaarschuch, Andreas (1999). »A new social service professionalism? The development of social work theory in Germany«. *International Journal of Social Welfare*, 8, S. 38–46.

Pahl, Raymond E. (1990). »Verteilungswirkungen informeller Arbeit«. In: R. Heinze /C. Offe (Hrsg.), *Formen der Eigenarbeit. Theorie, Empirie, Vorschläge* (S. 159–177). Opladen: Westdeutscher Verlag.

Parsons, Talcott (1951). *The Social System.* New York, London: Free Press.

— (1956). »Suggestions for a Sociological Approach to the Theory of Organizations«. *Administrative Science Quarterly*, 1 (June), S. 63–85.

— (1958). »Struktur und Funktion der modernen Medizin«. In: R. König/M. Tönnesmann (Hrsg.), *Probleme der Medizin-Soziologie* (Sonderheft 3 der *Kölner Zeitschrift für Soziologie und Sozialpsychologie*, S. 10–57). Opladen: Westdeutscher Verlag.

— (1970). »How are clients integrated in service organizations«. In: W. R. Rosengren/M. Lefton (Hrsg.), *Organizations and Clients. Essays in the Sociology of Service* (S. 1–16). Columbus, Ohio: Charles E. Merrill.

— (1975, zuerst 1966). *Gesellschaften.* Frankfurt a.M.: Suhrkamp.

Piller, Frank und Stotko, Christof (2003) (Hrsg.). *Mass Customization und Kundenintegration. Neue Wege zum innovativen Produkt.* Düsseldorf: Symposion.

Pinl, Claudia (2004). »Wo bleibt die Zeit? Die Zeitbudgeterhebung 2001/02 des Statistischen Bundesamtes«. *Aus Politik und Zeitgeschichte*, Bd. 31–32, S. 19–25.

Polanyi, Karl (1995, zuerst 1944). *The Great Transformation. Politische und ökonomische Ursprünge von Gesellschaften und Wirtschaftssystemen* (3. Aufl.). Frankfurt a.M.: Suhrkamp.

Pongratz, Hans J. und Voß, G. Günter (1997). »Fremdorganisierte Selbstorganisation«. *Zeitschrift für Personalforschung*, 7 (1), S. 30–53.

— (2003). *Arbeitskraftunternehmer. Erwerbsorientierungen in entgrenzten Arbeitsformen.* Berlin: edition sigma.

— (2004) (Hrsg.). *Typisch Arbeitskraftunternehmer? Befunde der empirischen Arbeitsforschung.* Berlin: edition sigma.

Popitz, Heinrich; Bahrdt, Hans P.; Jüres, Ernst A. und Kesting, Hanno (1957). *Technik und Industriearbeit. Soziologische Untersuchungen in der Hüttenindustrie.* Tübingen: Mohr.

Porter Benson, Susan (1988). *Counter Cultures. Saleswomen, Managers and Customers in American Department Stores 1890–1940.* Urbana, Chicago: University of Illinois Press.

Prahalad, Caimbatore K. und Ramaswamy, Venkatram (2000). »Co-opting Customer Competence«. *Harvard Business Review*, (2), S. 79–87.

Projektgruppe »Alltägliche Lebensführung« (1995) (Hrsg.). *Alltägliche Lebensführung. Arrangements zwischen Traditionalität und Modernisierung.* Opladen: Leske + Budrich.

Reibnitz, Christine v.; Schnabel, Peter Ernst und Hurrelmann, Klaus (2001). *Der mündige Patient.* Weinheim: Juventa.

Reichwald, Ralf und Piller, Frank (2002). »Der Kunde als Wertschöpfungspartner: Formen und Prinzipien«. In: H. Albach (Hrsg.), *Wertschöpfungsmanagement als Kernkompetenz* (S. 27–52). Wiesbaden: Gabler.

— (2006). *Interaktive Wertschöpfung. Open Innovation, Individualisierung und neue Formen der Arbeitsteilung.* Wiesbaden; Gabler.

Reiter, Werner (1982). »Kundenselbstbedienung im Bankwesen«. In: P. Muthesius/H. Schneider (Hrsg.), *Terminals für Banken und Bankkunden. Der Wandel im Vertrieb von Bankdienstleistungen.* Frankfurt a.M.: Knapp.

Rerrich, Maria S. (2002). »Von der Utopie der partnerschaftlichen Gleichverteilung zur Realität der Globalisierung von Hausarbeit«. In: C. Gather/B. Geissler/S. Rerrich (Hrsg.), *Weltmarkt Privathaushalt. Bezahlte Hausarbeit im globalen Wandel* (S. 16–29). Münster: Westfälisches Dampfboot.

Resch, Marianne G. (1991). *Haushalt und Familie: Der zweite Arbeitsplatz. Analyse der Reproduktionsarbeit in Haushalt und Familie auf Grundlage der Handlungsregulationstheorie.* Bern u.a.: Huber.

— (1992). »Arbeitsplatz Haushalt und Familie: ein handlungstheoretischer Untersuchungsansatz«. *Zeitschrift für Arbeitswissenschaft*, 3, S. 169–174.

— (1999). *Arbeitsanalyse im Haushalt. Erhebung und Bewertung von Tätigkeiten außerhalb der Erwerbsarbeit mit dem AVAH-Verfahren.* Zürich: vdf.

— (2000). »Veränderungen des Verhältnisses von Erwerbsarbeit und unbezahlter Arbeit: mehr Autonomie und neuer Sinn?« *Zeitschrift für Arbeitswissenschaft*, 54, S. 76–82.

— (2002). »Humane Arbeit im Haushalt?« In: C. Gather/B. Geissler/M. S. Rerrich (Hrsg.), *Weltmarkt Privathaushalt. Bezahlte Haushaltsarbeit im globalen Wandel* (S. 71–85). Münster: Westfälisches Dampfboot.

Richarz, Irmintraut (1991). *Oikos, Haus und Haushalt.* Göttingen: Vandehoeck & Ruprecht.

Rieder, Kerstin (1999). *Zwischen Lohnarbeit und Liebesdienst. Belastungen in der Krankenpflege.* Weinheim, München: Juventa.

— (2005). »Ko-Produktion im Krankenhaus: Entwicklung eines Verfahrens zur Analyse der Handlungsbedingungen von Patientinnen und Patienten«. *Zeitschrift für Arbeitswissenschaft*, 59 (2), S. 111–119.

— und Matuschek, Ingo (2003). »Kritische Situationen in der Dienstleistungsinteraktion«. In: F. Kleemann/I. Matuschek (Hrsg.), *Immer Anschluss unter dieser Nummer – rationalisierte Dienstleistung und subjektivierte Arbeit in Call Centern* (S. 205–222). Berlin: edition sigma.

— ; Matuschek, Ingo und Anderson, Phillip (2002). »Co-Production in Call Centres: The Workers' and Customers' Contribution«. In: U. Holtgrewe/C. Kerst/K. Shire (Hrsg.), *Re-organising Service Work: Call Centres in Germany and Britain* (S. 204–227). Aldershot, Hampshire: Ashgate.

— und Voß, G. Günter (2003). »Interaktive Kontrolle und Interaktionskultur im Call Center«. In: H. Jacobsen/St. Voswinkel (Hrsg.), *Dienstleistungsarbeit – Dienstleistungskultur* (S. 54–63). Dortmund: (SAMF) Wulff GMBH.

Riehm, Ulrich; Petermann, Thomas; Ortwart, Carsten; Coenen, Christopher; Revermann, Christoph; Scherz, Constanze und Wingert, Barbara (2003). *E-Commerce in Deutschland. Eine kritische Bestandsaufnahmen zum elektronischen Handel.* Berlin: edition sigma.

Rifkin, Jeremy (1995). *Das Ende der Arbeit – und ihre Zukunft.* Frankfurt a.M., New York: Campus.

Ritzer, George (1983). »The ›McDonaldization of Society‹«. *Journal of American Culture*, 6, S. 100–107.

— (1995, zuerst 1993). *Die McDonaldisierung der Gesellschaft.* Frankfurt a.M.: S. Fischer.

— (1995). *Expressing America. A Critique of the Global Credit Card Society.* London: Sage.

— (1996). *The McDonaldization of Society. An Investigation into the Changing Character of Contemporary Social Life.* London: Pine Forge Press (revised edition)

— (1997). *The McDonaldization Thesis. Explorations and Extensions.* London: Sage.

— (1999). *Enchanting a disenchanting world: Revolutionizing the means of consumption.* London: Pine Forge Press.

— (2001). *Explorations in the sociology of consumption: Fast food, credit cards and casinos.* London: Pine Forge Press.

Rorty, Richard (1989). *Kontingenz, Ironie und Solidarität.* Frankfurt a.M.: Suhrkamp.

Rosenkranz, Doris und Schneider, Norbert F. (2000) (Hrsg.). *Konsum. Soziologische, ökonomische und psychologische Perspektiven.* Opladen: Leske + Budrich.

Rosenthal, Patrice; Peccei, Ricardo und Hill, Stephen (2001). »Academic Discourses of the Customer: ›Sovereign Beings‹, ›Management Accomplices‹ or ›People like Us‹?« In: A. Sturdy/I. Gurgulis und H. Willmott (Hrsg.), *Customer Service. Empowerment and Entrapement* (S. 18–37). Houndsmills: Palgrave.

Rott, Peter (2003). »Haftung des Reisenden für das Versagen von Fahrscheinautomaten?« In: *Reiserecht. Zeitschrift für das Tourismusrecht*, Bd 6 [http://www.reiserecht-aktuell.de/beitrag1_06_03.html#21; Zugriff: 12.07.2004]

Scheer, August-Wilhelm; Kruppke, Helmut und Heib, Ralf (2003). *E-Government.* Berlin: Springer.

Scheibler, Fülöp (2004). *Shared Decision-Making. Von der Compliance zur partnerschaftlichen Entscheidungsfindung.* Bern: Huber.

Scherhorn, Gerhard (1977, zuerst 1969). »Konsum«. In: R. König (Hrsg.), *Handbuch der empirischen Sozialforschung*, Band 11: *Freizeit – Konsum* (S. 193–280). München: dtv.

— (2000). »Umwelt, Arbeit und Konsum. Mikroökonomische Aspekte des modernen Konsums«. In: D. Rosenkranz/N. F. Schneider (Hrsg.), *Konsum* (S. 283–304). Opladen: Leske + Budrich.

Schiller, Friedrich (2000, zuerst 1795). *Über die ästhetische Erziehung des Menschen.* Ditzingen: Reclam.

Schimank, Uwe (2000). »Gesellschaftliche Integrationsprobleme im Spiegel soziologischer Gegenwartsdiagnosen«. *Berliner Journal für Soziologie*, (4), S. 448–469.

— und Volkmann, Ute (2000) (Hrsg.). *Soziologische Gegenwartsdiagnosen I. Eine Bestandsaufnahme.* Opladen: Leske + Budrich.

— und Volkmann, Ute (2002) (Hrsg.). *Soziologische Gegenwartsdiagnosen II. Vergleichende Sekundäranalysen.* Opladen: Leske + Budrich.

Schlissel, Martin (1985). »The Consumer of Household Services in the Marketplace: An Empirical Study«. In: J. A. Czepiel/M. R. Solomon/C. F.

Surprenant (Hrsg.), *The Service Encounter. Managing Employee/Customer. Interaction in Service Businesses* (S. 303–319). New York: Lexington Books.

Schluchter, Wolfgang (1979). *Die Entwicklung des okzidentalen Rationalismus. Eine Analyse von Max Webers Gesellschaftsanalyse.* Tübingen: C.H. Mohr.

— (1988). *Religion und Lebensführung* (2 Bde.). Frankfurt a.M.: Suhrkamp.

Schmid, Stefan und Gouthier, Matthias H. J. (1999). »Dienstleistungskunden – Ressourcen im Sinne des resource-based-view des Strategischen Managements?« In: *Diskussionsbeiträge der Wirtschaftswissenschaftlichen Fakultät Ingolstadt*, Bd. 131 (S. 1–13). Ingolstadt: Katholische Universität Eichstätt.

Schmiede, Rudi (1980). »Rationalisierung und reelle Subsumtion. Überlegungen zu den Arbeiten des Frankfurter Instituts für Sozialforschung 1970 bis 1980«. *Leviathan*, 8 (4), S. 472–497.

— (1998). »Reelle Subsumtion als gesellschaftstheoretische Kategorie«. In: W. Schumm (Hrsg.), *Zur Entwicklungsdynamik des modernen Kapitalismus* (S. 21–37). Frankfurt a.M., New York: Campus.

Schreiter, Nicole (2003). *Die Entdeckung des aktiven Kunden.* Chemnitz: TU Chemnitz, Institut für Soziologie (unv. Diplomarbeit)

Schütz, Alfred (1974). *Der sinnhafte Aufbau der sozialen Welt. Eine Einleitung in die verstehende Soziologie.* Frankfurt a.M.: Suhrkamp.

Schulze, Gerhard (1992). *Die Erlebnisgesellschaft. Kultursoziologie der Gegenwart.* Frankfurt a.M., New York: Campus. (Neuaufl. 2005 mit einer neuen Einleitung).

Schweitzer, Sandra (2004). *Kundenkarten und Kundenclubs.* Norderstedt: Dr. Müller.

Scott, James C. (1985). *Weapons of the Weak: Everyday Forms of Peasant Resistance.* New Haven: Yale University Press.

Senghaas-Knobloch, Eva (1999). »Von der Arbeits- zur Tätigkeitsgesellschaft? Zu einer aktuellen Debatte«. *Arbeit*, 8 (2), S. 117–136.

Sennett, Richard (1998). *Der flexible Mensch. Die Kultur des neuen Kapitalismus.* Berlin: Berlin Verlag.

— (2005). *Die Kultur des neuen Kapitalismus.* Berlin: Berlin Verlag.

Simmel, Georg (1989, zuerst 1907). *Philosophie des Geldes.* Frankfurt a.M.: Suhrkamp.

Skiera, Ehrenhard (2003). *Reformpädagogik in Geschichte und Gegenwart. Eine kritische Einführung.* München: Oldenbourg.

Slywotzky, Adrian J. und Morrison, David J. (2001). »The rise of the active customer«. *Marketing Management*, July/August, S. 22–26.

Smart, Barry (1999) (Hrsg.). *Resisting McDonaldization.* London u.a.: Sage.

Smith, Adam (1973, zuerst 1776). *Eine Untersuchung über Wesen und Ursachen des Volkswohlstandes.* Giessen: A. Achenbach.

Solomon, Michael R.; Suprenant, Carol; Czepiel, John A. und Gutman, Evelyn G. (1985). »A Role Theory Perspective on Dyadic Interactions: the Service Encounter«. *Journal of Marketing*, 49, S. 99–111.

Stark, Wolfgang und Trojan, Alf (1996). »Laiensysteme und Selbsthilfe. Bedeutung und Perspektiven im Rahmen von Public Health«. In: U. Walter/W. Paris (Hrsg.), *Public Health. Gesundheit im Mittelpunkt* (S. 330–334). Meran: Alfred & Söhne.

Statistisches Bundesamt (2003). *Wo bleibt die Zeit? Die Zeitverwendung der Bevölkerung in Deutschland 2001/2002*. Bonn: BMFSF.

Teichert, Volker (1993). *Das informelle Wirtschaftssystem. Analyse und Perspektiven der wechselseitigen Entwicklung von Erwerbs- und Eigenarbeit*. Opladen: Westdeutscher Verlag.

Tenfelde, Klaus und Volkmann, Heinrich (1988) (Hrsg.). *Streik. Zur Geschichte des Arbeitskampfes in Deutschland während der Industrialisierung*. München: C.H. Beck.

Theriault, Reg (1996). *Maloche. Eine kurze Betrachtung der Arbeit*. Frankfurt a.M.: S. Fischer.

Thiessen, Barbara (2004). *Re-Formulierung des Privaten. Professionalisierung personenbezogener, haushaltsnaher Dienstleistungsarbeit*. Opladen: Leske + Budrich.

Thomke, Stefan und Hippel, Eric v. (2002). »Customers as innovators«. *Harvard Business Review*, April, S. 5–11.

Toffler, Alvin (1980). *Die dritte Welle. Zukunftschancen. Perspektiven für die Gesellschaft des 21. Jahrhunderts*. München: Goldmann.

Torekull, Bertil und Kamprad, Ingvar (1998). *Das Geheimnis von IKEA*. Hamburg: S & L Medien Contor.

Ulich, Eberhard (2001). *Arbeitspsychologie* (5. Aufl.). Zürich: Schaeffer-Poeschel.

Veith, Hermann (2003). *Das Selbstverständnis des modernen Menschen. Theorien des vergesellschafteten Individuums im 20. Jahrhundert*. Frankfurt a.M., New York: Campus.

Vester, Michael (2001). *Soziale Milieus im gesellschaftlichen Strukturwandel. Zwischen Integration und Ausgrenzung*. Frankfurt a.M.: Suhrkamp.

Voburka, Thomas (2004). »Von Profisellern und Porto-Piraten. Der Online-Kunde geht über Leichen – davon gibt es unter Internet-Händlern immer mehr«. *brand eins*, 6 (4), S. 32–37.

Volpert, Walter (1975). »Die Lohnarbeitswissenschaft und die Psychologie der Arbeitstätigkeit«. In: P. Groskurth/W. Volpert (Hrsg.), *Lohnarbeitspsychologie. Berufliche Sozialisation: Emanzipation zur Anpassung* (S. 11–196). Frankfurt a.M.: Fischer.

— (1981). »Der Zusammenhang von Arbeit und Persönlichkeit aus handlungspsychologischer Sicht«. In: H. Tietgens (Hrsg.), *Sozialpolitische*

Aspekte der Weiterbildung (Republikation des Textes von 1979, S. 100–131). Braunschweig: Westermann.

— (2002). »Psychologie der frei flottierenden Arbeitskraft«. In: M. Moldaschl/G. G. Voß (Hrsg.), *Subjektivierung von Arbeit* (S. 261–279). München, Mering: Hampp.

Voß, G. Günter (1991). *Lebensführung als Arbeit. Über die Autonomie der Person im Alltag der Gesellschaft.* Stuttgart: Enke.

— (1998). »Die Entgrenzung von Arbeit und Arbeitskraft. Eine subjektorientierte Interpretation des Wandels der Arbeit«. *Mitteilungen aus der Arbeitsmarkt- und Berufsforschung*, 31 (3), S. 473–487.

— (2001). »Arbeitskräfte zu Unternehmern! Neue Masken für ein altes Spiel«. *spw – Zeitschrift für sozialistische Politik und Wirtschaft*, 117, S. 20–23.

— (2001). »Auf dem Wege zum Individualberuf? Zur Beruflichkeit des Arbeitskraftunternehmers«. In: Th. Kurz (Hrsg.), *Aspekte des Berufs in der Moderne* (S. 287–314). Opladen: Leske + Budrich.

— (2002). »Der Beruf ist tot! Es lebe der Beruf! Zur Beruflichkeit des Arbeitskraftunternehmers und deren Folgen für das Bildungssystem«. In: E. Kuda/J. Strauß (Hrsg.), *Arbeitnehmer als Unternehmer?* (S. 100–118). Hamburg: VSA.

— (2005). »Arbeitende Bankkunden«. In: St. Habscheid/W. Holly /F. Kleemann /I. Matuschek /G. G. Voß (Hrsg.), *Über Geld spricht man. Medienvermittelte Kommunikationsarbeit und Arbeitskommunikation im Bankgeschäft.* Wiesbaden: VS Verlag (i.E.)

— und Dombrowski, Jörg (2000). »Berufs- und Qualifikationsstruktur«. In: B. Schäfers/W. Zapf (Hrsg.), *Handwörterbuch zur Gesellschaft Deutschlands* (S. 63–74). Opladen: Leske + Budrich (2. überarb. Aufl.)

— und Pongratz, Hans J. (1998). »Der Arbeitskraftunternehmer. Eine neue Grundform der ›Ware Arbeitskraft‹?« *Kölner Zeitschrift für Soziologie und Sozialpsychologie*, 50 (1), S. 131–158.

Vossen, Klaus und Reinhardt, Frank A. (2003). *Der launische Konsument. Zwischen Schnäppchenjagd, Erlebniskauf und Luxus – die Trends für Produktentwicklung und Marketing* (2. Aufl.). Regensburg, Berlin: Metropolitan professional.

Voswinkel, Stephan (2000). »Das mcdonaldistische Produktionsmodell – Schnittstellenmanagement interaktiver Dienstleistungsarbeit«. In: H. Minssen (Hrsg.), *Begrenzte Entgrenzungen. Wandlungen von Organisation und Arbeit* (S. 177–199). Berlin: edition sigma.

Weber, Max (1979). *Die protestantische Ethik. Eine Aufsatzsammlung* (hrsg. v. J. Winkelmann) (5. Aufl.). Gütersloh: GTB.

— (1986, zuerst 1920). »Die protestantische Ethik und der Geist des Kapitalismus«. In: ders. (Hrsg.), *Gesammelte Aufsätze zur Religionssoziologie*, Bd. I (S. 17–206). Tübingen: J.C.B. Mohr.

— (1988, zuerst 1904). »Die ›Objektivität‹ sozialwissenschaftlicher und sozialpolitischer Erkenntnis«. In: ders. (Hrsg.), *Gesammelte Aufsätze zur Wissenschaftslehre* (S. 146–214). Tübingen: J.C.B. Mohr.

— (1988, zuerst 1908). »Methodologische Einleitung für die Erhebung des Vereins für Sozialpolitik über Auslese und Anpassung (Berufswahl und Berufsschicksal) der Arbeiterschaft der geschlossenen Großindustrie«. In: ders. (Hrsg.), *Gesammelte Aufsätze zur Soziologie und Sozialpolitik* (S. 1–60). Tübingen: J.C.B. Mohr.

Weber, Wolfgang G. (2002). *Added Value statt Werten? – Zur Genese von Entfremdung in Arbeit und sozialer Interaktion.* Innsbruck: Universität Innsbruck, Institut für Psychologie (unv. MS)

— (2002). »Partialisierung der Handlungsregulation – Zur Aktualität der Entfremdung als Gegenstand der Arbeitspsychologie«. In: M. Moldaschl (Hrsg.), *Neue Arbeit – Neue Wissenschaft der Arbeit? Festschrift zum 60. Geburtstag von Walter Volpert* (S. 171–218). Heidelberg: Asanger.

— und Rieder, Kerstin (2004). »Dienstleistungsarbeit und soziale Entfremdung – theoretische Konzeptualisierung und empirische Hinweise aus einer Studie im Call Center einer Direktbank«. In: W. Dunkel/G. G. Voß (Hrsg.), *Dienstleistung als Interaktion. Beiträge aus einem Forschungsprojekt.* München, Mering: Hampp.

Wehner, Theo; Ostendorp, Carsten und Ostendorp, Anja (2002). »Good practice? Auf der Suche nach Erfolgsfaktoren in gemeinwohlorientierten Freiwilligeninitiativen«. *Arbeit*, S. 48–62.

Werlhof, Claudia v. (1988, zuerst 1983). »Der Proletarier ist tot. Es lebe die Hausfrau?« In: C. v. Werlhof/M. Mies/V. Bennhold-Thomsen (Hrsg.), *Frauen, die letzte Kolonie. Zur Hausfrauisierung der Arbeit* (2. Aufl., S. 113–136). Reinbek: Rowohlt.

— ; Mies, Maria und Bennhold-Thomsen, Veronika (1988, zuest 1983). *Frauen, die letzte Kolonie. Zur Hausfrauisierung der Arbeit* (2. Aufl.). Reinbek: Rowohlt.

Wex, Thomas (2004). *Der Non-Profit-Sektor der Organisationsgesellschaft.* Wiesbaden: DUV Gabler.

Wiechmann, Michael (2003). *Managed Care.* Wiesbaden: DUV Gabler.

Wikström, Solveig (1995). »The Customer as Co-Producer«. *European Journal of Marketing*, 30 (4), S. 6–19.

Wilkens, Uta (2004). *Management von Arbeitskraftunternehmern. Psychologische Vertragsbeziehungen und Perspektiven für die Arbeitskräftepolitik in wissensintensiven Organisationen.* Wiesbaden: DUV Gabler.

Williamson, Oliver E. (1975). *Markets and Hierachies. Analysis and Antitrust Implications. A Study in the Economics of Internal Organization.* New York: Free Press.

— und Winter, Sidney G. (1991) (Hrsg.). *The Nature of the Firm. Origins, evolution and development.* New York, Oxford: Oxford University Press.

Willke, Gerhard (1999). *Die Zukunft unserer Arbeit.* Frankfurt a.M., New York: Campus.

Winter, Rainer (2001). *Die Kunst des Eigensinns. Cultural Studies als Kritik der Macht.* Weilerswist: Vellbrück.

Wisdorff, Flora (2004). »Robinson bucht selbst. Ein Gewerbe im Wandel: Wer billig reisen will, geht nicht mehr ins Reisbüro«. *Der Tagesspiegel*, 12.03.2004.

Wolters, Katharina (2004). »Berühr' mich! Postkunden können Pakete an Packstationen abholen«. *Süddeutsche Zeitung*, 12.03.2004.

Wyrwa, Ulrich (1997). »Consumption, Konsum, Konsumgesellschaft. Ein Beitrag zur Begriffsgeschichte«. In: H. Siegrist/H. Kaelble/J. Kocka (Hrsg.), *Europäische Konsumgeschichte* (S. 747–762). Frankfurt a.M., New York: Campus.

Zurek, Adam (1998). »Zum Stand der Entfremdungsdebatte für die Psychologie«. *Journal für Psychologie*, 6 (1), S. 6–23.

Weiterführende Literatur zu ausgewählten Stichworten

Eine umfangreiche Liste mit Literaturverweisen zu den behandelten Stichworten und Themen steht zum Download bereit unter folgender URL: http://www.tu-chemnitz/phil/soziologie/voss/(→Aktuelles).